D0493229

Azio Grammatica!

a new Italian grammar

Meccanismi

nettetevi a punto!

WITHDRAWN

Mettetevi in moto!

DEREK AUST with **MIKE ZOLLO**
Series editor: ... Zollo

ACKNOWLEDGMENTS

AZIONE GRAMMATICA!

The authors would like to thank the following for their help in the preparation of this book: teachers and students in Devon whose reactions were sought on the style and layout of the book and, in particular, students at South Devon College, Britannia Royal Naval College and Exeter College upon whom some of the material was tried out.

Grateful thanks also to the following friends and colleagues who assisted in the meticulous checking of the typescript and for many invaluable suggestions and comments on the content: Elena Minelli, Daniela and Alessandro Becchio; Giusi Smith, Rossella Bongi and Mrs Rita Zollo.

Finally, thanks to our wives and families for their support and encouragement.

The publisher would like to thank the following for their permission to use copyright material: pp.17–8, p.339 from *Epoca*; pp.38, 46 from *Il Mattino* 10/4/96; pp.115, 311–2 from *Grazia* no. 44, 3/11/95; pp.124, 216–7 from *Gazzettino* 25/10/95; p.139 from *Corriere della sera* 8/2/96; p.216 from *Corriere della sera* Sept. 95; p.287 from *Corriere della sera* 11/6/94; p.311 from *Gente* 13/11/95.

Every effort has been made to trace and acknowledge ownership of copyright. The publishers will be glad to make suitable arrangements with any copyright holders whom it has not been possible to contact.

British Library Cataloguing in Publication Data
A catalogue record for this title is available from The British Library

ISBN 0 340 65876 2

First published 1997
Impression number   10   9   8   7   6   5   4   3   2   1
Year   2002   2001   2000   1999   1998   1997

Typeset by Wearset, Boldon, Tyne and Wear.
Printed in Great Britain for Hodder & Stoughton Educational, a division of Hodder Headline Plc, 338 Euston Road, London NW1 3BH by Redwood Books, Trowbridge, Wilts.

CONTENTS

3

4

INTRODUCTION

Azione grammatica! aims to provide the student of Italian with a systematic presentation of grammar points and with sufficient supporting practice to ensure that these points are adequately reinforced. Whilst it assumes that students will have had some contact with most of the points of grammar, it also takes account of the fact that many will not have been studying the language for long. For such students, Chapter 1 introducing grammar and Chapters 48 and 49 introducing Italian pronunciation and vocabulary should prove particularly useful and you might like to study those first.

There is a degree of progression in the order of the chapters, but this book is not intended primarily to be used exhaustively and in the order in which the chapters occur. Chapters may be used several times: for initial input, and then for reference, revision and consolidation. Equally, there is no need for every student to do every exercise: the menu offered provides suitable practice at various levels, as befits your needs and abilities. Some exercises are best done together in class, others are best done individually, perhaps at home.

Each chapter consists of three sections progressing from input, through methodical practice, to active use:

 Meccanismi – the 'mechanics' of the language

The first section of each chapter sets out a grammatical rule or usage, with a clear explanation in English. This section can be used when studying the grammar point for the first time, or equally well for later reference.

 Mettetevi a punto! – 'tune up' your language skills

This section provides reinforcement exercises on the grammatical point explained in the chapter. Where possible, these exercises are set within a realistic self-contained context and most are designed to be suitable for individual study. There is a key at the end of the book for self-correction. Apart from a few translation exercises, this section is in Italian.

 Mettetevi in moto! – off you go to practise your new skills on the open road!

This section, which is entirely in Italian, offers a wide variety of open-ended communicative activities, ranging from the fairly elementary to the more sophisticated. Some of these are oral, to be done in pairs or groups, and some are written. The activities are set in a variety of realistic contexts in which the grammar point is likely to be needed.

AN INTRODUCTION TO GRAMMAR

INTRODUZIONE ALLA GRAMMATICA

You may already be familiar with the basic terms of grammar. If not, this chapter is intended to help you with the most important terms used in this book. As you use *Azione grammatica!* you can refer back to this chapter when you need to.

Grammar is really nothing more than a framework which is used:

– to try to define language and how it works, and
– to provide rules and patterns to help the language learner.

Like any specialism or science, grammar has its own terminology used to explain the role and behaviour of different words and phrases, and how they contribute to communication. If you can grasp the main terms in English, it will help you a great deal as you study Italian grammar.

A **phrase** is any group of words which go together to provide a 'lump' of meaning: with my brother; in the room; at top speed; before eight o'clock in the evening/ *con mio fratello; nella stanza; alla massima velocità; prima delle otto di sera.*

A **clause** is a group of words similar to a phrase but containing a verb in a tense. A **main clause** can stand by itself, (This is the man . . ./ *Questo è l'uomo . . .*) while a **subordinate clause** cannot stand alone – it depends on a main clause (. . . who speaks Italian./ *. . . che parla italiano.*).

A **sentence** therefore consists of at least one main clause and any number of subordinate clauses: When I go out, I will take the umbrella because it might rain./ *Quando uscirò, prenderò l'ombrello perché potrebbe piovere.*

Vowels are the letters *a, e, i, o, u.*

Consonants are all the remaining letters of the alphabet.

Syllables are the simplest consonant + vowel units which make up a word: cri-sis, heav-en-ly, per-spi-ca-cious/ *cri-si, ce-le-ste, per-spi-ca-ce.*

A **prefix** is a group of letters added to the beginning of a word to create a new word or alter the meaning of the original word: join – rejoin; social – antisocial/ *giungere – raggiungere; sociale – antisociale.*

A **suffix** is a group of letters added to the end of a word to create a new word or alter the meaning of the original word: stupid – stupidity; quick – quickly/ *stupido – stupidità; rapido – rapidamente.*

Verb – a word which describes an action, or a change in state in an abstract sense: Paolo plays, we think, they exist/ *Paolo gioca, pensiamo, esistono.*

A **finite** verb tells you not only what is being done, but also who is doing it and when it took/takes/will take place. In Italian, the verb endings give the information on who and when. There are sets of verb forms for each **tense** relating the verb to time – past, present or future: I went, I'm going, I will go/ *sono andato, vado, andrò.*

The **infinitive** – the 'non-finite' – is the basic form of the verb found in dictionaries, which tells you what the particular action is, but not who is responsible or when, because it is not in a tense: to play, to think, to exist/ *giocare, pensare, esistere.*

A **transitive** verb (**v.tr.** in a dictionary) is one normally used with a direct object (see below), and an **intransitive** (**v.i.**) one which does not have an object. Some verbs can be used in either way.

transitive: Marco speaks Italian; they are eating apples.
              Marco parla italiano; mangiano delle mele.
intransitive: Luisa will not cooperate; they are eating.
              Luisa non vuole cooperare; stanno mangiando.

Most tenses are **indicative** – the 'normal' form which 'indicates' a fact; the **subjunctive** is used to express something which is 'less than' a fact.

Verbs in tenses have forms with different endings, one for each 'person'. There are three singular persons and three plural:

1st person singular: I/ *io;*	1st person plural: we/ *noi*
2nd person singular: you/ *tu*	2nd person plural: you/ *voi*
3rd person singular: he, she, it/ *lui, lei, esso, essa*	3rd person plural: they/ *loro*

The **subject** of a verb is the person or thing doing the action described in a verb, for example, the student and the book in:
The student spoke to the teacher./ *Lo studente parlò al professore.*
The book has fallen off the table./ *Il libro è caduto dal tavolo.*

The **object** is the person or thing which is the 'victim' of, or on the receiving end of the action. A **direct object** is the actual 'victim' of the action, whilst an **indirect object** (referring to the **recipient** – often preceded by to/ *a*) will in some way be on the receiving end of an action, for example, the book is a direct object, the friend is an indirect object, in:
Lucia reads her book every day./ *Lucia legge il suo libro ogni giorno.*
She gave the book to her friend./ *Diede il libro alla sua amica.*

Reflexive verbs describe actions which 'reflect' onto the subject, in other words the subject and object are the same person. English sometimes uses a **reflexive**

pronoun or 'self' word, and Italian always does the same: He washed (himself) before going out./ *Si è lavato prima di uscire.*

A **noun** refers to a person, thing, concept, animal: cup, football, woman, snow, difficulty, IT, vandalism/ *tazza, calcio, donna, neve, difficoltà, informatica, vandalismo.*

Nouns are either **singular** (one: a cat/ *un gatto*) or **plural** (more than one: two cats, lots of cats/ *due gatti, molti gatti*). This concept is called **number**. In Italian, all nouns are either **masculine** (**m.**) or **feminine**(**f.**), whether genuinely **m.** or **f.** or not: this is known as **gender**. The **article** usually used before the noun (the word for 'the', 'a', 'some') matches the noun in gender and number. The article goes in front of a noun; 'the' is the **definite article**, specifying a particular noun; 'a/an' is the **indefinite article**.

A **pronoun** stands in place of a noun, to save repeating it, or when speaker and listener both already know who or what is being referred to. There are several types:
subject pronoun: She took her son to school./ ***Lei** portò suo figlio a scuola.*
direct object pronoun: The man found it near the car./ *L'uomo **lo** trovò vicino alla macchina.*
indirect object pronoun: Angelo sent her a letter./ *Angelo **le** mandò una lettera.*
reflexive pronoun: I dressed myself in the bathroom./ ***Mi** sono vestito in bagno.*
disjunctive or emphatic pronoun: We went to Italy with them./ *Siamo andati in Italia con **loro**.*
Other types include **demonstratives**, **possessives** and **relative** pronouns.

Adjectives add information about a noun, defining or identifying it. They may refer to quality, size, colour, comparison, number, your opinion, and so on. In Italian, adjectives change to match the nouns they describe in gender and number. An interesting book, a long walk, the green hat, the tallest man/ *un libro interessante, una lunga passeggiata, il cappello verde, l'uomo più alto.*

Adverbs are to verbs (and other adverbs) what adjectives are to nouns: they describe how an action is done. The boy went out very slowly./ *Il ragazzo è uscito **molto lentamente**.* I will leave tomorrow./ *Partirò **domani**.*

The **comparative** refers to the use of adjectives and adverbs to express a comparison: a more important person/ *una persona **più** importante*, less precisely/ ***meno** precisamente*.

The **superlative** refers to the use of adjectives and adverbs to express 'the most . . .' or 'the least . . .': the least important person/ *la persona **meno** importante*, he spoke the most correctly/ *Lui parlò **il più** correttamente.*

Prepositions tell you where something is in place or in time: near to the shop, with my friend, before the meeting, after supper/ ***vicino** al negozio, **con** il mio amico, **prima** della riunione, **dopo** la cena.*

Conjunctions join words, phrases or clauses to each other: tea and coffee, quickly but quietly, if it snows/ *tè e caffè, rapidamente **ma** silenziosamente, **se** nevica.*

Interrogatives are questions and question words: who? when? what?/ *chi? quando? che cosa?*

Accents are marks which affect the way a letter is spoken. There are only two accents in Italian, ´ and `, the most common is the `. They only occur at the end of a word, to indicate stress or emphasis, or to distinguish between two short words with identical spelling: *città, tivù, però, perché; te* (you)/ *tè* (tea), *si* (him/herself, themselves)/ *sì* (yes).

Style and **register** – the level of formality or informality of the language you are using. Italians are very conscious of the style or level of language you use in a particular situation, probably more so than the English. The *tu/ Lei* distinction is a good example, but it goes deeper than that: the informal way you would address a friend of your age (*Ciao, come stai?*) would be inappropriate to use with a stranger, particularly if senior to you or older than you (*Buongiorno, come sta (Lei)?*).

Throughout this grammar, we have tried to indicate when a certain style of language would not be suitable, with exercises and activities in a variety of registers or types of language. Our general advice about familiar language is: don't use it to them unless they ask you to!

Summary
We hope we have explained clearly enough the most common grammatical terms which you are likely to find in this book.

Coraggio, e in bocca al lupo!

2 NOUNS

I SOSTANTIVI

MECCANISMI

A noun is a person, a name, an animal, a country, an object or a concept, for example: girl, Aldo, cat, Italy, watch, joy. The word 'noun' is derived from the Latin word for 'name'.

Gender

Gender means 'type' of noun, masculine or feminine. In Italian, all nouns are either masculine or feminine, whether or not they represent a masculine or feminine person or animal. Thus, even inanimate nouns have a gender; in each case the word happens to be in the group to which all actually masculine or feminine nouns belong. Gender is a grammatical convenience: the gender of a noun needs to be known because the form of the article ('the' or 'a'), or of any adjective accompanying the noun, will depend on the gender of the noun. Therefore when you come across a new noun, always note down and learn the gender, either by putting the appropriate article in front of it or by putting *m* or *f* after the noun, which is what you will find in a dictionary.

For details of the various forms of definite and indefinite articles in Italian, see Chapter 3.

Italian helps you a lot when it comes to learning the gender of nouns, as they often have an ending which is characteristically masculine or feminine.

Gender guidelines

- In the case of nouns referring to people and animals the gender is usually what you would expect:

masculine: *l'uomo* man   *il ragazzo* boy   *il toro* bull
feminine: *la donna* lady   *la ragazza* girl   *la mucca* cow

- Most nouns ending in *-o* are masculine, and most nouns ending in *-a* are feminine:

masculine: *l'ufficio* office   *il gatto* cat   *lo spirito* spirit
feminine: *la porta* door   *l'idea* idea   *la bottiglia* bottle

There are exceptions to the -o/-a rule, which include:

masculine: *il panorama, il programma, il clima, il fantasma* and many other words of Greek origin ending in *-ma*

feminine: *l'auto* car, *la foto* photo, *la mano* hand, *la moto* motorbike, *la radio* radio

(It is worth noting that four of these are abbreviated forms, coming from: *l'automobile*; *la fotografia*; *la motocicletta*; *la radiofonia*.)

- Nouns with the following endings are mostly masculine:

-ore and *-tore*: *il professore* teacher, *lo scrittore* writer
-ere and *-iere*: *il potere* power, *l'ingegnere* engineer, *il cameriere* waiter
-ame, *-ale* and *-ile*: *il falegname* carpenter, *il temporale* storm, *il maiale* pig, *il missile* missile

- Nouns with the following endings are mostly feminine:

-ione: *la colazione* breakfast, *la sospensione* suspension (Most correspond to English words ending in *-ion*.)

-tà and *-tù*: *la città* city, *la povertà* poverty, *la gioventù* youth

(Most correspond to English words ending in *-ty*.)

-udine, *-igine*: *la solitudine* solitude, *l'origine* origin
-ite and *-ice*: *la meningite* meningitis, *l'attrice* actress
-i and *-ie*: *la crisi* crisis, *la serie* series

Gender benders
Note that:

- Change of gender can change the meaning of a noun:

il porto	port	*la porta*	door
l'arancio	orange-tree	*l'arancia*	orange

- Many nouns referring to people can be either masculine or feminine according to meaning:

il/la nipote	nephew/niece
l'atleta	male or female athlete
il/la collega	male or female colleague
il/la turista	male or female tourist (and other *-ista* words)

- Some nouns with fixed gender can be used to refer to either male or female people:

la persona	person
la guida	guide
la vittima	victim

or animals:

l'elefante	elephant
il pesce	fish
il ratto	rat
il topo	mouse
la giraffa	giraffe

- Many masculine nouns referring to people (relationships, occupation or profession) have equivalent feminine versions. Some simply change *-o* or *-e* ending to *-a*:

il figlio, la figlia	son, daughter
il cugino, la cugina	cousin (m + f)
il cameriere, la cameriera	waiter, waitress

Others have one of the following feminine endings:

-essa:	*il dottore, la dottoressa*	doctor (m + f)
	il poeta, la poetessa	poet (m + f)
-trice:	*l'attore, l'attrice*	actor, actress
	il redattore, la redattrice	editor (m + f)

A few have a less regular pattern between masculine and feminine:
l'eroe, l'eroina	hero, heroine
il gallo, la gallina	cockerel, hen
il re, la regina	king, queen

whilst others have separate words:
il fratello, la sorella	brother, sister
il padre, la madre	father, mother
il marito, la moglie	husband, wife

Finally, for some nouns, where a distinction needs to be expressed it can be done using *donna* for ladies, *femmina* or *maschio* for animals:
il serpente: la femmina del serpente/ il serpente femmina snake, female snake
la giraffa: il maschio della giraffa/ la giraffa maschio female giraffe, male giraffe

Gender trends
Some general trends in terms of gender follow.

- Metric weights and measures, and most fractions, are masculine, though non-metric ones tend to be feminine:

l'etto 100 grammes, *il chilo* kilo, *il metro* metro, *il litro* litre, *il quarto* quarter, *la libbra* pound, *la pinta* pint, *il miglio* mile (plural = *le miglia*, feminine)

- Days of the week and months of the year are all masculine except for one, *la domenica* Sunday.

il lunedì, il martedì, il mercoledì, etc
gennaio, febbraio, marzo, etc

- Names of chemical elements and metals are mostly masculine:

l'oro gold, *l'argento* silver, *l'acciaio* steel, *il ferro* iron, *il fosforo* phosphorus, *il calcio* calcium

- Nouns imported from other languages are almost always masculine, especially if they end with a consonant:

il computer, il manager, il goal, il rock, il design, il walkman

- Most trees are masculine:

il frassino ash, *il pino* pine, *il pero* pear-tree

- Most fruit are feminine:

la mela apple, *la fragola* strawberry

- The names of the points of the compass are masculine:

il nord, il sud, l'est, l'ovest, il sud-ovest, il nord-est

Note the following literary versions, also masculine:

il settentrione (N), *il meridione* (S), *l'oriente/il levante* (E), *l'occidente/il ponente* (W), and in popular use, *il Mezzogiorno,* used to refer to the south of Italy.

- Proper names of major geographical features tend to be masculine:

il Tevere Tiber, *il Lago Maggiore* Lake Maggiore, *il Mediterraneo* Mediterranean, *il Monte Rosa* Mount Rosa, *gli Appennini* the Apennines BUT *le Alpi* the Alps.

- Names of cities, regions, islands, countries and continents tend to be feminine:

la Toscana, la Sicilia, la Svizzera, l'Europa, la Genova degli anni sessanta Genova of the sixties

- All names of languages are masculine:

il francese French, *l'italiano* Italian, *lo spagnolo* Spanish

- School subjects are mostly feminine:

la chimica, la fisica, la biologia, la geografia, la storia

- Most abstract nouns and concepts are feminine, though there are exceptions:

la felicità happiness, *la tristezza* sadness, *la frequenza* frequency BUT *l'amore* love, *il dolore* pain

Plurals of nouns

Being even closer to Latin than languages like French and Spanish, Italian does not form the plural of nouns by adding -*s*. Instead, the system is fairly complex, though time, practice and experience will help you to master it. Here are the main patterns.

- Masculine nouns ending in -*o* and -*a* change to -*i*:

il ragazzo	boy	*i ragazzi*	boys
il sistema	system	*i sistemi*	systems

- Feminine nouns ending in -*a* change to -*e*:

la ragazza	girl	*le ragazze*	girls

- Masculine and feminine nouns ending in -*e* change to -*i*:

il cognome	surname	*i cognomi*	surnames
la luce	light	*le luci*	lights

Some nouns follow different patterns.

- A few feminine nouns ending in -*o* do not change in the plural (they are abbreviations of their fuller forms):

l'auto	car	*le auto*	cars
la foto	photo	*le foto*	photos
la moto	motorbike	*le moto*	motorbikes
la radio	radio	*le radio*	radios

The same is true of nouns ending in -*i* and some ending in -*ie*:

la crisi	crisis	*le crisi*	crises
la serie	series	*le serie*	series

Note also:

la bici	bike	*le bici*	bikes

- The following feminine nouns ending in accented vowels do not change in the plural:

la città	town	*le città*	towns
la virtù	virtue	*le virtù*	virtues

- *La mano* (hand) in the plural becomes *le mani* (hands)

- A couple of feminine nouns change their ending from -*a* to -*i*:

l'ala	wing	*le ali*	wings
l'arma	weapon	*le armi*	weapons

- The following masculine nouns do not change in the plural:

l'autobus	bus	*gli autobus*	buses
il bar	bar	*i bar*	bars
il re	king	*i re*	kings
lo sci	ski	*gli sci*	skis

also the following ending in accented vowels:

il tè	tea	*i tè*	teas
il giovedì	Thursday	*i giovedì*	Thursdays (and other days)

- Some masculine nouns become feminine in the plural, changing both their ending and their gender:

l'uovo	egg	*le uova*	eggs
il paio	pair	*le paia*	pairs
il miglio	mile	*le miglia*	miles
il braccio	arm	*le braccia*	arms
l'orecchio	ear	*le orecchie*	ears
il ginocchio	knee	*le ginocchia*	knees
il dito	finger	*le dita*	fingers
(il) centinaio	about a hundred	*(le) centinaia*	hundreds
(il) migliaio	about a thousand	*(le) migliaia*	thousands
mille	thousand	*mila*	thousands

- Nouns ending in *-io* form their plural in *-ii* if the *-i* is stressed, and in *-i* if it is not:

lo zio	uncle	*gli zii*	uncles
il consorzio	consortium	*i consorzi*	consortia

- Many nouns ending in *-co/-ca* and *-go/-ga* need the insertion of an *-h-* to keep the *c* or *g* hard:

l'amica	friend	*le amiche*	friends
il collega	colleague	*i colleghi*	colleagues
il fico	fig	*i fichi*	figs
il lago	lake	*i laghi*	lakes

But not all such nouns do this; others simply change the pronunciation of the *c* or *g* in the plural form:

il medico	doctor	*i medici*	doctors
l'amico	friend	*gli amici*	friends

- Other irregular plurals:

la moglie	wife	*le mogli*	wives
l'uomo	man	*gli uomini*	men
il bue	ox	*i buoi*	oxen

la faccia	face	*le facce*	faces
la spiaggia	beach	*le spiagge*	beaches
il dio	god	*gli dei*	gods

(In fact as far as *Dio* is concerned, most Italians would say no plural is possible.)

- Compound nouns form their plurals according to the nature of the components of which they are made up; they follow complex rules, and it is best to learn each one individually when you come across it. Many consist of two nouns put together, others consist of a verb + a noun:

il passaporto	passport	*i passaporti*	passports
il capolavoro	masterpiece	*i capolavori*	masterpieces

- A few nouns can be used in either masculine or feminine forms, in both singular and plural:

l'arancio/l'arancia	orange	*gli aranci/le arance*	oranges
l'orecchio/l'orecchia	ear	*gli orecchi/le orecchie*	ears

- Finally, some nouns have two plural forms, each with a different meaning.

il corno horn *i corni* horns (instruments)
  le corna horns (of an animal)

Summary

The majority of nouns follow one of the following patterns:

Masculine		Feminine	
Singular	*Plural*	*Singular*	*Plural*
-o	-i	-a	-e
-e	-i	-e	-i

METTETEVI A PUNTO!

1 *Genere*

Metti i seguenti sostantivi nella colonna appropriata: maschile/femminile; se preferisci, puoi scrivere *m* o *f* accanto ad ogni sostantivo.

Puoi anche aggiungere l'articolo determinativo (vedi Capitolo 3).

Poi, volgi questi sostantivi al plurale.

maschile	femminile

clima; uomo; fine; occhio; subordinazione; yacht; mano; cane; zingaro; jazz; miseria; domenica; voce; infermiera; attore; canale; moto; uovo; costume; bici; orecchio; sale; sport; specie; poeta; turista; scultore; motel; porta; felicità

2 L'altro sesso!

Qual è la forma (maschile/femminile) di questi sostantivi che manca?

maschile	femminile
il toro	
	la professoressa
l'avvocato	
	l'arancia
il parrucchiere	
	la zia
il turista	
	la regina
l'ingegnere	
	la collega
il poliziotto	
	la signora
la vittima	
	l'atleta
il pesce	
	l'infermiera
l'eroe	
	la moglie
l'elefante	
	la figlia

3 Il ritaglio

Ecco un ritaglio di una rivista che parla di moda. Abbiamo tagliato ogni indicazione – o quasi – del genere dei sostantivi sottolineati. Copia ogni sostantivo (sottolineato), indicando il genere con *m* o *f*. Poi aggiungi le parole mancanti o le finali delle parole incomplete.

Se non rinunciate a■ seduzione

U■ mito da sfatare è quello che vuole ■ abiti ispirati a■ look «coloniale» molto elegante ma anche poco sexy, per via d■ ampiezza, d■ lunghezza e

d■ tessuti (■ cotone «salutista», ■ lino che si stropiccia). Guardate invece
quest■ proposta di Fendi: ■ colore è tenue, ■ cotone sembra inoffensivo,
ma ■ incrocio di listarelle galeotte sottolinea più che coprire ■ ombelico.
Per chi non sa rinunciare a «mostrare», sono perfetti anche pantaloncini e
bermuda. Ma solo se ■ gambe sono belle.

Epoca, 19.7.96

4 *Riunione!*

Forma dei sostantivi composti unendo le parole, e indica anche il genere, come
nell'esempio: **capo** + **lavoro** = **il capolavoro**

A	B
porta	cielo
capo	forte
cava	lavoro
attacca	tappi
apri	panni
gratta	cenere
capo	scatole
cassa	stoviglie
sotto	passaggio
lava	stazione

METTETEVI IN MOTO!

5 *Facciamo un po' di turismo*

Parlate della vostra regione: dei paesi, delle città, dei fiumi, delle montagne ecc.
Se sapete qualcosa della geografia italiana, potete anche parlare dell'Italia.

Esempio:

**Abito nel sudovest dell'Inghilterra. Ci sono dei paesi molto belli, un fiume
che si chiama Dart, le colline di Dartmoor . . .**

6 *Invasione linguistica!*

L'italiano ha 'adottato' un sacco di parole inglesi. Fatene una lista, mettendo il
genere, e se potete, anche l'articolo determinativo. Se avete una rivista o un

giornale italiano, potete cercare delle parole inglesi in un articolo, soprattutto se si tratta di moda, di sport o di musica rock, del mondo dei computer o della scienza. Aggiungete anche il significato e l'origine della parola, e mettetela al plurale – se è possibile!

Esempio:

il manager M, manager, affari/sport, i manager

il take-over M, takeover, affari, i takeover

gli shorts M, shorts, moda

7 *Le nozze!*

Parlate dei regali che volete comprare per le nozze di un(a) compagno/a o per un(a) professore(ssa). Pensate bene al genere e al plurale delle parole che usate. Dopo, fatene un elenco.

Esempio:

A: Compriamo una macchina fotografica?

B: No, meglio un orologio . . .

8 *La catenina d'oro*

Iniziando con la parola 'oro', ognuno deve dire un sostantivo che comincia con l'ultima lettera o l'ultima sillaba della parola precedente . . . ma deve ripetere tutte le parole della catena!

Esempio:

oro – rovina – arancia – aerosol – lavanderia

3 ARTICLES

GLI ARTICOLI

This chapter deals with two types of article: definite (equivalent to 'the' in English) and indefinite (equivalent to 'a' or 'an'). The partitive article ('some', 'any') is dealt with in Chapter 13.

The definite article – L'articolo determinativo

1 *Forms*

The definite article ('the') is usually used to specify a particular noun. In Italian it has several forms, used according to the gender, number and first letter(s) of the noun to which it is related.

The full range of definite articles in Italian is as follows:

Singular					*Plural*		
Masculine			*Feminine*		*Masculine*		*Feminine*
il	lo	l'	l'	la	i	gli	le

masculine nouns

singular
most use *il*

         – *il professore* the teacher
           il libro the book
           il disco the record

nouns beginning *s* + consonant, *z, gn, x, y/i* + vowel, *pn, ps* use *lo*

         – *lo specchio* the mirror
           lo zingaro the gypsy
           lo yogurt the yoghurt

nouns beginning with a vowel use *l'*   —   *l'uomo* the man
l'argomento the subject

plural

most use *i*   —   *i professori* the teachers
i libri the books
i dischi the records

nouns beginning with a vowel or with any of
the letters listed for *lo* above use *gli*   —   *gli specchi* the mirrors
gli zingari the gipsies
gli uomini the men
gli argomenti the subjects
gli psichiatri the
psychiatrists

feminine nouns

singular

most use *la*   —   *la casa* the house
la macchina the car
la signora the lady

nouns beginning with a vowel use *l'*   —   *l'acqua* the water
l'idea the idea

plural

all use *le*   —   *le case* the houses
le macchine the cars
le signore the ladies
le acque the waters
le idee the ideas

- Where an adjective goes between the article and the noun, the application
  of the above rules depends on the spelling of the adjective and not on the
  noun:

la ragazza (the girl) but *l'altra ragazza* (the other girl)
lo specchio (the mirror) but *l'altro specchio* (the other mirror)
l'aereo (the aircraft) but *il nuovo aereo* (the new aircraft)

2 *Use and omission of the definite article*

The definite article is used as in English to specify something being referred
to:

Questa è la macchina che volevo comprare.
This is the car which I wanted to buy.

The definite article is also used in Italian (but NOT in English):

AZIONE GRAMMATICA!

a when referring to something in a generalised sense, when the nouns denote the whole of their class or an abstract concept:

Mi piace molto il vino italiano. I love Italian wine.
L'insegnamento è così importante. Teaching is so important.

b with courtesy titles, except when addressing a person directly:

L'ingegnere Enzo Ferrari Engineer Enzo Ferrari
C'era la dottoressa Rosaria Piccolo Doctor Rosaria Piccolo was there.
Buona sera, signor Radente. Good evening, Mr Radente.

c with geographical names such as countries, continents, islands, regions, mountains, lakes and rivers:

Mi piacerebbe visitare gli Stati Uniti e la Cina.
I'd like to visit the United States and China.

Il Lago di Garda è il lago più bello della* Lombardia.
Lake Garda is the most beautiful lake in Lombardy.

Il Monte Rosa si innalza vicino al Passo del* Sempione.
Mount Rosa rises up near the Simplon Pass.

(*See section 3 for combination of prepositions + definite article.)

Note: this is not the case with names of towns unless a definite article is included in the name anyway, or when the name is accompanied by an adjective or an adjectival phrase:

La Spezia non è lontana da Genova.
La Spezia is not far from Genova.

L'anno prossimo vorrei visitare Venezia.
Next year I'd like to visit Venice.

La bella Venezia è la città dei miei sogni.
Beautiful Venice is the city of my dreams.

Note: with *andare in* followed by the name of a country, no article is used with singular names or when the name of the country is not qualified by an adjective:

L'anno scorso siamo andati in Spagna, ma quest'anno andiamo negli Stati Uniti.
Last year we went to Spain, but this year we are going to the United States.

d with possessive adjectives and pronouns, but see Chapter 9 for exceptions:

La mia casa è più grande della tua.
My house is larger than yours.

Il nostro professore deve correggere i nostri quaderni.
Our teacher has to correct our exercise books.

e in expressions of time:

È l'una e dieci.   It is ten past one.
Sono le dieci meno venti.   It is twenty to ten.
Il giovedì mangiamo sempre tortellini.
On Thursdays (every Thursday) we always eat tortellini.
La settimana prossima andiamo in Italia.   Next week we go to Italy.
Per me, il 1968 è stato un anno molto importante: ho incontrato mia moglie!
1968 was a very important year for me: I met my wife!

Note: it is not used in the following:

È mezzogiorno/mezzanotte.   It is midday/midnight.
Comincerò il corso lunedì.   I'll begin the course on Monday.

(when a specific day of the week is referred to)

f in referring to languages:

Mi piacerebbe studiare il portoghese.   I'd like to study Portuguese.

except immediately after *parlare*

Parlo spagnolo e francese.   I speak Spanish and French.
Non parlo bene il tedesco.   I don't speak German well.

g in certain expressions of price, quantity, percentages and speeds:

Questo formaggio costa cinquemila lire al chilo.
This cheese costs 5000 lire per kilo

Il 47% dei ragazzi italiani ottiene il diploma di maturità.
47% of Italian youngsters obtain the school leaver's certificate.

La nuova Ferrari fa quasi trecento chilometri all'ora/l'ora.
The new Ferrari goes almost 300 kilometres per hour.

h in expressions referring to parts of the body, especially when they are the object of the verb, and instead of the English possessive adjective (see also Chapter 24, Reflexive verbs):

Mi sono lavato la faccia prima di uscire.
I washed my face before going out.

Alessandro si è rotto il braccio nell' incidente.
Alessandro broke his arm in the accident.

Quando vanno a scuola con tanti libri, i bambini portano troppo peso sulla schiena.
When they go to school with so many books, children are carrying too much weight on their backs.

i in certain expressions such as *tutti e due* and *entrambi*:

Tutti e due gli studenti avevano ottenuto il diploma.
Both the students had obtained the certificate.

In addition to the cases mentioned above, the definite article is not used:

a in adverbial expressions of place, especially after *in* and *a*:

Andiamo a scuola a piedi.	We go to school on foot.
Andiamo in macchina.	We are going in the car.
Mio cugino è in montagna.	My cousin is in the mountains.
Domani tornerà a casa.	Tomorrow he'll come home.

b when one noun is in apposition to another or to a name:

Pedro Almodóvar, regista spagnolo, visita Firenze.
Pedro Almodóvar, the Spanish film director, is visiting Florence.

3 *The definite article in combination with prepositions*

The definite article combines with some common prepositions to form a single word.

	il	*lo*	*l'*	*la*	*i*	*gli*	*le*	
a	*al*	*allo*	*all'*	*alla*	*ai*	*agli*	*alle*	to/at/in/on the
di	*del*	*dello*	*dell'*	*della*	*dei*	*degli*	*delle*	of the
da	*dal*	*dallo*	*dall'*	*dalla*	*dai*	*dagli*	*dalle*	from the
in	*nel*	*nello*	*nell'*	*nella*	*nei*	*negli*	*nelle*	in/to the
su	*sul*	*sullo*	*sull'*	*sulla*	*sui*	*sugli*	*sulle*	on the

*Le lezioni durano **dalle** nove **alle** quattro. La mattina, durante la lezione di matematica, risolviamo **dei** problemi molto difficili. Dopo il pranzo, facciamo ginnastica: facciamo **degli** esercizi **nella** palestra **della** scuola.*

Classes last from nine until four. In the morning, in the maths class, we do very difficult problems. After lunch, we have physical education: we do some exercises in the school gymnasium.

The indefinite article – L'articolo indeterminativo

1 *Forms*

The indefinite article is used in Italian, as in English, for an 'unspecified' noun. It corresponds to English 'a' or 'an'. In Italian it has four forms, used as follows:

un is used before most masculine words:
un amico, un ragazzo, un uomo, un libro, un computer, un paese

uno is used with masculine nouns beginning with *s* + consonant, *z, gn, x,*
y/i + vowel, *pn, ps*:

uno sbaglio, uno studente
uno zio, uno zabaglione
uno xilofono, uno yacht

una is used in front of all feminine nouns except those beginning with a vowel:

una ragazza, una piazza, una macchina, una scuola, una religione

un' is used before all feminine words starting with a vowel:

un'arancia, un'esplosione, un'isola, un'occhiata, un'unità

• If the indefinite article is separated from the noun by an adjective, the
choice of indefinite article will depend on the first letter(s) of that adjective:

uno studente	but:	*un buono studente*
un ragazzo	but:	*uno stupido ragazzo*
un'amica	but:	*una bella amica*
una caramella	but:	*un'altra caramella*

2 Use and omission

The indefinite article is used:

a to refer to a person or thing, but not a specific individual:

un ragazzo della classe	a boy in the class
una casa che si trova vicino alla nostra	a house which is near ours
Vorrei un giornale.	I'd like a newspaper.
Mi dia una tazza di tè, per favore.	Give me a cup of tea, please.

b for emphasis:

Abbiamo una paura! We are so afraid!
but not in expressions with *che*:
Che macchina! What a car!

c to express an approximation:

Staremo una quindicina di giorni qui a Stresa.
We have about two weeks here in Stresa.

Ci resta un cento chilometri da fare per arrivare a Napoli.
We have about one hundred kilometres to do to get to Naples.

The indefinite article is not used (where it is used in English):

a when referring to a job, role or profession, especially after *essere* and
diventare, except when qualified by an adjective or adjectival phrase:

AZIONE GRAMMATICA!

Lui vuole diventare dottore, e lei è già professoressa.
He wants to become a doctor, and she is already a teacher.

La mia amica è un'infermiera molto brava.
My friend is a very good nurse.

b in the following types of expression with *da*:

Quando andremo insieme in Italia, potrai fare da interprete.
When we go to Italy together, you can act as interpreter.

Da piccolo, mi piaceva giocare con il mio trenino.
As a child, I used to like playing with my toy train.

c before *mezzo/a*:

Vorrei mezzo chilo di riso, per favore.
I'd like half a kilo of rice, please.

Sono le tre e mezza. Enzo arriverà fra mezz'ora.
It is half past three. Enzo will arrive in half an hour.

d in 'What a . . .' exclamations after *che*, with or without an adjective:

Che bella bambina!
What a beautiful little girl!

Ma che peccato essere a Venezia senza soldi!
But what a shame to be in Venice with no money!

METTETEVI A PUNTO!

1 *L'alfabeto*

Metti la forma appropriata dell'articolo determinativo davanti a questi sostantivi, alcuni dei quali sono irregolari (guarda se necessario Capitolo 2).

Esempio:

l'angolo

> angolo, bicicletta, carta, dolore, elefante, farfalla, generale, handicap, inglese, jeans, kayak, lavoro, mano, nascita, opera, problema, questione, ragù, spettacolo, tivù, umano, valore, week-end, xenofobia, yogurt, zucchino.

2 *Articoli senza definizione*

Scrivi l'articolo indeterminativo giusto davanti a questi sostantivi, ma attenzione, perché alcuni sono un po' complicati!

Esempio:

un aereo

> aereo, arancia, borsa, cappello, chianti, disegno, edicola, elenco, foto, gabbiano, gnocco, indagine, invito, jazzista, lampada, mano, moto, naso, oliva, orologio, pillola, psicologo, questione, ruota, sigaro, sigaretta, spuntino, televisione, vino, xilofono, zanzara

3 *Le vacanze*

Completa questo paragrafo scegliendo la forma appropriata dell'articolo determinativo. In alcuni casi devi scegliere la forma giusta dell'articolo unito ad una preposizione; ci sono anche degli spazi in cui non è necessario un articolo. Sotto il paragrafo troverai tutte le parole di cui avrai bisogno.

Finalmente sono arrivate (1) . . . vacanze! (2) . . . anno scorso siamo andati (3) (in) . . . Italia, (4) (in) . . . regione che si chiama Liguria. Siamo andati (5) (in) . . . macchina (6) (da) . . . casa fino (7) (a) . . . Folkestone, poi abbiamo preso (8) . . . traghetto (9) per . . . Boulogne. Siamo arrivati (10) (in) . . . Italia ventiquattro ore dopo. (11) . . . viaggio (12) (in) . . . macchina (13) (in) . . . Liguria è durato più o meno dieci ore. Siamo arrivati (14) (a) . . . campeggio (15) (a) . . . sei di sera.

Abbiamo trascorso molto tempo (16) (in) . . . piscina, ed abbiamo anche visitato (17) . . . paesi e (18) . . . città (19) (di) . . . dintorni. Abbiamo anche visto (20) . . . spettacolo folcloristico in un paese vicino (21) (a) . . . campeggio. Dopo due settimane di vacanza e sole siamo tornati (22) (a) . . . casa.

> il (×2), l', lo, i, le (×2),
> al (×2), alle,
> nella (×2), dei

4 *Complicazioni!*

Le cose non sempre vanno secondo il previsto. In questo esercizio, devi scegliere tra l'articolo determinativo o l'articolo indeterminativo. Ma attenzione, perché in alcuni casi non avrai bisogno di scrivere niente nello spazio!

Quest'estate, volevamo andare in Italia per (1) . . . quindicina di giorni.
Avevamo (2) . . . intenzione di partire (3) (in) . . . prima settimana di agosto. Ma,
che peccato! Non possiamo fare (4) . . . viaggio che volevamo fare: per andare in
Italia in (5) . . . macchina, si deve riservare (6) . . . biglietto per prendere (7) . . .
traghetto o per passare sotto (8) . . . galleria della Manica. Ma perché non
possiamo organizzare (9) . . . vacanza dei sogni? Perché dove lavora (10) . . . mia
moglie ci sono soltanto due persone in tutto, e (11) . . . collega di (12) . . . mia
moglie è andata a lavorare in (13) . . . altro luogo. Allora, (14) . . . mia moglie non
può prendere (15) . . . vacanze quando vuole, ed è troppo tardi per trovare
(16) . . . sostituta. Chissà quando potremo andare in (17) . . . vacanza!

5 *Traduzione*

Un amico parla delle vacanze. Traduci queste frasi in italiano, ma guarda bene
l'uso degli articoli!

1 My friend is a student in London: he is studying to be a doctor.
2 This summer we are going to France and Italy by Inter-Rail.
3 We hope to go to Florence, Venice and Rome if we have the time.
4 On the train we will be able to speak French and Italian to the other
   travellers.
5 In the two months we will be away, we will practise the languages a lot.
6 I need to find work to get the money for the trip.
7 Before we go, we will spend a few days at my friend's house on the coast in
   the south of England.
8 He lives close to the beach in a seaside town in Sussex.
9 His sister may come with us.
10 Like us, she loves travel and languages, but she has never been to Europe.

METTETEVI IN MOTO!

6 *I spy*

In gruppi di tre o quattro, giocate a 'I spy', usando l'articolo determinativo o
indeterminativo per fare riferimento agli oggetti intorno.

Esempio:

A: Vedo qualche cosa che comincia con a.
B: È un'arancia?
A: No.
C: È un albero?

7 *Regali*

Domani è il compleanno del vostro amico/della vostra amica, o forse del vostro professore/della vostra professoressa. Che cosa gli/le volete comprare come regalo? Discutete tra di voi usando gli articoli appropriati.

Esempio:

A: **Allora, che cosa compriamo per Antonella/il professore?**
B: **Forse una penna o un dizionario . . .**
C: **Non sarebbe meglio comprare il nuovo disco di Zucchero?**
A: **No, preferisce la musica classica.**

8 *Prova di geografia*

Lavorando in coppia, fate una prova di geografia: uno dice il nome di un paese, l'altro deve dire la lingua del paese; poi dite dove abita il presidente o il monarca del paese.

Esempio:

L'Inghilterra – l'inglese – la regina abita a Londra.

9 *L'editore malizioso*

Chiedi al tuo professore una fotocopia di un articolo della stampa italiana. Poi cancella tutti gli articoli. Fa' un'altra copia dell'articolo, e dalla a un(a) amico/a che deve mettere gli articoli adeguati negli spazi che avrai fatto.

10 *Le ambizioni*

Discutete tra di voi che cosa volete fare come lavoro, spiegando le vostre ambizioni e facendo delle domande. State sempre attenti agli articoli: chi fa un errore perde dieci punti!

Esempio:

A: **Qual è la tua ambizione?**
B: **Vorrei diventare marinaio su una nave di linea o pilota di aereo.**
A: **Ma perché?**
B: **Perché voglio conoscere il mondo e visitare paesi stranieri. E tu?**
A: **Voglio diventare maestro/a, perché mi piace lavorare con i bambini.**

4 ADJECTIVES

GLI AGGETTIVI

MECCANISMI

An adjective describes a noun or pronoun, adding information: this house is *small*, a *large* one. The two essential things to know about using adjectives in Italian are:

- agreement – the adjective has to match in gender (*m*/*f*) and number (*sing.*/*pl.*) the noun(s) or pronoun(s) it describes;

- position – the position of adjectives is not the same as in English, so the simple rules have to be remembered.

The agreement of adjectives

a Regular adjectives

- Adjectives with a masculine singular ending in *-o* (this is the form you will find in a dictionary) change the *-o* to *-a* in the feminine, to *-i* in the masculine plural and *-e* in the feminine plural:

il figlio bravo > i figli bravi	the good son(s)
la figlia brava > le figlie brave	the good daughter(s)
l'agente segreto > gli agenti segreti	the secret agent(s)
l'attrice famosa > le attrici famose	the famous actress(es)

- Some adjectives have one singular form ending in *-e* and one plural form ending in *-i*; they do not have different masculine and feminine forms:

il limone grande > i limoni grandi	the big lemon(s)
la nipote giovane > le nipoti giovani	the young niece(s)
il compito semplice > i compiti semplici	the simple task(s)
la macchina elegante > le macchine eleganti	the elegant car(s)

The exception to this is that adjectives ending in *-one* in the masculine singular change to *-ona* in the feminine singular and to *-oni* and *-one* in the masculine and feminine plural:

un alunno chiacchierone	a talkative pupil
un'alunna chiacchierona	a talkative (girl) pupil

degli alunni chiacchieroni   talkative pupils
delle alunne chiacchierone   talkative (girl) pupils

Masc. sing.	Fem. sing.	Masc. plur.	Fem. plur.
-o	-a	-i	-e
-one	-ona	-oni	-one
-e		-i	

b   Irregular adjectives

• Adjectives ending in *-a* in both masculine and feminine singular have a masculine plural form ending in *-i* and a feminine plural ending in *-e*.

un uomo egoista   a selfish man
una donna egoista   a selfish woman
uomini egoisti   selfish men
donne egoiste   selfish women

• Combinations of two adjectives need special treatment: the first remains in the masculine singular form, the second agrees with the noun/pronoun in the usual way.

Il Merlin è un elicottero anglo-italiano, risultato della cooperazione anglo-italiana.
The Merlin is an Anglo-Italian helicopter resulting from Anglo-Italian cooperation.
Alcuni italoamericani abitano nelle comunità italoamericane.
Some Italian Americans live in Italo-American communities.

Other examples of frequently used combination adjectives:

un ragazzo sordomuto   a deaf and dumb boy
la macchina grigioverde the grey-green car

(and other colour combinations)

• A few adjectives do not change at all; they are usually listed as **inv.** (invariable) in the dictionary. Examples are: adjectives ending in *-i*, most adjectives of foreign origin, and some which are in fact primarily nouns, mostly describing colour.

un numero pari   an even number
numeri dispari   odd numbers
una battaglia impari   an unequal battle

il cappello blu   the blue hat
i pantaloni blu   the blue trousers
la minigonna blu   the blue miniskirt
le scarpe blu   the blue shoes

Other such colours: *marrone* brown, *viola* violet, *rosa* pink.

- Changing the final letter means that many adjectives need a spelling change to preserve their original pronunciation. This affects adjectives ending in *-co* or *-go*, where an *h* is used in some forms to 'protect' the *c* or *g* and thus maintain their 'hard' pronunciation.

a Adjectives ending in *-co* with stress on penultimate syllable:

poco/ poca/ pochi/ poche little

Exception: *greco/ greca/ greci/ greche* Greek

b Adjectives ending in *-co* with stress before the penultimate syllable usually have masculine plural in *-ci*:

pubblico/ pubblica/ pubblici/ pubbliche public

Exception: *carico/ carica/ carichi/ cariche*

c Adjectives ending in *-go*, wherever stressed:

lungo/ lunga/ lunghi/ lunghe long
analogo/ analoga/ analoghi/ analoghe similar

- The other group of adjectives needing a spelling change is those ending in *-io*. Their masculine plural form ends in *-i*:

contrario/ contraria/ contrari/ contrarie contrary

except when the adjective ends in a stressed *i* followed by *o*:

natio/ natia/ natii/ natie native
pio pious, *stantio* stale

- A few adjectives ending in consonant + *-cio* and *-gio* have an irregular feminine plural form in which the *-i-* drops out:

liscio/ liscia/ lisci/ lisce straight, smooth
saggio/ saggia/ saggi/ sagge wise

- The following adjectives, when they precede a noun, have forms which depend on the first letter(s) of the following noun:

buono good, *grande* big, great, large, *bello* beautiful.

They are all regular when they follow the noun.

a buono behaves like *uno*, and shortens to *buon* before all masculine nouns other than ones beginning with *z* or *s* + *consonant*, *gn*, *ps* and *x*, and to **buon'** before feminine nouns beginning with a vowel. In the plural it is regular. It is shown with the forms of *uno* for comparison:

Masculine			Feminine	
generally	s + cons	+ vowel	generally	+ vowel
un	uno	un	una	un'
buon	buono	buon	buona	buon'

un buon libro, un buon amico, un buono scrittore
una buon'arancia, una buona pera

b grande may be shortened to *grand'* before words beginning with a vowel, and *gran* before consonants, except for *s* + consonant, *z*, *gn*, *ps* and *x*, which take the full form; increasingly, the full form *grande* is used rather than one of the shortened forms.

un gran cantante, un grand'uomo, una gran casa, una grand'eroina

c bello: like *quello*, *bello* has forms which follow the same pattern as the definite article:

Singular					Plural		
Masculine		Feminine			Masculine		Feminine
	s + cons	+ vowel				s + cons/vowel	
il	lo	l'	la	i		gli	le
bel	bello	bell'	bella	bei		begli	belle

un bel paese, un bell'uomo, un bello scoglio, una bella bimba
dei bei paesi, dei begli uomini, dei begli scogli, delle belle bimbe

• One final irregular adjective worth noting is *santo*.

Santo is only used before masculine names beginning with *s* + consonant: *santo Stefano*.
Santa is used with all feminine names beginning with a consonant: *santa Margherita*.
Sant' is used with all names beginning with a vowel: *sant'Emilio, Sant'Erminia*.
San is used before masculine names beginning with a consonant other than *s* + consonant: *san Michele*.

The position of adjectives

• When an adjective is the complement of a verb – *essere, diventare, sembrare*, it will be in the same position as it would be in English, usually after the verb which follows the noun it describes:

Questa ragazza è un po' chiacchierona, e mi sembra un po' strana.
This girl is a bit talkative, and to me she seems rather strange.

- The majority of Italian adjectives follow the noun they describe, even when there are several adjectives. Compare the following example with its translation:

Vorrei comprare una casa grande, moderna, comoda e tranquilla.
I'd like to buy a large, modern, comfortable, quiet house.

Note that they are linked by a comma and then *e* between the last two.

- A small number normally go in front of the noun; note that those marked with an asterisk* have irregular forms when they precede the noun, as detailed above.

*bello**	beautiful	*cattivo*	bad	*largo*	wide
*buono**	good	*giovane*	young	*lungo*	long
breve	short	*grande**	big, large	*piccolo*	small
brutto	bad	*grosso*	big, large	*vecchio*	old

- Adjectives which normally go in front of the noun can be put after it, and those which normally go after can be put in front of the noun, either for effect or as a set phrase:

Abito in una grande casa.   I live in a large house.
Abito in una casa grande.   I live in a large house.

In the second, the size of the house is emphasised because the adjective is in an unusual position: it attracts attention to itself.

Eravamo in una pericolosa situazione. We were in a dangerous situation.
La situazione pericolosa in cui ci trovavamo era inevitabile.
The dangerous situation we were in was inevitable.

- A group of adjectives actually have two different meanings depending on whether they go before or after the noun. The meanings given in the table are not necessarily the only possible meanings for these adjectives, but they will give you some idea of the differences made by position.

	before noun	*after noun*
alto	high	tall
basso	low	small (number)
buono	good, able	good (quality)
caro	dear (person)	dear, expensive
cattivo	bad, unpleasant	bad, evil
certo	a certain, some	certain, reliable
diverso	various, several	different
dolce	good, sweet	fresh (water)
grande	great	big, tall

grosso	big, serious (abstract)	big, well built (person)
nuovo	new (another)	(brand) new
numeroso	numerous, many	large in number
povero	poor, unfortunate	poor (financially)
santo	blessed (expletive)	holy
semplice	just, simply	simple, easy
unico	(only) one	unique, special
vario	various, several	different
vero	real (emphatic)	true, authentic

- You need to remember that, whatever their position in the sentence, adjectives take the gender and number of the person or thing they describe:

La mia amica è molto alta ed è veramente bella.
My girlfriend is very tall, and she is really beautiful.

- When an adjective stands apart from its noun, but the noun is 'understood', it still has to agree with it:

I soldati che ho visto sul treno erano molto simpatici.
The soldiers I saw on the train were very nice.

Non mi sono piaciuti i pantaloni grigi e nemmeno quelli neri.
I didn't like the grey trousers, nor even the black ones.

Miscellaneous

- When an adjective refers to two or more nouns:

if both/all are of the same gender, the adjective will agree with them as normal but in the plural:

La tavola e le sedie sono vecchie.
The table and chairs are old.

if they are of different gender, the adjective will always be masculine plural:

Il televisore, il divano e la moquette sono nuovi.
The television, the sofa and the carpet are new.

- In Italian, a noun cannot be used as an adjective as often happens in English, such as in the example 'kitchen window' or the newspaper headline:

SOUTH DEVON PIER FIRE BOY QUIZZED

That headline consists of an adjective, four nouns and a verb in past participle form; three nouns act upon the noun 'boy' as if they were adjectives. Such expressions have to be explained in full: *la finestra della cucina*, and for the headline:

> Un ragazzo è stato interrogato sull'incendio che ha danneggiato un imbarcadero del Sud del Devon

- Many adjectives can be used as nouns, expressed in the masculine form in expressions such as:

I giornalisti cercano sempre di esagerare il vero.
Journalists always try to exaggerate what is true.

Lo strano è che i lettori non sempre se ne rendono conto.
The strange thing is that the readers don't always realise it.

A more complex way of expressing a similar notion is to use *qualcosa* and *niente* followed by *di* + an adjective:

qualcosa di buono something good
niente di grave nothing serious

- Italian has few adjectives to describe the materials objects are made of. The most common way of describing them is to use *di* + noun:

una tavola di legno a wooden table
un anello d'oro a gold ring
una forchetta di plastica a plastic fork

- A whole series of idiomatic expressions are based on the verb *avere* followed by a noun (instead of 'to be' + adjective as in English):

avere caldo	to be hot	*avere torto*	to be wrong
avere freddo	to be cold	*avere paura*	to be afraid
avere fame	to be hungry	*avere vergogna*	to be ashamed
avere sete	to be thirsty	*avere sonno*	to be sleepy
avere ragione	to be right		

- Note that weather expressions in English using 'to be' + adjective are expressed in Italian using *fa* or *c'è* + the appropriate noun:

fa caldo it's hot
c'è il sole it's sunny

METTETEVI A PUNTO!

ADJECTIVES

1 *Armonia*

Inserisci gli aggettivi negli spazi con l'accordo necessario.

1 Questa macchina non è . . . !   (nuovo)
2 I professori d'italiano sono molto . . .   (simpatico)
3 Gli esami sono molto . . . , però!   (difficile)
4 Vorrei una zucca . . . , per favore.   (grande)
5 Prendiamo sempre gli autobus . . .   (locale)
6 Preferisco le ceramiche . . .   (artigianale)
7 Chi è il ragazzo con i capelli . . . ?   (lungo)
8 Vi piace la musica . . . ?   (classico)
9 Vorremo due pizze . . . , per favore.   (napoletano)
10 In vacanza abbiamo visitato le isole . . .   (greco)

2 *Un incontro segreto*

Devi incontrare una persona sconosciuta all'aeroporto; qualche giorno prima dell' incontro scrivi una lettera nella quale descrivi in modo dettagliato le tue caratteristiche fisiche e il tuo abbigliamento.

Esempio:

occhi marroni, capelli lunghi . . .
pantaloni rossi, maglietta verde . . .

Tra le cose che puoi descrivere ci sono:

> capelli, gambe, naso, occhi, orecchie, piedi
> borsa, camicetta/camicia/maglietta,
> giacca, gonna, pantaloni, scarpe

e tra gli aggettivi utili:

> corto, lungo, liscio, riccio, grande, piccolo,
> azzurro, bianco, blu, giallo, grigio, marrone, nero, rosso, verde
> leggero, moderno, nuovo, vecchio,
> alla moda, di cotone, di cuoio, di lana, di plastica, di seta

3 *Duetto d'amore tra Pavarotti e la segretaria*

Quest'articolo tratta dell'amore tra Luciano Pavarotti e Nicoletta Mantovani.
Abbiamo tolto tutti gli aggettivi: inserisci le parole mancanti, usando gli
aggettivi ed espressioni aggettivali elencati sotto l'articolo. Nota bene: devi usare
alcuni aggettivi più di una volta, ma la finale degli aggettivi ti aiuterà.

Nicoletta: «Siamo . . . , ma per ora non aspetto un bambino»
NEW YORK: Duetto . . . per Luciano Pavarotti e la . . . compagna Nicoletta
Mantovani: «Siamo insieme. Siamo molto . . . , estremamente . . . » ha
proclamato il tenore . . . al giornalista . . . del «New York Post» che lo
aveva atteso . . . in una galleria . . . di Manhattan. . . . sorrisi anche
Nicoletta, che ha 26 anni, 34 meno del cantante: la . . . assistente ha detto
di non sentirsi . . . dalle . . . illazioni secondo cui prima o poi Pavarotti farà
ritorno dalla moglie Adua: «Sono molto . . . del . . . amore. Il . . . amore
trionfa su tutto». Nelle . . . settimane i due innamorati sono stati
perseguitati dai fotografi . . . , in appostamento . . . sotto il palazzo di
Central Park South dove il tenore risiede durante i . . . soggiorni a New
York.

Il Mattino, 10.4.96

americano, d'amore, d'arte, curiosi, felici, giovane,
italiano, di lusso, maliziose, mio, paziente, permanente,
sicura, sua, suoi, toccata, tutta, ultime, vero

4 *Traduzione pericolosa!*

Traduci queste frasi in italiano, facendo attenzione alle concordanze!

1 I'd like a nice cup of tea!
2 We all live in a yellow submarine.
3 This house is too busy and noisy to work in.
4 She is waiting for a tall, dark, handsome stranger.
5 Both men and women are afraid of growing old.
6 These bicycles and motorbikes are costly.
7 I need new trousers and shirts.
8 American television programmes are violent and not at all funny.
9 Saint Francis of Assisi was wise, generous and humble.
10 He was looking for something cheap and practical.

ADJECTIVES

5 Indovinello ...

Guardatevi intorno. Dovete giocare a 'I-spy', usando anche degli aggettivi: indicate le due iniziali delle parole che gli altri compagni dovranno indovinare.

Esempio:

Indovinate che cos'è: **l.b.** (lavagna bianca)
                             m.g. (maglietta gialla)

Potete anche provare la versione tradizionale italiana:
È arrivato un bastimento carico di p.v. (piselli verdi!)

6 Guardate bene!

Questa volta dovete scrivere: ogni studente deve scrivere alla lavagna cinque iniziali. Senza dire niente, gli altri devono indovinare e scrivere le frasi complete, ma senza fare errori di concordanza.

7 Indovina: chi è?

Dovete descrivere qualcuno che non è con voi: che aspetto ha e che cosa indossa?

Esempio:

È un uomo molto bello, bravo e intelligente: chi è? (il professore!)

8 Oggetti smarriti

Hai perduto qualcosa, e devi andare all'ufficio oggetti smarriti. Devi descrivere l'oggetto all'impiegato (il tuo compagno/la tua compagna), usando aggettivi appropriati per spiegare quant'è grande, di che colore e di che materiale, ecc.

Esempio:

A: **Che cosa ha perduto, signore/signorina?**
B: **Una borsa di plastica azzurra.**
A: **E che cosa c'era dentro?**
B: **Allora, c'erano dei libri d'italiano, una penna stilografica nera ed i miei compiti d'italiano!**

9 *Il mercato*

Avete una bancarella al mercato: siete fruttivendolo, macellaio, pescivendolo, ecc. Ognuno deve gridare, dicendo quanto sono buone le sue merci e spiegando perché. Ma dovete anche avere una buona giustificazione, perché il preside sicuramente vorrà sapere che cosa succede!

Esempio:

A: Ecco delle mele deliziose! Sono state raccolte ieri!
B: No, le mie sono più fresche: sono state raccolte questa mattina!

10 *Com'era?*

Adesso un'attività un po' più intellettuale: dovete parlare di vari argomenti utilizzando aggettivi astratti. Dopo, fatene un riassunto. Tra gli argomenti possibili:

un film	una guerra
un programma televisivo	una (buona) esperienza (o cattiva)
un video	una vacanza
un libro	un' avventura
un disco	una discoteca
un disastro	una stazione radio
un esame	una notizia
un incontro di calcio/tennis	una religione

5 ADVERBS

GLI AVVERBI

MECCANISMI

Just as adjectives qualify nouns and pronouns, adverbs qualify:

– verbs (They ate their meal quickly.)
– adjectives (The meal was extremely delicious.)
– other adverbs (The meal had been prepared incredibly carefully.)

Adverbs in Italian fall into one of two categories:

* adverbs which are based on adjectives, just as English adds -ly to an adjective: silent > silently

* adverbs which are words in their own right, not based on adjectives, though they may be related to one: *bene* well, *spesso* often

Formation of adverbs from adjectives

Most adverbs in Italian are formed by adding *-mente* to the feminine form of the adjective, *silenzioso > silenziosa > silenziosamente*

* Adjectives whose masculine singular form ends in *-o* follow the pattern:

fortunato > fortunata > fortunatamente fortunately
lento > lenta > lentamente slowly
sincero > sincera > sinceramente sincerely

* Adjectives ending in *-e* simply add *-mente*:

dolce > dolcemente sweetly
frequente > frequentemente frequently
recente > recentemente recently

Exception:
violento > violentemente violently

- Adjectives ending in *-le* and *-re* drop the final *-e*, then add *-mente*:

artificiale > artificialmente	artificially
facile > facilmente	easily
particolare > particolarmente	particularly
regolare > regolarmente	regularly

except when the *-le* and *-re* are preceded by another consonant:

folle > follemente	madly
mediocre > mediocremente	mediocrely

- One adverb doesn't quite fit the patterns described:

altrimenti	otherwise, differently

- These common adverbs are related to adjectives but in irregular ways:

buono good	> *bene*	well	
migliore better (adjective)	> *meglio*	better (adverb)	
peggiore worse (adjective)	> *peggio*	worse (adverb)	
cattivo bad	> *male*	badly	

- Adjectives as adverbs. The masculine form of an adjective is often used in an adverbial sense:

Mariana grida forte.	Mariana is shouting aloud.
Ho parlato chiaro?	Have I spoken clearly?
abitare vicino/lontano	to live nearby/far away
lavorare sodo	to work hard
mirare alto	to aim high
picchiare sodo	to hit hard
stare fermo	to keep still
tagliare corto	to cut short
tenere duro	to stand fast
vestire leggero	to dress lightly
andare forte	to go fast

Other adverbs

The following are the commonest adverbs not connected to adjectives; some can also be used as adjectives or prepositions.

- **Adverbs of degree**

Used to qualify an adjective or another adverb, these indicate the degree of the quality described:

abbastanza	quite	*molto*	very
affatto	(not) at all	*più*	more
	(after a negative)	*poco*	little, not very
assai	very	*tanto*	so, so much
così	so, in this way	*troppo*	too (much)
meno	less		

È una casa abbastanza grande.   It is quite a large house.
Siamo arrivati molto presto.   We arrived very early.

• **Adverbs of time**

adesso	now	*oggi*	today
allora	then, at that time	*ora*	now
ancora	yet	*ormai/oramai*	by now
appena	hardly, scarcely	*per ora*	for the time being
domani	tomorrow	*poi*	then, next
dopo	afterwards	*presto*	soon, quickly, fast
già	already	*subito*	at once, immediately
ieri	yesterday	*tardi*	late

• **Adverbs of frequency**

mai	never	*sempre*	always
ogni tanto	every so often	*spesso*	often
raramente	rarely		

• **Adverbs of place**

davanti	in front	*giù*	down
dentro	inside	*lontano*	far away
dietro	behind	*sotto*	underneath
dove	where	*su*	above, up
dovunque/ovunque	wherever	*vicino*	nearby
fuori	outside		

• **Miscellaneous adverbs**

anche	also	*nemmeno*	not even
certo	certainly	*perfino*	even
come	as, like	*piano*	slowly
forse	perhaps	*proprio*	exactly, just
forte	strongly, hard,	*pure*	also, too, as well
	loud, quickly	*quanto*	as/how much, as/how many
inoltre	besides	*quasi*	almost
insieme	together	*sicuro*	of course, certainly
insomma	in short, all in all	*vero*	really
neanche	not even		

- **-oni adverbs**

A number of adverbs end rather curiously in *-oni*, being based on parts of the anatomy or bodily action:

bocconi	flat on one's face (based on *bocca* mouth)	*dondoloni*	idly
		ginocchioni	on one's knees
carponi	on all fours	*a tastoni*	gropingly
ciondoloni	dangling, hanging		

Adverbial expressions

The addition of *-mente* often makes for rather long adverbs; therefore Italian sometimes uses instead an expression using *con* or another preposition + noun, or the expression *in (un) modo/ in (una) maniera* + adjective:

Domani arriverà con certezza.	He will certainly arrive tomorrow.
Mamma lo farà senza dubbio.	Mum will undoubtedly do it.
Gianni si comporta in un modo nervoso.	Gianni behaves nervously.
Paola si comporta in una maniera strana.	Paola is behaving oddly.

- There are also many adverbial expressions using *di, in, a* and *da*, for example:

di certo	certainly	*in alto*	up
di nuovo	again	*in basso*	down
di recente	recently	*in breve*	in short
di sicuro	certainly	*in generale*	generally
di solito	usually	*in grande*	on a grand scale
		in mezzo	in the middle
a lungo	at length	*in orario*	punctually, on time
da lontano	from a distance	*in piccolo*	on a smaller scale
da vicino	closely		

Position of adverbs

- Adverbs usually follow the verb they qualify:

Suona bene il piano.	He plays the piano well.
Ho pagato troppo.	I paid too much.

- Adverbs of time and those expressing certainty or doubt often precede the verb:

Oggi mangiamo cannelloni.	Today we are eating cannelloni.
Forse andremo in Italia.	We will perhaps go to Italy.

In compound tenses, a few adverbs of time (*ancora, appena, già*) go between the auxiliary and the past participle:

Ha già cominciato. He has already begun.

There is much flexibility and the position of the adverb can alter the emphasis of the sentence.

• Adverbs qualifying adjectives and other adverbs always go in front of the word qualified, just as they do in English.

più frequente   more frequent
meno facilmente less easily

METTETEVI A PUNTO!

1 *Formiamo degli avverbi!*

Trasforma i seguenti aggettivi in avverbi.

Esempio:

abusivamente

abusivo	affettuoso	breve	buono	cattivo
difficile	diretto	efficiente	estremo	facile
faticoso	gioioso	goloso	impulsivo	innocente
liberale	limitato	migliore	maggiore	necessario
negativo	offensivo	ovvio	particolare	peggiore
radicale	regolare	sensibile	sincero	tragico
tremendo	uniforme	inutile	vero	vicino

Poi inventa una frase nuova per utilizzare ogni avverbio della lista.

Esempio:

Ci parlò abusivamente.

2 *«Il Nola non può più sbagliare»*

Ecco un articolo di giornale che riguarda i fallimenti di una squadra di calcio. Tutti gli avverbi utilizzati nell'articolo sono stati tolti. Inserisci l'avverbio più adeguato tra quelli elencati sotto l'articolo. Ma, ricorda, alcuni avverbi vengono usati più di una volta.

«Il Nola non può (1) ... sbagliare»

Ultimatum di Bagnato ai suoi giocatori

La matematica tiene (2) ... acceso il lumicino della speranza ma Carmelo Bagnato è consapevole che se non vince domenica, addio sogni di gloria.

«Non riusciamo a vincere (3) ... quando dominiamo. Su questo bisogna riflettere (4) ... : o non siamo capaci di vincere (5) ... o è tutta sfortuna».

Il Nola si gioca gran parte del suo futuro nel doppio confronto casalingo con Casarano e Castel di Sangro. Agguantare due vittorie significherebbe uscire (6) ... (7) ... dalla lotteria degli spareggi salvezza.

La classifica, nelle ultime giornate, si è allungata (8) ... e la squadra bianconera non è riuscita a sfruttare le sfortune altrui.

«A vedere la classifica, (9) ... ci giochiamo tutto in questo doppio turno casalingo – continua l'allenatore – (10) ... non ho nulla da rimproverarmi dopo la prestazione di Roma. (11) ... , (12) ... potevamo parlare di altro, però la squadra ha tutte le potenzialità per uscirne (13) ... Di questo sono certo; (14) ... (15) ... non sarei tornato a Nola, me ne sarei rimasto a casa».

Il Mattino, 10.4.96

ancora	bene	certo	diversamente	quasi
effettivamente	fuori	mai	molto	
nemmeno	oggi	onestamente	più	

3 *Come si fa?*

Ecco dei consigli e dei suggerimenti, che spiegano come si devono fare queste cose: in ogni caso, scegli un avverbio adeguato, e mettilo nella posizione appropriata.

1 Devi fare i compiti di italiano.
2 Domani mattina dobbiamo andare dal dottore.
3 La prossima volta, dovresti guidare la macchina più ...
4 L'anno prossimo, andremo in Francia, va bene?
5 Sarebbe meglio che il cane dormisse in giardino.
6 È meglio andare dal dentista.
7 Se vuoi andare all'università, dovresti lavorare.
8 Quando arrivi a casa dopo mezzanotte, dovresti entrare.
9 Quando vai dal preside, devi parlargli.
10 Se vuoi che la tua ragazza ti ami, devi trattarla ...

attentamente	educatamente	dolcemente	fuori	insieme
piano	regolarmente	silenziosamente	sodo	in orario

METTETEVI IN MOTO!

4 *Facciamo le cose a puntino!*

Lavorate in coppia, uno deve suggerire un'attività, l'altro deve dire come bisogna svolgerla, utilizzando una serie di avverbi appropriati.

Esempio:

Facciamo una pizza? Velocemente, presto, subito.

5 *Pubblicità*

Ti piacerebbe lavorare in un'agenzia di pubblicità? Inventa degli slogan per lanciare i seguenti prodotti; fatti suggerire degli avverbi dai tuoi colleghi.

Esempio:

Con un paio di scarpe 'Cagnolino', sempre camminerà comodamente!

una macchina nuova	uno shampoo speciale
un nuovo tipo di spaghetti	una minigonna alla moda
una vacanza a Venezia	delle scarpe da ginnastica
un vino analcolico	un disco di musica rock
un televisore a schermo grande	un nuovo treno ad alta tecnologia

AZIONE GRAMMATICA!

6 THE COMPARATIVE OF ADJECTIVES AND ADVERBS

IL COMPARATIVO DEGLI AGGETTIVI E DEGLI AVVERBI

MECCANISMI

There are various ways of comparing people, things, actions: 'more . . . than', 'less . . . than', 'as . . . as', 'not as . . . as'.

Adjectives

- More . . . than

In English we either add '-er' to an adjective ('bigger', 'prettier') or use 'more' before the adjective ('more difficult'). In Italian, in all but a few cases, you use *più* + adjective. The word for 'than' is either *di* or *che*.

a *più . . . di*

Elena è più giovane di Marco.	Elena is younger than Marco.
Mia sorella è più ambiziosa di me.	My sister is more ambitious than me.

Note that *di* is used before names *(di Marco)* and pronouns *(di me)*. It is also used before numerals and adverbs:

Questo libro mi è costato più di 30.000 lire.
This book cost me more than 30,000 lire.

Questo studente è più diligente di prima.
This student is more diligent than before.

It is not always necessary to express the object of comparison (so you don't need 'than'):

Giorgio è più alto.	Giorgio is taller.

b *più . . . che*

Che is used when comparing two adjectives, adverbs, nouns, pronouns, participles, infinitives and prepositional phrases that are dependent on the same verb.

Roberto è più introverso che estroverso.
Roberto is more introvert than extrovert.

Ha risposto più spontaneamente che razionalmente.
He replied more spontaneously than rationally.

A casa bevo più vino che birra.
At home I drink more wine than beer.

Hanno criticato più me che gli altri.
They criticised me more than the others.

Il direttore è più temuto che rispettato.
The manager is more feared than respected.

È più facile capire che parlare.
It's easier to understand than to speak.

L'abbiamo fatto più per curiosità che per necessità.
We did it more out of curiosity than necessity.

- There are a small number of adjectives with both regular and irregular forms:

buono	good	*più buono*	or	*migliore*	better
cattivo	bad	*più cattivo*	or	*peggiore*	worse
grande	big	*più grande*	or	*maggiore*	bigger
piccolo	small	*più piccolo*	or	*minore*	smaller

On many occasions there is no difference in meaning:

Secondo me, questo formaggio è più buono/migliore.
In my opinion, this cheese is better.

On other occasions, however, the irregular forms give rise to a more figurative meaning.

Quello che dicono è di minore importanza.
What they say is of minor importance.

Aspettiamo un'occasione migliore.
Let's wait for a better occasion.

Il costo dei danni è maggiore di quanto pensassi.
The cost of the damage is greater than I thought.

If you wish to consider in greater detail the variety of contexts in which these regular and irregular forms can be used, it is worth consulting a good dictionary.

- Less . . . than

This works in the same way as the 'positive' comparative: you simply use *meno di* or *meno che* + adjective.

Questi pantaloni sono meno cari di quelli in vetrina.
These trousers are less expensive than the ones in the window.

Gli altri studenti sono meno diligenti di noi.
The other students are less diligent than us.

Voglio fare un esercizio meno difficile.
I want to do a less difficult exercise.

• Comparison with a clause

When the object of comparison is a clause, it is possible to use either of the following two constructions.

Abbiamo speso meno di quanto ci aspettassimo.
Abbiamo speso meno di quel che ci aspettavamo.
We spent less than we expected.

Note that the subjunctive is used after *di quanto* whereas the indicative is used after *di quel che*.

• More and more, less and less

Sempre più = more and more, *sempre meno* = less and less

Man mano che la grammatica diviene sempre più facile, gli esercizi che facciamo divengono sempre meno difficili.
As the grammar becomes easier and easier, the exercises we do become less and less difficult.

• Comparing equals

You use *tanto . . . quanto* or *così . . . come* for 'as . . . as':

Il mio appartamento è tanto spazioso quanto il vostro.
My flat is as spacious as yours.

Questo formaggio non è così buono come quello che abbiamo assaggiato ieri.
This cheese is not as good as the one we tried yesterday.

Tanto and *così* are frequently omitted:

Il mio appartamento è spazioso quanto il vostro.
My flat is as spacious as yours.

Tanto/quanto are invariable when they qualify adjectives:

Questa spiaggia non è tanto affollata quanto quell'altra.
This beach is not as crowded as the other one.

but they **must** agree in number and gender when they qualify nouns:

Ho letto tante riviste quanti giornali.
I've read as many magazines as newspapers.

Adverbs

Adverbs can be compared in exactly the same ways as the adjectives above:

Ultimamente abbiamo mangiato fuori più spesso che in passato.
Recently we have eaten out more often than in the past.

Il nostro professore parla più lentamente in inglese che in italiano.
Our teacher speaks more slowly in English than in Italian.

Gianni non suona così bene la chitarra come mio fratello.
Gianni doesn't play the guitar as well as my brother.

Il pullman è partito prima di quanto pensassero.
The coach left earlier than they thought.

Quando non ho capito la spiegazione la prima volta, l'insegnante me l'ha spiegata sempre più lentamente.
When I didn't understand the explanation the first time, the teacher explained it to me more and more slowly.

• Note the irregular comparatives of the following adverbs:

bene	well	*meglio*	better
male	badly	*peggio*	worse
molto	very, much	*più*	more
poco	little	*meno*	less

Oggi mi sento meglio di ieri.
Today I feel better than yesterday.

Tu mangi poco ma io mangio meno.
You eat little but I eat less.

• Note the expression *il più/il meno* + adverb + *possibile*:

Gli ho spiegato il problema il più chiaramente possibile.
I explained the problem to him as clearly as possible.

• Note also the use of *di più/di meno* 'more/less, most/least' in the following type of construction:

Delle due lingue mi piace di più l'italiano.
Of the two languages I like Italian more.

Quale città ti ha colpito di più/di meno?
Which city impressed you most/least?

• The more ... the more, the more ... the less

Note the following:

Più viaggio, più voglio viaggiare.
The more I travel, the more I want to travel.

AZIONE GRAMMATICA!

Meno studio, meno imparo.
The less I study, the less I learn.

Più ascolto, meno capisco.
The more I listen, the less I understand.

1 *Riflettiamoci bene*

Vuoi essere sicuro di aver capito bene le regole riguardanti l'uso del comparativo. Prova quindi a fare questa attività. Bisogna cancellare la forma errata.

1 A scuola mi piacciono *più/di più* le lingue *che le/delle* scienze. Le altre materie assumono *meno e meno/sempre meno* importanza.
2 Quale lingua parli *migliore/meglio*?
3 L'italiano è sempre stato più facile *che il/del* francese. Devo confessare, però, che non faccio *tanti/tanto* compiti in francese *quanti/quanto* in italiano.
4 Io sono più diligente *che/di* mio fratello. A casa, lui preferisce suonare la chitarra *che/di* fare i compiti.
5 Per l'italiano devo comprarmi un dizionario *maggiore/più grande*. Quello che uso adesso mi è costato *meno che/meno di* 10.000 lire.

2 *Non c'è paragone!*

Una ragazza paragona il suo progresso scolastico con quello di suo fratello, Carlo, e i suoi compagni di classe. Abbina una frase della colonna A con una frase adeguata della colonna B.

A
1 Devo confessare che Carlo è molto più motivato
2 Da quando abbiamo iniziato a frequentare la scuola media lui si è sempre impegnato
3 Ha fatto molto più progresso
4 È incredibile perché non fa mai tanti compiti
5 Però, i pochi compiti che fa, li fa sempre
6 Va di per sé che i suoi voti sono sempre
7 Carlo si rende conto che non è bravo
8 Quanto a me, ho fatto più progresso quest'anno
9 Adesso dedico più tempo ai miei studi
10 Ultimamente ho comprato tanti libri di testo

B

a quanti molti suoi compagni di classe.
b che l'anno scorso.
c migliori dei miei.
d quante riviste di moda.
e come suo cugino che è veramente una cima.
f di più.
g che ai miei passatempi.
h di me.
i di quanto si aspettassero i suoi professori.
j meglio degli altri.

3 *L'ultimo ripasso delle regole!*

Traduci le seguenti frasi in italiano.

1 The more I earn, the more I spend.
2 The job I do is more interesting than boring.
3 In my town there are as many cinemas as theatres.
4 In summer there are more tourists than inhabitants.
5 We eat more fish than meat.
6 The rent is more expensive than we thought.
7 Our flat is bigger than our parents' house.
8 The other flat was nice but we like this one more.
9 We go out more often than before.
10 There's much more to do in summer than in winter.

METTETEVI IN MOTO!

4 *Che tipo sei?*

Scrivi almeno dieci frasi, utilizzando le varie forme comparative, che descrivono il più accuratamente possibile il tipo di persona che sei. Confronta la tua descrizione con quella di un compagno di classe.

Esempio:

Sono più estroverso di mio fratello.
Sono molto più ambizioso di una volta.
Alla sera mi piace di più leggere che guardare la televisione.
Mangio più pesce che carne.

5 *Sotto tutti gli aspetti io sono più bravo/a di te*

Lavorando in coppia, bisogna scambiare delle osservazioni, utilizzando naturalmente le relative forme comparative. Potete fare dei complimenti oppure essere un po' critici l'uno dell'altro se volete! Non dimenticate di concordare gli aggettivi!

Esempio:

Io sono più diligente, più dotato/a e più simpatico/a di te.
Tu sei meno comprensivo/a, meno ambizioso/a e non sei così socievole come me.

6 *Ecco le maggiori differenze*

Scrivi una lettera a un/a amico/a italiano/a in cui paragoni una città (regione) italiana che hai appena visitato con la città (regione) in cui vivi. Puoi inoltre riferire certe osservazioni che hai fatto durante il soggiorno.

Esempio:

La mia città è molto più grande di Firenze. Però, è più industriale e, senz'altro, meno turistica. C'è più da vedere a Firenze che in tutta la mia regione. Durante il mio soggiorno ho incontrato più stranieri che italiani, più di quel che si poteva immaginare. Il costo della vita è più alto che da noi.

7 *Che cosa è cambiato?*

In coppia fate un paragone fra la vita attuale e quella di cinque anni fa, prendendo in considerazione il tenore di vita, i vari problemi sociali (povertà, disoccupazione, criminalità, droga ecc.), ed ambientali (traffico, inquinamento) ecc.

Esempio:

– Secondo me, la qualità della vita attuale è migliore rispetto a cinque anni fa, per esempio . . .
– Fino a un certo punto sono d'accordo, però, ci sono più disoccupati, più senzatetto . . .
– Ma in genere bisogna dire che stiamo meglio, l'inflazione è più bassa, la disoccupazione non è così alta come in tanti altri paesi europei, la gente viaggia di più . . .

Annotate tutti i paragoni che fate e confrontateli con quelli di un'altra coppia, discutendo le eventuali differenze.

8 *Come ero una volta!*

Descrivi come eri una volta – cinque/dieci anni fa – a un compagno di classe. Per facilitare la descrizione puoi portare in classe una foto.

Esempio:

Cinque anni fa avevo più capelli ed erano meno grigi. Adesso non vedo così bene come una volta, per cui devo portare gli occhiali. Ero più grasso perché mangiavo di più e conducevo una vita più sedentaria.

Se preferisci, puoi descrivere un membro della famiglia o una persona che conosci bene.

9 *Pubblicità*

Cerca sul giornale (italiano o inglese) due annunci per un posto di lavoro, i quali contengono parecchi dettagli. Possono essere per lo stesso tipo di mestiere o un mestiere differente. Scrivi un paragone fra i due annunci sottolineando le differenze e specificando le tue preferenze.

Esempio:

Per poter svolgere questo mestiere bisogna avere più qualifiche.
Questo mestiere mi sembra più interessante ed è anche meglio pagato.
Questo posto di lavoro offre più possibilità di promozione.

7 SUPERLATIVE OF ADJECTIVES AND ADVERBS

IL SUPERLATIVO DEGLI AGGETTIVI E DEGLI AVVERBI

MECCANISMI

The superlative of adjectives

The superlative in English ends in '-est' ('biggest, smallest'), or we use 'most' before the adjective ('most interesting'). For the negative superlative we use 'least' before any adjective. In Italian you use the definite article *il/ la/ il/ le più/ meno* followed by the adjective.

Di tutti gli studenti nella mia classe tu sei il più pigro.
Of all the students in my class you are the laziest.

When the adjective follows the noun, as most do, the article is <u>not</u> repeated.

Tu sei lo studente più pigro della classe.
You are the laziest student in the class.

Queste sono le scarpe meno care.
These are the least expensive shoes.

Note:

- the use of *di* for 'in' after a superlative, as in the example above.

- the use of the subjunctive in a following relative clause dependent on a superlative (see Chapter 37 for further details):

È il più bel film che abbiano mai visto.
It's the most beautiful film they have ever seen.

- the following adjectives that have both regular and irregular forms:

il più buono	or	*il migliore*	the best
il più cattivo	or	*il peggiore*	the worst
il più grande	or	*il maggiore*	the biggest
il più piccolo	or	*il minore*	the smallest

Questo è mio fratello maggiore.
This is my eldest brother.

Qual è il vino più buono?
Which is the best wine?

Si sono comportati nel peggiore dei modi.
They behaved in the worst possible way.

(See Chapter 6 page 49 for some other differences in meaning).

- to say something is 'very', 'extremely', etc. + adjective, you can add *-issimo* to the adjective after removing the final vowel. The *-issimo* ending must agree as usual with the noun it describes. This form is known as *il superlativo assoluto*, 'the absolute superlative'.

Questa torta è buonissima.
This cake is very good.

Il documentario era interessantissimo.
The documentary was extremely interesting.

Remember that some adjectives ending in *-co, -go* and *-io* need spelling adjustments before adding *-issimo*: (see Chapter 4 for more detail).

Abbiamo visitato una chiesa antichissima (< antico).
We visited a very old church.

Adjectives can be emphasised in a similar way by placing an adverb such as *molto/assai* 'very' or *veramente* 'really' in front of the adjective.

Siete stati molto pazienti.
You have been very patient.

Mi sembra assai complicato.
It seems very complicated to me.

Questo è veramente impossibile.
This is really impossible.

- Note the following adjectives that have both regular and irregular absolute superlative forms:

buonissimo	or	*ottimo*	very good
cattivissimo	or	*pessimo*	very bad
grandissimo	or	*massimo*	very big
piccolissimo	or	*minimo*	very small

Questo pesce è buonissimo/ottimo.
This fish is very good/excellent.
La differenza è minima.
The difference is very small/slight.

Consult a good dictionary to observe the different uses and meanings of the above forms.

The superlative of adverbs

These are formed in basically the same ways as for adjectives, with *il più* or *il meno*, but as adverbs do not agree, the definite article is always the masculine *il*.

Di tutti gli studenti, tu hai risposto il più facilmente alle domande del professore.
Of all the students, you answered the teacher's questions most easily.

This form is often used with *possibile*.

Siamo arrivati il più velocemente possibile.
We arrived as quickly as possible.

- Not all adverbs have a comparative and superlative form. The ones that do are mainly adverbs of manner, with the exception of adverbs ending in *-oni*, and some adverbs of time and place such as *spesso*, *tardi*, *presto*, *lontano* and *vicino*.

Chi di voi abita il più vicino alla stazione?
Which of you lives nearest the station?

- Note the superlative and absolute superlative forms of the following adverbs:

bene	il meglio	the best	ottimamente/ benissimo	very well
male	il peggio	the worst	pessimamente/ malissimo	very badly
molto	il più	the most	moltissimo	very much
poco	il meno	the least	pochissimo	very little

Questo signore è il meglio pagato ma il meno qualificato.
This gentleman is the best paid but the least qualified.

Ieri sera ho studiato pochissimo.
Yesterday evening I studied very little.

The absolute superlative forms of *tardi*, *presto*, *lontano* and *vicino* are frequently used.

Abitano lontanissimo.
They live very far away.

Siete arrivati prestissimo.
You have arrived very early.

The absolute superlative of adverbs ending in *-mente* is formed by adding *-mente* to the feminine singular superlative of the corresponding adjective:

lento	lentissima	lentissimamente	very slowly

However, the absolute form of most adverbs is seldom used as it is much more common to convey the same meaning by placing *molto* or *assai* before the adverb.

Hanno parlato molto lentamente.
They spoke very slowly.

METTETEVI A PUNTO!

1 *Una vacanza superlativa!*

Il tuo corrispondente italiano descrive la sua ultima vacanza. A parte qualche inconveniente, si è divertito un mondo per cui la descrizione è piena di superlativi assoluti in '*-issimo*'. Scegliendo l'aggetivo o l'avverbio adeguato, completa la descrizione. Non dimenticare di concordare gli aggettivi dove necessario!

> caldo cortese poco bene vicino limpido raffinato comodo stanco basso abbronzato interessante bello presto simpatico male lungo tardi tanto affollato

> Caro Giovanni
> Quest'estate ho trascorso due (1) . . . settimane in Grecia. Purtroppo il viaggio è stato (2) . . . per via dei ritardi e quindi sono arrivato (3) . . . al mio albergo. (4) . . . dopo questo viaggio massacrante sono andato subito a letto. Per fortuna, il letto era (5) . . . e ho dormito (6) . . .
> La mattina seguente mi sono alzato (7) . . . perché volevo approfittare al massimo di queste due settimane. La cucina in albergo era (8) . . . e tutto il personale (9) . . . Ti ricordi come sono goloso e una sera, a cena, ho mangiato (10) . . . e durante la notte mi sentivo (11) . . . e quindi per i prossimi due giorni ho mangiato (12) . . .
> Nel giro di queste due settimane ho fatto delle gite (13) . . . e ho conosciuto gente (14) . . . Per fortuna l'albergo si trovava (15) . . . alla spiaggia la quale era sempre (16) . . . Ogni giorno ho fatto il bagno in un'acqua (17) . . .,
> (18) . . . e dopo mi sono sdraiato al sole.
> Come puoi immaginare sono tornato a casa (19) . . . E tutto questo a un prezzo (20) . . . Ti ho convinto? La prossima volta andremo insieme.
>
> Ciao, ci sentiamo presto
>
> Gianluca

AZIONE GRAMMATICA!

2 *Davvero!*

Rispondi alle seguenti domande come nell'esempio. Bisogna utilizzare il verbo tra parentesi ed ogni frase deve contenere un superlativo. Attenzione all'ordine delle parole e alla posizione degli aggettivi!

Esempio:

– **Era antica la chiesa? (visitare)**

– **Era la chiesa più antica che abbia mai visitato.**

1 Era commovente il film? (vedere)
2 Sono buone le lasagne? (mangiare)
3 È interessante il libro? (leggere)
4 Era bello il viaggio? (fare)
5 Sono cari i pantaloni? (comprare)
6 È simpatica quella ragazza? (conoscere)
7 È stata difficile la decisione? (prendere)
8 Questo è il tuo migliore amico? (avere)
9 È lunga questa lettera? (scrivere)
10 È veloce la tua macchina? (guidare)

METTETEVI IN MOTO!

3 *Lo studente ideale*

All'interno della vostra scuola/università ecc. bisogna trovare lo studente che possa rappresentare meglio l'Associazione degli studenti. Dovete parlare di voi stessi e dei compagni che conoscete bene, utilizzando, dove possibile, i superlativi. Potete prendere in considerazione i loro tratti personali, il loro carattere, il modo di vestirsi, il loro atteggiamento nei confronti degli altri ecc. Avete il diritto di accennare ai lati sia negativi che positivi.

Esempio:

– **Penso che Helen sia la più motivata e diligente della nostra classe. Parla molto correntemente la lingua, riceve sempre i voti migliori. È senz'altro la ragazza più simpatica che abbia mai conosciuto. Tratta tutti con il massimo rispetto . . . ecc.**

– **Frank invece è il più pigro, fa sempre il minimo sforzo, è il meno puntuale di tutti noi. Si veste il più trasandatamente possibile, parla malissimo di molti suoi compagni . . . ecc.**

4 Un'esperienza indimenticabile

Racconti a un compagno di classe un'esperienza di cui sei stato tanto entusiasta che continui ad usare il massimo numero di superlativi ogni volta che la descrivi (vedi *Mettetevi a punto!* 1 che può servire da esempio). Altre idee: una festa, un colloquio, un film, una persona che hai incontrato, uno spettacolo teatrale, un paesino/una città che hai visitato.

5 Venite a trovarci

Vuoi attirare più turisti italiani nella città/zona in cui vivi e sei stato incaricato di scrivere un opuscolo pubblicitario in cui devi mettere in rilievo tutte le sue attrazioni. Naturalmente tendi ad esagerare un po' e perciò usi il massimo numero possibile di superlativi.

Esempio:

La rete di mezzi pubblici è la più efficiente del paese. Gli alberghi sono modernissimi e i prezzi convenientissimi. Le nostre spiagge sono le più pulite d'Europa.

SUPERLATIVE OF ADJECTIVES AND ADVERBS

8 DEMONSTRATIVES
I DIMOSTRATIVI

MECCANISMI

Demonstrative adjectives and pronouns are used to 'demonstrate' or pinpoint specific nouns to your listener or reader. In English they are 'this/these' and 'that/those'. Because they refer to nouns, in Italian they have masculine/feminine and singular/plural forms to match the nouns to which they refer. The adjectives are used with the noun, the pronouns instead of the noun.

Demonstrative adjectives

Questo, questa, and *questi, queste* are used in the sense of 'this' and 'these' respectively. They precede the noun referred to.

Mi piace molto questo disco, soprattutto questa canzone.
I like this record a lot, especially this song.

Questi dischi sono meno cari di queste cassette.
These records are less expensive than these cassettes.

Quel, quello, quell', quella, and *quei, quegli, quelle* are used in the sense of 'that' and 'those' respectively, in front of the noun referred to; which one to use depends on the first letter of the noun.

The various forms are similar to those of the definite article:

Singular				Plural		
Masculine		*Feminine*		*Masculine*		*Feminine*
z/s + cons	+ vowel				*z/s* + cons/vowel	
il	*lo*	*l'*	*la*	*i*	*gli*	*le*
quel	*quello*	*quell'*	*quella*	*quei*	*quegli*	*quelle*

Per essere di moda, dovresti comprare quel cappello, quello smoking, quell'orologio, quell'elegantissima cravatta, quella camicia, quei pantaloni, quegli occhiali da sole, e quelle scarpe.

To be fashionable, you should buy that hat, that dinner jacket, that watch, that very elegant tie, that shirt, those trousers, those sunglasses and those shoes.

Demonstrative pronouns

'This (one)' and 'these (ones)' are expressed as above by *questo, questa, questi,* and *queste.*

'That (one)' and 'those (ones)' are rendered by *quello, quella, quelli,* and *quelle*; the other forms are not needed, precisely because pronouns stand alone, and are NOT used with a noun, which might otherwise affect their spelling.

Quale giornale preferisci? Non mi piace questo, preferisco quello.
Which newspaper do you prefer? I don't like this one, I prefer that one.

Non so quale camicetta comprare, questa o quella.
I don't know which blouse to buy, this one or that one.

Tutti gli occhiali da sole sono cari, ma questi sono più cari di quelli.
All the sunglasses are expensive, but these are dearer than those.

Maria ha scelto delle scarpe bellissime. Queste sono di cuoio, ma quelle sono di pelle scamosciata.
Maria has chosen some very pretty shoes. These are leather, but those are suede.

Emphasis and clarity

For emphasis and clarity, *qui/qua* (here) and *lì/là* (there) can be added after the demonstratives:

Questa casa qui è la mia, e quella lì è la sua.
This house (here) is mine and that one (there) is hers.

Questi ragazzi qua sono simpatici, ma quei ragazzi là sono pazzi!
These boys (here) are pleasant, but those (there) are mad!

Other uses

- *Questo* and *quello* in their various pronoun forms can be used to express the idea of 'the latter' and 'the former' respectively.

La Spagna è più grande dell'Italia, ma questa ha più abitanti di quella.
Spain is bigger than Italy, but the latter has more inhabitants than the former.

- *Questo* and *quello*, in masculine singular form only, are often used to convey something as yet unspecified or to express a general idea.

Questo, che cos'è? What is this?
Si dice che studi poco questo studente: mi preoccupa molto questo.
They say this student doesn't study much: this worries me.

- The pronouns *quello di*, *quella di*, *quelli di* and *quelle di* are used to express possession, replacing ''s' in a pronoun sense.

Questi sono i figli di Mario, e quelli di Guglielmo stanno fuori.
These are Mario's sons, and Guglielmo's are outside.

Ti piacciono queste foto? Sì, quella di Giulia è bellissima!
Do you like these photographs? Yes, Giulia's (= the one of Giulia) is very beautiful!

METTETEVI A PUNTO!

1 *Una lettera di presentazione*

Scrivi per la prima volta a un(a) nuovo/a corrispondente. Mandi anche delle foto della tua famiglia, della tua casa, dei tuoi amici, ecc. Aggiungi una spiegazione o descrizione delle foto: chi sono, che cosa fanno. Mancano, però, gli aggettivi ed i pronomi dimostrativi.

1 . . . è mio fratello Alberto, e . . . sono le mie sorelle: . . . si chiama Francesca e . . . si chiama Elisabetta.
2 . . . sono i miei genitori, e dietro si vede una casa: . . . non è la nostra – è la casa dei nonni.
3 . . . casa è la nostra; la finestra che si vede a destra è . . . della mia camera da letto; le finestre che si vedono a sinistra sono . . . del salotto.
4 . . . ragazzi sono i miei amici; . . . a sinistra si chiama Adriano, . . . in mezzo è Davide, e . . . a destra sono Luigi e Marcello.
5 In . . . foto si vede la città: . . . chiesa a destra è la cattedrale; . . . edificio a sinistra è la scuola, e in fondo . . . altri sono i negozi del centro.
6 . . . sono i nostri professori: . . . signore a sinistra insegna storia, . . . a destra insegna l'inglese; . . . professoressa in mezzo insegna il francese.

2 *Confronto di merci nel mercato*

Devi comprare della frutta e della verdura, ma cosa scegliere? Completa i seguenti confronti con i dimostrativi necessari – aggettivi o pronomi. Si può anche aggiungere *qui/ qua* e *lì/ là*.

Ecco delle mele; (1) . . . sono più care di (2) . . . . Poi, ho bisogno di un cavolo: (3) . . . è più grande di (4) . . . . Vorrei anche dei pomodori: quali sono più freschi, (5) . . . o (6) . . . ?

Ti piacciono (7) . . . fragole, o sarebbe meglio comprare un cestino di (8) . . . ? Non voglio comprare patate: (9) . . . sono troppo care, e (10) . . . sono troppo piccole. (11) . . . melone è meglio di (12) . . . .

Posso provare (13) . . . arancia (13) . . . e (14) . . . arancia (14) . . . ? Se non è abbastanza dolce (15) . . . , comprerò un chilo di (16) . . . . Vorrei due pompelmi: (17) . . . mi sembrano buonissimi.

Quanto costano (18) . . . zucchini? Sono meno cari di (19) . . . . Ho bisogno di aglio. Quanto costa (20) . . . aglio? Mi sembra meglio di (21) . . . aglio (21) . . . .

 METTETEVI IN MOTO!

3 *Le foto delle vacanze!*

Hai ricevuto le foto delle tue vacanze in Italia: rispondendo alle domande dei tuoi compagni, devi spiegargli a cosa si riferiscono. Se hai veramente delle foto delle vacanze, o magari delle video-cassette, puoi rendere quest'esercizio più autentico!

Esempio:

A: Come si chiama questo lago?
B: Quel lago si chiama il Lago di Garda.
C: Di chi è questa moto?
B: Quella moto è di un ragazzo . . .
A: Chi è questo ragazzo?
B: Preferisco non ricordare quel ragazzo!
C: Chi è questa ragazza?
B: È l'amica di quel ragazzo, ed è molto gelosa di me!

4 *Un cliente difficile*

Hai un lavoro? Se lavori in un negozio, riconoscerai questo tipo di cliente: non lo soddisfa nulla! Questa volta sei tu il cliente difficile, e il tuo compagno/la tua compagna lavora in questa boutique . . .

Esempio:

Commesso: Le piace questa camicia?
Cliente: No, è troppo grande. Preferisco quella, ma è troppo cara!
Commesso: Allora, e questi pantaloni? Sono più eleganti di quelli lì.
Cliente: No, questi qua sono troppo lunghi, e quelli là sono brutti!

Tra gli oggetti che potete comprare/vendere:
dei vestiti
dei dischi/libri/video

uno stereo/un televisore/una macchina fotografica
una moto/macchina
una vacanza organizzata
una casa

5 *Il mio bambino è carino!*

Siete giudici in un concorso di bellezza – di bambini! Dovete confrontare i
bambini secondo le loro caratteristiche fisiche, ma senza offendere i genitori!
A: Questo bambino è più bello di quello lì.
B: E questa bimba è carina. È più bella di quei bambini lì.
C: Ma questo bimbo quì ha il naso più grande di tutti quegli altri.
D: Zitto! Questo bambino è mio!

6 *Il bambino viziato!*

Devi fare delle spese con il tuo fratellino/la tua sorellina o tuo/tua nipote. Ma è
molto viziato/a e non gli/le va bene niente di quello che vuoi comprare. Scrivi
la conversazione.

Esempio:

Tu: Vuoi queste caramelle qui?
Lui: Ma non mi piacciono quelle lì. Voglio queste qua!
Tu: Ti piacciono questi fumetti?
Lui: No, sono orribili! Preferisco quelli!

7 *Un tipo sospetto*

Sei stato testimone di un furto: un(a) giovane ha rotto il finestrino di una
macchina, e ha rubato varie cose. Al commissariato, un poliziotto ti mostra
delle foto di tipi sospetti. Il tuo compagno/la tua compagna fa la parte del
poliziotto.

Esempio:

**No, non è questo qui; questo è troppo grasso, e quello è troppo alto. Quei
due hanno i capelli troppo lunghi, ma questa ragazza . . . sì, quello che ho
visto mi sembrava un tipo abbastanza effeminato . . . Ma no, aveva i baffi
lunghi come questo tipo qui!**

9 POSSESSIVES

I POSSESSIVI

MECCANISMI

Where English uses ''s' to express possession, Italian uses other structures as follows:

a When in English you can say, for example, 'Peter's car' or, unusually, 'the car of Peter', in Italian you use *di* + the possessor:

La macchina di Pietro ha un motore nuovo.
Pietro's car has a new engine.

Il compleanno della mamma è il quattro febbraio.
Mum's birthday is the 4th of February.

Le figlie del professore sono simpatiche.
The teacher's daughters are nice.

Questi libri sono di Angelo.
These books are Angelo's.

b If the noun possessed is not expressed, but the owner is, you use *quello/quella/quelli/quelle di* + the possessor (these are demonstrative pronouns, see Chapter 8):

Il nostro battello è più grande di quello di Antonio.
Our boat is bigger than Antonio's.

Le scarpe che ho comprato sono più care di quelle di Mariana.
The shoes I bought are more expensive than Mariana's.

L'economia italiana è altrettanto malsana quanto quella del Regno Unito.
The Italian economy is as unhealthy as that of the United Kingdom.

La casa a destra è quella della famiglia Mauri.
The house on the right is (that of) the Mauri family's.

Possessive adjectives and pronouns

Possessive adjectives ('my', etc) precede nouns; possessive pronouns ('mine' etc) can stand alone in place of nouns. Note that being adjectives and pronouns they have to agree with the thing(s) possessed, and not with the possessor.

Singular		Plural		
Masculine	Feminine	Masculine	Feminine	
il mio	la mia	i miei	le mie	my, mine
il tuo	la tua	i tuoi	le tue	your, yours (familiar)
il suo	la sua	i suoi	le sue	his, her(s), its
il suo	la sua	i suoi	le sue	your, yours (formal)
il nostro	la nostra	i nostri	le nostre	our, ours
il vostro	la vostra	i vostri	le vostre	your, yours (familiar)
il loro	la loro	i loro	le loro	their, theirs
il loro	la loro	i loro	le loro	your, yours (formal)

These act as both adjectives and pronouns; both are normally used with the definite article:

Non trovo il mio cappello; il tuo è lì.
I can't find my hat; yours is over there.

Questa è la mia lettera e quella è la sua.
This is my letter, and that is his/hers (letter).

Dove sono i nostri amici? I vostri sono già arrivati.
Where are our friends? Yours have already arrived.

Se non trovate le vostre chiavi, potete prendere le nostre.
If you can't find your keys, you can take ours.

- Note that *loro* is invariable

- Note that there are four sets of pronouns/adjectives to express 'your/yours' depending on whether you are addressing one or more people, in familiar or formal style.

- *Il suo, la sua,* etc can mean 'his', 'hers', 'its' or 'yours', which clearly could give rise to confusion. The context will usually clarify matters, but there are several ways to avoid ambiguity:

a *di* + disjunctive pronoun (see Chapter 10, page 74):

Bruno mangia la sua mela.	Bruno is eating his/her/your apple.
*Bruno mangia la mela di lui.**	Bruno is eating his apple.
*Bruno mangia la mela di lei.**	Bruno is eating her apple.
*Bruno mangia la mela di Lei.**	Bruno is eating your apple.

(*These are unlikely to be seen/heard, but are possible.)

b The adjective *proprio* 'own' can be used:

Bruno mangia la propria mela.   Bruno is eating his own apple.

c In formal writing you may come across *Suo* and *Loro*, written with a capital letter, which also helps avoid ambiguity:

La ringraziamo per la Sua lettera.   Thank you for your letter.

• Expressions such as 'a friend of mine', 'that book of yours' using the pronoun forms in English, are not expressed in Italian by the pronouns, but by the following expressions:

un mio cugino/uno dei miei cugini	a cousin of mine
alcuni dei vostri amici	some friends of yours
Alcuni miei amici/alcuni amici miei sono simpatici.	Some of my friends are nice.
quell'amico mio/quel mio amico	that friend of mine
queste mie zie	these aunts of mine
due miei professori	two of my teachers

Possessive adjectives with members of the family
When the possessive adjective is used with members of the family in the singular, the definite article is omitted, except with *loro*:

mia sorella	my sister
Conoscete nostro fratello?	Have you met our brother?

The definite article must be used:

• with members of the family in the plural:

i nostri fratelli	our brothers
le vostre zie	your aunts

• with members of the family used with *loro*:

Avete visto il loro padre?   Have you seen their father?

• when there is another adjective as well as the possessive adjective:

mia madre my mother, *la mia cara madre*   my dear mother

• when the noun for the family member has a suffix such as a diminutive ending:

Questo è il mio fratellino.   This is my little brother.

The definite article is optional with other terms of endearment such as the following:

(il) mio babbo	my Dad	*(il) mio nonno*	my Grandad
(il) mio papà	my Dad	*(la) mia nonna*	my Grandma
(la) mia mamma	my Mum		

Other expressions in which the definite article is omitted

Note that the possessive adjective in some of these cases follows the noun.

• Expressions such as:

Vieni a casa mia?	Are you coming to my house?
È colpa sua.	It's his fault.
Lavora molto, ma a modo suo.	She works hard in her own way.
a mio avviso	in my opinion
a sua disposizione	at his disposal
a nostro parere	in our opinion

• Exclamations such as:

Mamma mia!	Goodness me!
Dio mio!	My God!
Cari amici miei!	My dear friends!

• the article is sometimes omitted after *essere*:

Finalmente! Abbiamo finito di stirare le camicie; questa è tua, quella è sua, e quelle lì sono nostre.
At last! We have finished ironing the shirts; this one is yours, that one is his, and those are ours.

Omission of the possessive

The possessive adjective is not normally used, as it is in English, with actions involving clothes and/or parts of the body. The idea of possession in these is expressed by using a reflexive verb (see Chapter 24), or an indirect object pronoun, see Chapter 10:

Si è rotto la gamba nell'incidente.	He broke his leg in the accident.
La signora si è messa le scarpe.	The lady put her shoes on.
Quel ragazzo mi ha dato uno schiaffo sul viso!	That boy smacked my face!
Questa ragazza mi ha rubato la sciarpa!	This girl stole my scarf!

The same is true when the relationship between the possessor and the thing possessed is obvious:

Allora, hai portato il disco?	So, you brought your record?
Avete preso i quaderni?	Have you taken your exercise books?

POSSESSIVES

1 *Il cesto della biancheria*

In una famiglia grande, è sempre difficile mettere in ordine la biancheria dopo averla lavata e stirata. Rispondi alle seguenti domande come negli esempi, usando il nome o il pronome tra parentesi.

Esempio:

Questa camicia, di chi è? (Aldo) – È di Aldo./È la camicia di Aldo.
Questi pantaloni, di chi sono? (io) – Sono i miei (pantaloni).

1 Di chi è questo cappello di baseball? (Luigi)
2 Questa camicetta, di chi è? (Elisa)
3 Di chi sono questi calzini? (papà)
4 Sono della mamma questi collant? (tu)
5 Non mi piace quella maglietta – di chi è? (Rosella)
6 Mamma mia! Che bella minigonna! È di Maria? (Sandra)
7 E questo slip, è di Dario? (Gianni)
8 Di chi è quel maglione? Di Silvio? (Alessandro)
9 Sono di Iolanda queste mutandine o di mamma? (me)
10 Questo cardigan è di Salvo, non è vero? (Franco)

2 *Confronti*

Esiste sempre rivalità tra i giovani: questi giovani fanno dei confronti: completa le frasi come nell'esempio.

Esempio:

Mio padre lavora più di tuo padre. – Non è vero! Mio padre lavora più di tuo padre.

1 Chi è più bella, tua madre o la mia?
2 Qual è la macchina più veloce, la nostra o la vostra?
3 Chi ha la casa più grande, io o lui?
4 Chi è più intelligente, la mia ragazza o la tua?
5 Quali dischi costano di più, i miei o i loro?
6 Di chi sono le scarpe più comode, le mie o le tue?

3 L'albero genealogico

Ecco la storia della famiglia Pitassi, vista dal punto di vista di Alberto, 50 anni, sposato con figli. Completa la storia con gli aggettivi o pronomi possessivi più adeguati.

Allora, mi chiamo Alberto Pitassi. Sono sposato, e (1) . . . moglie si chiama Rosa. I (2) . . . figli si chiamano Alessandro, Guglielmo e Patrizia. (3) . . . casa si trova vicino a Napoli, dove ha origine (4) . . . famiglia. (5) . . . nonno lavorava nel museo di Napoli; (6) . . . nonni si sono sposati nel 1916, e hanno avuto (7) . . . primo figlio due anni dopo. Tutti (8) . . . figli si sono sposati; (9) . . . primo figlio abita a Napoli; il secondo abita a Genova, e anche i (10) . . . figli. Anche (11) . . . figlie si sono sposate. La maggiore si è sposata con un inglese, ed è andata in Inghilterra. (12) . . . figli sono andati a scuola in Inghilterra, ma uno di questi è tornato in Italia. Sono io!

METTETEVI IN MOTO!

4 Il cleptomane!

Uno per volta rappresentate un cleptomane: il cleptomane ruba tutti gli oggetti che può rubare ai suoi compagni. Questi devono chiedergli di restituire tutti gli oggetti, usando gli aggettivi o pronomi possessivi.

Esempio:

Cleptomane: Mi piace molto quest' orologio . . . è (il) mio.
Vittima: No, impossibile! È mio!
Compagno: È vero, è il suo! Non è tuo!
Gli altri: No, non è tuo. È di Paolo! Guarda, il tuo è lì sul tavolo.

5 Il mio è più feroce!

Fate dei confronti tra voi, parlando delle vostre case, famiglie, macchine, animali che avete in casa, degli effetti personali, ecc. Ogni studente deve anche prendere nota dei dettagli: dopo, uno per volta potete riportare la conversazione, o farne un riassunto.

Esempio:

Angela: Il mio cane è più feroce del tuo.
Bruno: Non è vero! Il mio è più feroce: l'altro ieri ha mangiato il postino!
. . .

Il cane di Bruno è più feroce di quello di Angela, perché ha mangiato il postino.

6 *Rapporti internazionali*

Siete stati in Italia o in un altro paese straniero? Fate dei confronti tra vari aspetti del paese straniero e il vostro.

Esempio:

A: Le donne italiane sono più belle delle nostre, non è vero?
B: Sì, ed anche gli uomini sono più belli!
A: E la cucina italiana è più deliziosa della nostra.
B: No, fa ingrassare di più della nostra!

AZIONE GRAMMATICA!

10 PERSONAL PRONOUNS
I PRONOMI PERSONALI

MECCANISMI

Pronouns stand in place of nouns, and the personal pronouns are those meaning 'I', 'you', 'he', 'she' etc. In Italian there are five types of personal pronoun: subject, direct object, indirect object, reflexive and disjunctive.

1	2	3	4	5	
subject	direct object	indirect object	reflexive	disjunctive	
io	mi	mi	mi	me	I/me
tu	ti	ti	ti	te	you (fam)
Lei	La	Le	si	Lei	you (formal sing.)
lui (egli)	lo	gli	si	lui	he/him
lei (ella)	la	le	si	lei	she/her
esso/essa	lo/la	gli/le	si	esso/essa	it
si			si	sé	one (we/you/they)
noi	ci	ci	ci	noi	we/us
voi	vi	vi	vi	voi	you (fam pl)
Loro	Li/Le	Loro	si	Loro	you (formal pl)
loro	li/le	loro (gli)	si	loro	they/them
essi/esse				essi/esse	they/them

Subject pronouns (Column 1)

Subject pronouns are frequently omitted in Italian as in most circumstances the verb ending and/or other contextual references tell you who the subject is.

Dove andate? – Andiamo in banca.
Where are you going? – We are going to the bank.

Sono tornato a casa molto tardi.
I returned home very late.

Dovresti dirgli qualcosa.
You should say something to him.

However, they are used:

a to place emphasis on the subject:

Tu hai scritto questo.
You wrote this.

Note also the use of the subject pronoun after adverbs such as *anche, neanche, nemmeno*:

Torni a casa anche tu?
Are you going home too?

Non ho fatto i compiti nemmeno io.
I haven't done the homework either.

b when the subject pronoun stands alone:

Vuoi darmi una mano? – Chi, io?
Do you want to give me a hand? – Who, me?

c to contrast two different subjects:

Noi siamo inglesi, loro sono italiani.
We are English, they are Italian.

d to avoid ambiguity or confusion:

Vogliono che tu vada con loro.
They want you to go with them.

As the endings of the first three persons singular of the present subjunctive are identical, it is usually necessary to use the subject pronoun. Without the inclusion of the subject *tu* in the above example, *vada* might equally be referring to *io, lui, lei* or *Lei*. The same applies when using the imperfect subjunctive where the *io* and *tu* forms are identical.

Il mio amico pensava che io avessi un cane.
My friend thought that I had a dog.

- *lui* 'he', *lei* 'she' are used in spoken Italian and they have to a great extent replaced the more formal *egli* and *ella* in the written language. Similarly *loro* 'they' has replaced *essi* and *esse*.

- *esso/ essa* 'it' and the plural forms *essi/ esse* 'they' are used with reference to things:

Parlano da anni di questa riforma. Essa prevede l'innalzamento della scuola dell'obbligo a sedici anni.
They have been speaking for years about this reform. It provides for the raising of compulsory schooling to sixteen years of age.

- the same pronouns can also be used with reference to animals although it is becoming much more common to use *lui/ lei/ loro*.

- remember that the formal *Lei/ Loro* take the third person singular and plural of the verb. They are often written with a small l in informal writing.

Direct object pronouns (Column 2)

The direct object 'suffers' or 'undergoes' the action of the verb:

I wrote <u>the letter</u> – I wrote <u>it</u>.

Direct object pronouns generally precede the verb:

Vedi spesso i tuoi nipoti? – Sì, li vedo due volte alla settimana.
Do you often see your grandchildren? – Yes, I see them twice a week.

Dove hai conosciuto la tua amica italiana? – L'ho conosciuta al mare.
Where did you meet your Italian friend? – I met her at the seaside.

- For rules regarding the agreement of the past participle with a preceding direct object in compound tenses, see Chapter 16 pages 119–20.

- Note phrases such as *lo so* 'I know', *l'ha detto lui* 'he said so'.

Indirect object pronouns (Column 3)

The indirect object 'receives' the action: it is usually the equivalent of *a* + a person – 'to me', 'to him' etc, and occasionally 'for us' or 'from you' etc. Indirect object pronouns also precede the verb with the exception of *loro* which comes after.

Le abbiamo mandato le foto.
We've sent the photos to her.

Non mi hanno detto niente.
They didn't say anything to me/told (to) me nothing.

Ho spiegato loro che non era possibile farlo.
I explained to them that it wasn't possible to do it.

- In spoken Italian *gli* is used to mean 'to him' as well as 'to them', although *loro* is still used in speech and writing in more formal situations.

- As explained above, direct and indirect object pronouns generally precede the verb. However, with the exception once again of *loro*, they are attached at the end of:

a an infinitive:

Abbiamo deciso di andarci quest'anno.
We have decided to go there this year.

Note that the final *-e* of the infinitive ending is removed before attaching the pronoun. For verbs modelled on *produrre* and *trarre*, the final *-re* is removed.

b a gerund:

Conoscendoli meglio, vedrai che sono veramente simpatici.
When you get to know them better, you will see that they are really nice.

c a past participle (standing alone or used as an adjective):

Accompagnatoli alla stazione, sono tornato subito a casa.
Having accompanied them to the station, I went straight back home.

Il pacco inviatomi dai miei amici italiani è avariato.
The parcel sent to me by my Italian friends is damaged.

d an imperative:

svegliati; andiamoci; dille di aspettare
wake up; let's go there; tell her to wait

For more on object pronouns with the imperative, see Chapter 15.

e *ecco*:

Eccoci finalmente!
Here we are at last!

Eccola!
There she is!

With the modal verbs *sapere, volere, dovere, potere*, the pronouns can either immediately precede the modal verb or be attached to the following infinitive.

Non ci voglio andare or *non voglio andarci.*
I don't want to go there.

Reflexive pronouns (Column 4)

These are dealt with fully in Chapter 24 on reflexive verbs. They can be either the direct or indirect object.

Mentre mi facevo la barba, mi sono tagliato l'orecchio.
While I was shaving, I cut my ear.

• Remember that the reflexive pronoun of verbs used in the infinitive must correspond with the subject of the verb it is linked to:

Dobbiamo prepararci adesso se non vogliamo fare tardi.
We must get ready now if we don't want to be late.

Disjunctive pronouns (Column 5)

These are also sometimes known as 'emphatic' pronouns, for reasons you will see below.

a They are used after prepositions:

Mi ricorderò sempre di te.
I shall always remember you.

Non mi va di uscire con loro.
I don't feel like going out with them.

• Remember that some prepositions such as *contro, dentro, dietro, dopo, senza, sopra, sotto, su* and *verso* require an additional preposition *di* before a disjunctive pronoun:

Non possiamo contare su di lui.
We can't count on him.

Dopo di Lei, signora.
After you, madam.

b Since you cannot put stress on an object pronoun ('they are looking for *us*, they said it *to me*') to provide emphasis, you use a disjunctive pronoun:

Cercano noi. (emphatic) *Ci cercano.* (unemphatic)
L'hanno detto a me. (emphatic) *Me l'hanno detto.* (unemphatic)

c Disjunctive pronouns must be used whenever the verb has two or more direct or indirect objects:

Cercano me non te.
They are looking for me not you.

Abbiamo regalato la bicicletta a lui non a lei.
We gave the bicycle to him not to her.

d It is also used in comparisons after *di, che, tanto . . . quanto/ così . . . come*:

Sei più bravo di me in matematica.
You are better than I am at maths.

e The disjunctive pronouns followed by *stesso/a/i/e* convey the emphatic forms 'myself', 'yourself' etc. These are <u>not</u> reflexive pronouns, they just emphasise the doer of the action:

Giorgio pensa solo a se stesso e mai agli altri.
Giorgio thinks only of himself and never about the others.

Tu v. Lei

Tu/ti/te are used only when talking to members of your family, close friends, young people of about the same age or younger, and pets. You would use this mode of address with your Italian exchange partner or correspondent but not with their mother or father. If in doubt, use *Lei* + the 3rd person singular of the verb until invited to do otherwise.

• Note the expression *darsi del tu/Lei* 'to call somebody *tu/Lei*'.

Ci, vi

Ci and *vi*, in addition to meaning 'us/to us', 'you/to you', also mean 'there' when they function as adverbs.

Ci vado ogni giorno.
I go there every day.

Ci siamo andati a luglio.
We went there in July.

Ci 'there' is used more frequently than *vi*.

Ci is also used:

a to replace other adverbial expressions such as 'in there, by there':

Vai spesso da tua sorella? – Ci passo quasi ogni sera tornando dal lavoro.
Do you often go to your sister's? – I drop by (there) almost every evening on my way back from work.

b to replace *a* or *in* + a thing, an infinitive or an entire phrase, but <u>not a person</u>.

Sto pensando al mio esame di guida. – Non serve a nulla pensarci troppo.
I'm thinking about my driving test. – There's no point in thinking about it too much.

Siete riusciti a contattarlo? – No, non ci siamo ancora riusciti.
Did you manage to contact him. – No, we still haven't managed to do so.

Non guardo più la televisione e ormai mi ci sono abituato (ci = a non guardare più la televisione).
I don't watch television any more and now I've got used to it.

c in various idiomatic expressions to convey meanings such as 'about/of/to/on/from it'.

Ma cosa ci posso fare io?
But what can I do about it?

Dicono che verranno ma non ci possiamo contare.
They say they will come but we can't count on it.

Quello che dici non c'entra.
What you say doesn't come into it.

Ne

Ne is used to replace *di* + a noun or pronoun. As *di* has a number of uses in Italian, *ne* gives rise to a whole range of meanings such as 'of him/her/them', 'of it/this/that', 'some', 'any'.

Una mia amica è stata ricoverata in ospedale in seguito all'incidente ma, purtroppo, non ne ho più notizie.
A friend of mine was admitted to hospital following the accident but, unfortunately, I have no further news of her.

Tu conosci questi scrittori? – No, non ne ho mai sentito parlare.
Do you know these writers? – No, I've never heard of them.

Cosa ne dici? Andiamo al concerto o no?
What do you say (about it)? Shall we go to the concert or not?

Non hai spiccioli? – Mi dispiace ma non ne ho.
Haven't you got change? – I'm sorry, I haven't (any).

Questi pomodori sono buonissimi. – Lo so, ma ne ho già comprati.
These tomatoes are very good. – I know, but I've already bought some.

For agreement of *ne* with the past participle in compound tenses, see Chapter 16, pages 119–20.

- Remember that *ne* often appears with expressions of quantity, many of which are followed by *di*:

Quante sorelle hai? – Ne ho tre.
How many sisters have you got? – I've got three (of them).

Ci sono ancora alcuni problemi da risolvere. – A mio parere, ce ne sono parecchi.
There are still a few problems to solve. – In my opinion, there are several (of them).

Non hai detto che vuoi mezzo chilo di formaggio? – No, ne voglio un chilo.
Didn't you say you want half a kilo of cheese? – No, I want a kilo (of it).

- *Ne* is also used to convey 'from here/there':

Adesso devo fare un salto in banca prima che chiuda. Quando ne torno ti posso spiegare come compilare il modulo.
Now I have to dash to the bank before it closes. When I get back (from there) I can explain to you how to fill in the form.

The order of object pronouns when used with verbs

When two object pronouns are used together, the order is as indicated in the columns below:

me lo	me la	me li	me le	me ne
te lo	te la	te li	te le	te ne
glielo	gliela	glieli	gliele	gliene
se lo	se la	se li	se le	se ne
ce lo	ce la	ce li	ce le	ce ne
ve lo	ve la	ve li	ve le	ve ne

The above list also includes the reflexive pronoun *si*.

Te le spedirò fra qualche giorno.
I shall send them to you in a few days.

Gliene abbiamo già parlato.
We've already spoken to her about it.

- Notice that *mi, ti, ci, vi* and *si* become *me, te, ce, ve, se,* when they precede another pronoun.

- *Gli* 'to him', *le* 'to her' and *Le* 'to you' (formal) all become *glie* before combining with *lo, la, li, le* and *ne*. As there is a greater tendency nowadays to use *gli* in place of *loro* 'to them', particularly in spoken Italian, then this gives rise to a number of possible translations for *glielo, gliela,* etc.

Glieli ho restituiti could mean any of the following: 'I gave them back to him/to her/to you (formal)/to them'. However, the person referred to is usually clear from the context.

METTETEVI A PUNTO!

1 *Un interrogatorio*

La mamma di Pierino gli pone un sacco di domande. Completa le sue risposte scegliendo un pronome adeguato tra quelli elencati qui sotto.

ne (×2)   me lo   le (×2)   lo   li   ci   la (×2)   gli

- Quando fai i tuoi compiti?
- (1) . . . faccio dopo.
- Quando metterai in ordine la tua camera?

– (2) La metterò a posto prima di uscire.
– Sai dov'è tuo fratello?
– No, oggi non (3) l... ho proprio visto.
– Non ti ha detto che andava dalla nonna?
– No, questo non (4) me. ha detto. Oggi non (5) lo. ho parlato per niente.
– Allora perché non vai a cercarlo?
– Perché non (6) ne ho voglia. Puoi andar (7) ci tu.
– A proposito, hai scritto quelle cartoline?
– No, (8) le ho scritta solo una.
– Allora spero che sia quella per Giovanna?
– No, perché (9) le scriverò una lettera la prossima settimana.
– Ma domani sarà il suo compleanno.
– Ah già è vero! (10) la chiamerò stasera per far (11) le gli auguri.

2 *Pignola o ipocondriaca!*

Mariella si preoccupa per ogni piccola cosa. Spesso tende ad esprimere ad alta voce i suoi pensieri, rafforzandoli una seconda volta con l'uso di un pronome, come nell'esempio. Sostituisci questi 'pensieri' con il pronome adeguato. Non dimenticare di concordare il participio passato quando è necessario (Capitolo 16).

Esempio:

Questa ricetta <u>la</u> devo portare in farmacia.

1 Le vitamine ... ho già pres...
2 Dal medico ... passerò domani pomeriggio.
3 Per fortuna quel mal di pancia ... è passato.
4 Di quel vino rosso non ... voglio più sentire parlare. Ogni volta che ... bevo ... gira la testa.
5 In questo appartamento non ... posso più stare perché i miei vicini ... danno ai nervi.
6 Quegli spaghetti non ... ho mangiat... perché non erano al dente.
7 La prima colazione ... devo saltare perché non voglio ingrassare.
8 Di questo sciroppo per la tosse ...... è rimasto così poco.

3 *Quale pronome!*

Nelle frasi che seguono bisogna cancellare la forma errata.

1 Se avete bisogno di aiuto potete contare su di *io/me*.
2 L'hai aggiustato *te/tu*?
3 Quando hai telefonato a Luisa? *La/le* ho telefonato stamattina.
4 Quante volte si lava i capelli alla settimana? *Li si/se li* lava ogni giorno?
5 Quante sigarette hai fumato? – *Ne/le* ho fumate quattro.

6 Non ci vado nemmeno *me/io.*
7 *Ci lo/ce lo* ha dato ieri.
8 *Gli lo/glielo* abbiamo promesso.
9 Devo confessare che non *ci/lo* avevo pensato.
10 – Lucina è andata al mare. Quando *ci/ne* torna, *dille/digli* che Giacomo ha telefonato.
11 Credi che siano stati onesti? *Ne/lo* dubito.
12 Hai ragione, non *ti/te l'*avevo detto.

4 *Una questione di orgoglio*

Giacomo decide di non partire in vacanza con i suoi amici, i quali ne spiegano il motivo. Riempi gli spazi con il pronome adeguato secondo il senso.

– Allora Giacomo non viene in Turchia con noi.
– . . . ha detto che non . . . piace viaggiare in aereo ma secondo me è una questione di soldi. Naturalmente non . . . vuole dire perché si sente in imbarazzo.
– Da quando . . . conosciamo non è mai riuscito a trovare un lavoro stabile. Io e gli altri amici siamo disposti ad aiutar. . . ma anche se offriamo di prestar. . . dei soldi non . . . vuole mai accettare, dicendo che la sua precaria situazione finanziaria non . . . permetterà mai di restituir. . . .
– Il suo atteggiamento . . . possiamo capire benissimo perché è senz'altro un tipo molto orgoglioso. Una volta io . . . ho telefonato per cercare di convincer. . . a cambiare idea. . . . ha risposto che . . . avrebbe pensato ma sapevo già che la sua risposta sarebbe stata di nuovo negativa.
– Partiremo in vacanza alla fine del mese. Nel frattempo se . . . capita di uscire con Giacomo cercheremo di non parlar. . . .

METTETEVI IN MOTO!

5 *Pronomi al posto dei nomi!*

Ogni studente deve scrivere un elenco di dieci cose che ha già fatto o che farà in un prossimo futuro senza indicare sul foglio di carta quando le ha fatte o le farà.

Esempio:

telefonare al corrispondente italiano
comprare dei regali per Natale
andare negli Stati Uniti
fare i compiti
mandare la cartolina a un'amica

Adesso bisogna lavorare in coppia e scambiare l'elenco. Uno studente, riferendosi all'elenco, deve fare domande al compagno che risponderà utilizzando quando possibile pronomi adeguati, come negli esempi:

– Hai telefonato al tuo corrispondente italiano?
– Sì, **gli** ho telefonato un paio di giorni fa.
– Perché **gli** hai telefonato?
– Perché volevo dir**gli** che speravo di andare a trovar**lo** a metà di luglio.

– Hai comprato dei regali per Natale?
– **Ne** ho comprati alcuni ma gli altri **li** comprerò quando riceverò la mia paga.
– E quando **la** riceverai?
– Alla fine del mese come al solito.

Cercate di sfruttare al massimo ogni idea sull'elenco.

6 *Indovina chi è*

A vicenda, ogni studente rivela un 'segreto' di un altro membro della classe. Tocca agli altri scoprire di che è questo segreto. L'obiettivo della attività è di utilizzare una grande varietà di pronomi, come negli esempi:

Esempi:

– **Questa persona ha chiesto al professore di ripassare tutti i pronomi.**
– **Scommetto che sei stato tu a chiedergli.**
– **No, ti giuro, non sono stato io. Secondo me, è stata lei, Barbara.**
– **Mi dispiace, ma hai torto, non gliel'ho chiesto io perché i pronomi, li so usare alla perfezione!**

– **Questo studente va al cinema ogni fine settimana.**
– **Questo deve essere lui, John.**
– **Non sono io perché al cinema non ci vado mai.**
– **Sei tu allora, Maria.**
– **No, non sono nemmeno io.**

7 *Dimmi cosa ha detto*

Lavorando in coppia, bisogna, a vicenda, sostenere un breve dialogo su qualsiasi argomento. Fatto questo, occorre riferire il dialogo a un altro compagno di classe.

Esempio:

– Helen mi ha chiesto di prestarle il mio dizionario.
– Che cosa le hai risposto?
– Le ho detto che, purtroppo, non era possibile perché ne avevo bisogno io per scrivere un tema e questo lo devo fare per domani mattina. Comunque, glielo posso prestare dopodomani.

8 *Una questione di quantità*

Lavorate a gruppi di tre o quattro. A vicenda, ognuno fa una domanda che inizia con *quanto/a/i/e*. La persona a cui tocca rispondere deve utilizzare *ne* nella risposta. Le domande possono essere basate sul cibo, la famiglia, abitudini in genere, ecc. Ciascun gruppo dovrebbe cercare di fare un minimo di 15 domande.

Esempi:

- Quante sigarette hai fumato oggi?
- Ne ho fumate cinque.
- Quanta frutta mangi in una settimana?
- Ne mangio poca.
- Quanti fratelli hai?
- Non ne ho, sono figlio/a unico/a.

NUMERALS
I NUMERI

MECCANISMI

Cardinal numbers: counting 1, 2, 3, ...

1 uno	11 undici	21 ventuno	31 trentuno
2 due	12 dodici	22 ventidue	32 trentadue
3 tre	13 tredici	23 ventitré	33 trentatré
4 quattro	14 quattordici	24 ventiquattro	40 quaranta
5 cinque	15 quindici	25 venticinque	50 cinquanta
6 sei	16 sedici	26 ventisei	60 sessanta
7 sette	17 diciassette	27 ventisette	70 settanta
8 otto	18 diciotto	28 ventotto	80 ottanta
9 nove	19 diciannove	29 ventinove	90 novanta
10 dieci	20 venti	30 trenta	100 cento

101 centouno	1.000 mille
102 centodue	2.000 duemila
128 centoventotto	5.000 cinquemila
173 centosettantatré	10.000 diecimila
200 duecento	1.000.000 un milione
300 trecento	2.000.000 due milioni
400 quattrocento	1.000.000.000 un miliardo
500 cinquecento	1.000.000.000.000 un bilione
600 seicento	
700 settecento	
800 ottocento	
900 novecento	

- Numbers are written as one word, no matter how long they might be.

ottocentoventottomilionitrecentosessantasettemilanovecentocinquantuno = 828.367.951

Mercifully, however, such long numbers can be split, using *e*!

novecentotrentamilioni e duecentomila = 930.200.000

Note the lack of 'and' between tens and units.

- *Uno* is used with masculine nouns beginning with *s* + consonant, *z, x, y,
  i* + vowel, *gn, pn* and *ps*; it is shortened to *un* before all other masculine
  nouns; the feminine form *una* is used before feminine nouns except those
  beginning with a vowel when *un'* is used; for use of *uno* as indefinite
  article, see Chapter 3.

un disco, duecentoventun dischi
uno specchio, trecentotrentuno specchi
una lettera, cinquecentoquarantun lettere
un'arancia, settecentonovantun arance

- *mille, milione, miliardo* and *bilione* have plural forms: *mila, milioni,
  miliardi, bilioni.* The latter three are used with *di* when followed by a noun,
  but not when followed by a number:

mille lire, tremila lire, cinquemilaseicento
un milione di lire, quattromilioni di lire, cinquemilioniseimila
un miliardo di lire, ottomiliardi di lire, ottomiliardiduemilioni
un bilione di lire, trebilioni di lire, trebilioniduecentomila

- *Zero* is the normal word for 'zero/nought', and has a plural form:

tre con sei zeri three with six noughts (3.000.000).

- All other numbers are invariable, whether used with a noun or with other
  numbers:

Abbiamo tre cavalli, quattro gatti, cinque figli e sei pesci!
We have three horses, four cats, five children and six fish!

- When *uno* and *otto* are used in numbers above 20, the final vowel of the
  'tens' word is omitted:

ventuno, quarantuno, sessantotto, novantotto

- *Tre* has an accent when used after another number:

trentatré, cinquantatré, seicentoventitré

- As in other European languages (and unlike English), Italian uses a comma
  to separate units from decimal points, and a full stop to denote thousands:

9,751 = (English) 9.751
10.000 = (English) 10,000

- Spoken Italian often uses abbreviated forms, especially when indicating the hundreds after thousands:

Questa borsa costa novantamila e cinque. This bag costs 90.500 lire.

There is little likelihood of this being mistaken for 90.005, as this method is used especially with prices, which are unlikely to include odd small numbers.

Ordinal numbers: 1st, 2nd, 3rd, ...

1st	primo	11th	undicesimo
2nd	secondo	12th	dodicesimo
3rd	terzo	20th	ventesimo
4th	quarto	100th	centesimo
5th	quinto	1000th	millesimo
6th	sesto	1000000th	milionesimo
7th	settimo		
8th	ottavo		
9th	nono		
10th	decimo		

- The ordinal numbers (used for the order in which things come) have forms for 1st to 10th which need to be learnt individually; those above 10th simply add the ending *-esimo* to the end of the cardinal number without its final vowel.

- Ordinal numbers are adjectives, and so have to agree in gender and number in the normal way. Note that they precede their noun:

il terzo giorno	on the third day
la quarta strada a destra	the fourth street on the right
il ventesimo secolo	the 20th Century

- *Primo* is used for the first of the month, but other dates use cardinal numbers:

| *il primo marzo* | March 1st |
| *il sette settembre* | September 7th |

- Note that when referring to monarchs and popes, for example, the ordinal number follows the noun/name:

Vittorio Emanuele terzo Vittorio Emanuele the Third
il papa Giovanni-Paolo secondo Pope John Paul the Second

- For centuries since the 1200s, Italian often uses the following:

il Duecento the 13th Century (literally the 1200s)
l'Ottocento the 19th Century (literally the 1800s)

The forms *il tredicesimo secolo* and *il diciannovesimo secolo* also exist, usually used for history.

Fractions

The most common are:

un terzo	a third
mezzo/ la metà	a half
due terzi	two thirds
tre quarti	three quarters

The rest are formed using ordinal numbers:

un quinto	a fifth
tre quinti	three fifths
un sesto	a sixth
cinque sesti	five sixths

• *Mezzo* is an adjective, and has to agree with its noun:

mezzo chilo di burro	half a kilo of butter
mezza bottiglia di Chianti	half a bottle of Chianti

So also

sono le due e mezza (or mezzo)	it's half past two
un'ora e mezza	one and a half hours
un chilo e mezzo	a kilo and a half

• *La metà* is a noun meaning 'a half'

la metà degli inglesi	half of the English

The same structure is used with other fractions; being nouns they are linked to another noun with *di*:

un quinto di litro	one fifth of a litre

AZIONE GRAMMATICA?

1 *Numeri*

Scrivi i seguenti numeri in parole:

a	2,7	4,6	5,3	7,2
b	49	68	75	84
c	71	90	97	93
d	101	113	128	145
e	235	246	257	256
f	348	340	360	357
g	457	456	478	489
h	555	566	576	587
i	632	657	668	689
j	777	749	747	793
k	876	854	843	878
l	945	969	972	999
m	1.001	1.017	1.875	1.567
n	3.435	5.641	7.784	9.475
o	12.876	15.678	33.543	47.897
p	1.000.100	4.943.532	67.343.000	452.694.570

2 *Traduzione*

Traduci queste espressioni in italiano per via orale o scritta:

Elizabeth II of the United Kingdom
Pope Pious XII
King Louis XIV

The 25th anniversary
His 10th birthday
February 4th
March 1st
April 16th
May 18th
July 24th
August 21st
September 2nd
1492
1868
1926

Adesso di' o scrivi in italiano:

il tuo numero di telefono
l'età di un membro della famiglia
l'anno in cui sei nato/a
quanti anni hai
quanti anni ha il tuo professore/la tua professoressa
quanti ne abbiamo oggi?

METTETEVI IN MOTO!

3 *Operazioni*

Sapete addizionare, sottrarre, moltiplicare, dividere? Dovete inventare delle operazioni per i compagni:

Esempio:

Quanto fa dieci più trentatré? Fa quarantatré.
Quanto fa trenta meno dieci? Fa venti.
Quanto fa tre moltiplicato per sei? Fa diciotto.
Quanto fa quaranta diviso per cinque? Fa otto.

4 *Sei bravo/a in matematica?*

Lavori in un ristorante, e devi fare il conto ai clienti . . . ma questa volta hai fatto un errore! Quando spieghi il conto, il cliente deve farti notare l'errore e chiederti spiegazioni. Il tuo compagno sarà il cliente. Ecco il conto sbagliato:

2	lasagne al forno	×	4.500	10.000
2	bistecche al pepe	×	10.500	22.000
2	gelati	×	2.300	4.000
1	Chianti classico	×	20.500	21.000
2	espresso	×	.800	1.500
				59.500

Poi potete inventare altri conti sbagliati . . .

5 Quant'è lontano?

Parlate della distanza tra casa e la scuola/la discoteca/i negozi: quanto tempo ci vuole per andarci? Dove andate in vacanza? Quanto tempo ci vuole per arrivarci?

Potete anche guardare una mappa del mondo e calcolare la distanza e il tempo necessario per raggiungere le città più importanti di vari paesi partendo dalla vostra città; potete usare miglia o chilometri:

Esempio:

Roma è lontana 1000 miglia – ci vogliono due ore d'aereo per arrivarci.

o

Roma è a 1000 miglia di distanza – ci vogliono 3 giorni di macchina per arrivarci.

12 MEASURES AND DIMENSIONS
LE MISURE E LE DIMENSIONI

MECCANISMI

Length, breadth, depth, height, thickness, diameter

The most common way to express dimensions of this sort is with *essere* + the adjective, or occasionally *avere* with the noun.

Questa stanza è lunga 8 metri e larga 5 metri.
Questa stanza misura 8 metri per 5.
This room is eight metres long and five metres wide.

Qui l'acqua è profonda 80 metri/ha 80 metri di profondità.
Here the water is 80 metres deep.

La neve era alta 3 metri.
The snow was three metres deep.

Sono alto un metro e 75.
I am one metre 75 tall.

Questo muro è spesso 70 centimetri.
This wall is 70 centimetres thick.

Il tavolo ha 1 metro è 40 di diametro.
The table is 1.40 metres in diameter.

Area, volume, capacity

Il cortile misura (è di) quattro metri quadrati.
The courtyard is four metres square.

Questa è una bottiglia da un litro/questa bottiglia tiene un litro.
This is a litre bottle.

Questa valigia pesa 15 chili.
This suitcase weighs 15 kilos.

Una motocicletta di grossa/piccola cilindrata.
A high-/low-powered motorbike.

Un ciclomotore da 50 c.c.
A 50 c.c. moped.

Shapes

Il sostantivo		L'aggettivo	
un quadrato	a square	quadrato	square
un rettangolo	a rectangle	rettangolare	rectangular
un triangolo	a triangle	triangolare	triangular
un cerchio	a circle	circolare/rotondo	circular/round
una sfera	a sphere	sferico	spherical
un ovale	an oval	ovale	oval
un poligono	a polygon	poligonale	polygonal
un pentagono	a pentagon	pentagonale	pentagonal
un cubo	a cube	cubico	cubic
un cilindro	a cylinder	cilindrico	cylindrical

Measures

un millimetro	un centimetro	un metro	un chilometro
un millilitro	un centilitro	un litro	
un milligrammo	un centigrammo	un grammo	un chilo(grammo)

Percentages

Durante la stagione estiva ci saranno riduzioni del 20 per cento su tutti gli abiti da sera.
During the summer season there will be reductions of 20 per cent on all evening dresses.

Il tasso di interesse è sceso al 5,7 (cinque virgola sette) per cento.
The interest rate has gone down to 5.7 per cent.

Quest'anno l'inflazione è aumentata del 2 per cento.
This year inflation has gone up by 2 per cent.

MEASURES AND DIMENSIONS

1 *Misure necessarie*

Date le dimensioni delle illustrazioni qui sotto

a — 1 m

b — 60 cm

c — 21 m, 45 m

d — 77 cm, 2 cm

e — 70 cm, 220 cm

f — 234 mm, 158 mm, Azione Grammatica

g — 13 m 50

h — 152 cm, 57 cm, 128 cm

AZIONE GRAMMATICA!

2 I piani della casa

Ecco i piani di una casa nuova con terrazza. Date tutte le misure in italiano.

3 X per cento

Bisogna dare la prima cifra come percentuale della seconda. Puoi servirti di una calcolatrice se ne hai bisogno! Buon divertimento!

Esempio: **5 : 20 – Questo fa venticinque per cento.**

a 30 : 60	**b** 8 : 24	**c** 14 : 70	**d** 8 : 80
e 180 : 200	**f** 250 : 400	**g** 550 : 1000	**h** 30 : 80
i 136 : 178	**j** 1996 : 2050	**k** 1100 : 1000	**l** 1477 : 1999

METTETEVI IN MOTO!

4 Stimate le misure

In coppia, descrivete la forma e stimate il più esattamente possibile le misure dei seguenti oggetti.

Esempio: **La porta dell'aula.**

È rettangolare. È alta un metro e novantacinque e larga un metro e dieci.

1 L'aula in cui siete in questo momento.
2 La penna o matita con cui scrivete.
3 Il vostro orologio.
4 Il banco o tavolo su cui lavorate.
5 Una delle pareti dell'aula.
6 Una palla da tennis, o un pallone da rugby/da calcio.

5 *Tutto pesato!*

Ognuno deve indovinare il peso in chili e l'altezza in centimetri di cinque compagni di classe. Chi non sa con esattezza il suo peso in chili e l'altezza in centimetri dovrebbe verificare questi dettagli prima di incominciare l'attività.

Esempio:

– **Allora Robert, secondo me, tu pesi novanta chili.**
– **Ma dai, non esagerare, peso molto meno di novanta chili.**
– **Ma pesi più di settanta chili?**
– **Sì, hai ragione, ecc.**
– **Quanto all'altezza, direi che tu sei alto un metro e cinquanta.**
– **No, di più, ecc.**

6 *La casa dei miei sogni*

Lavori con un compagno di classe e insieme disegnate la casa dei vostri sogni. Ecco diversi punti che potete considerare: dove la farete costruire?; dimensioni del terreno, giardino, orto; dimensioni dell'esterno della casa e delle varie stanze all'interno; la forma e l'altezza della casa, ecc.

Confrontate il vostro disegno con quello di un'altra coppia.

7 *Vendite estere*

Lavori per una ditta inglese che vuole incominciare ad esportare certi suoi prodotti in Italia. Prima devi pensare a quattro o cinque prodotti che vuoi esportare, per esempio un mobile antico (tavolo, divano, orologio a pendolo), un televisore portatile, delle palle da golf, ecc. Bisogna sapere spiegare dettagliatamente ogni prodotto – forma, dimensioni, materiale di fabbricazione, colore, prezzo. Per calcolare il prezzo sarebbe meglio verificare il tasso di cambio sul giornale.
Adesso devi telefonare in Italia e parlare con la persona responsabile delle importazioni (un tuo compagno di classe). Bisogna spiegargli/le il motivo della telefonata e fornire tutti i relativi dettagli. Siccome sei ansioso di esportare i tuoi prodotti in Italia, puoi offrire, se necessario, un piccolo sconto.

Adesso tocca al tuo compagno spiegare i suoi prodotti.

13 THE PARTITIVE ARTICLE AND OTHER DETERMINERS

L'ARTICOLO PARTITIVO ED ALTRI AGGETTIVI DETERMINATIVI

MECCANISMI

L'articolo partitivo

1 Formation

Italian has various forms of the partitive article, all meaning 'some' or 'any', or in a negative sense, 'not . . . any . . .', 'no . . .'. The partitive article is so called because it refers to part of a class of object or concept, not all of it. Rather like what happens in French, the partitive article consists of a combination of the preposition *di* and the definite article. They combine as follows:

	il	*lo*	*l'*	*la*	*i*	*gli*	*le*
di	*del*	*dello*	*dell'*	*della*	*dei*	*degli*	*delle*

2 Uses

* Meaning 'some':

*Per questa ricetta, ci vuole **del** riso, **dello** strutto, **dell'**aglio e **della** carne tritata. Si possono aggiungere anche **dei** pisellini, **degli** zucchini e **delle** patate.*

For this recipe one needs some rice, some gravy, some garlic and some minced meat. One can also add some green peas, some courgettes and some potatoes.

* Meaning 'any':

*Vuoi **del** pane?* Do you want any bread?
*Avete **degli** amici a Rimini?* Do you have any friends in Rimini?

- Used when not needed in English:

*Andiamo al mercato per comprare **della** carne e **degli** zucchini.*
We are going to the market to buy meat and courgettes.

3 *Omission*

The partitive article is omitted in Italian where often used in English:

- after negative verbs when the noun object is plural:

Sono orfani: non hanno genitori.
They are orphans: they have no parents.

- after the preposition *di*:

Laura ha bisogno di soldi per andare all'università.
Laura needs (some) money to go to university.

Possiamo andare a Viticuso a casa di amici.
We can go to some friends' house in Viticuso.

- When the idea of 'some' or 'any' is not expressed particularly positively, instead expressing something indefinite.

Al ristorante di solito mangio cannelloni o lasagne al forno.
At the restaurant I usually eat (some) cannelloni or lasagne.

Non posso andare in discoteca – non ho tempo.
I can't go to the disco – I haven't got (any) time.

Avete soldi? – Have you got (any/some) money?

Other determiners

The articles, demonstratives, possessives, interrogatives and numerals dealt with in this chapter and previous chapters can all be referred to with the heading 'determiners', because they specify or 'determine' certain information about the noun(s) they qualify. Although they behave as adjectives – agreeing in number and gender with the noun - they do not actually describe a noun the way an adjective does. Many of them, such as possessives and demonstratives, also have a corresponding pronoun form which replaces the noun they qualify.

The following section details the determiners which do not fall within the other groups already covered.

- *Molto, molta, molti, molte* much, many, lots of, a lot of (adjective)
  molto a lot (adverb)

Ho molto da fare oggi!	I have a lot to do today.
Ci sono molte mosche qui!	There are lots of flies here.

- *Troppo, troppa, troppi, troppe* too much/many

Abbiamo portato troppi vestiti.   We've brought too many clothes!

- *Tanto, tanta, tanti, tante* so much, so many

Papà fuma tante sigarette!   Dad smokes so many cigarettes!

- *Tutto, tutta, tutti, tutte* all, every

Note that 'every' has to be expressed in the plural:

Ho visto tutta la città.   I've seen all of the city.
Ci vanno tutti i miei amici.   All my friends are going.
Tutti i giorni leggo il giornale.   I read the paper every day.

- *Ogni* each, every

Note that this word is invariable, and is always used with a singular noun, though it can be followed by a number:

Ogni giorno, andiamo a scuola.   Every day we go to school.
Ho dato una caramella a ogni bambino.   I gave a sweet to each child.
Ogni due anni andiamo in Italia.   Every two years we go to Italy.

- *Ciascuno/a* each, every

Another way of expressing 'each/every'; this word follows the model of the indefinite article (see Chapter 3):

Ciascuno studente deve comprare questo libro. Each student must buy this book.

- *Altrettanto/a/i/e* as much/many

Sono venuti dieci inglesi e altrettanti italiani.
Ten English people came, and as many Italians.

- *Più, meno* more, less

These words are both invariable:

Luigi ha più capelli di me.   Luigi has more hair than I.
Io ho meno capelli di Luigi.   I have less hair than Luigi.

- *Parecchi/parecchie, diversi/diverse, vari/varie* several

These are always plural:

Abbiamo intervistato parecchi/diversi/vari candidati.
We have interviewed several candidates.

- *Qualche* some

This word is invariable, and though it implies a plural, it is used only with countable nouns in the singular:
Qualche giorno dopo . . .   A few days later . . .

- *Poco, poca, pochi, poche* (a) little, few, not much

Pochi mesi fa . . .	A few months ago . . .
Siamo stati poco tempo a Genova.	We spent little time in Genova.

Note also **un po' di** a bit/little of:

Dammi un po' di pane.	Give me a bit of bread.

- *Qualsiasi, qualunque* any

Portami un dizionario qualsiasi/qualunque.	Bring me any dictionary.

- *Altro, altra, altri, altre* other, another

Ho un altro disco di Zucchero.	I have another record by Zucchero.
Gli altri non ne vogliono.	The others don't want any.

- *Alcuno, nessuno* no, not any

These words follow the pattern of the indefinite article (see Chapter 3) in agreeing with the noun referred to. In the singular, where they can only be used with countable nouns, they have a negative value; as such, when used after a verb, the verb will be preceded by *non*:

Non abbiamo alcun/nessun dubbio . . .	We have no doubt . . .
Non c'è alcuna/nessuna alternativa.	There is no alternative.

- *Tale, tali* such

Non avevo mai visto una tale confusione.	I had never seen such a mess.

- *Certo, certa, certi, certe* (a) certain

Un certo studente non ha ancora fatto certi compiti.
A certain student has not yet done certain pieces of homework!

- *Stesso, stessa, stessi, stesse* same

This could be classified as a type of demonstrative; as an adjective it matches the noun it describes in number and gender. *Medesimo/a/i/e* means the same but it is less common:

Al tempo stesso	At the same time
Abbiamo tutti e due gli stessi libri.	We both have the same books.

- 'both'

There are various ways to express 'both':

tutti/tutte e due: tutti e due parlano	both are talking
entrambi/e: entrambi sono stati a Roma	both have been to Rome
ambedue: ambedue siamo arrivati alle due	we both arrived at two

(The latter is quite rare.)

AZIONE GRAMMATICA!

1 *La lista della spesa*

Lavori al ristorante *Amalfi*. Fai la lista per la spesa necessaria per preparare le seguenti ricette. Se non conosci queste ricette, dovresti cercarle in un libro di ricette! (Se preferisci, puoi scegliere delle ricette inglesi.)

Esempio:

<u>Lasagne</u> . . . delle lasagne, dei pomodori, della carne tritata, del formaggio, dell'aglio, dell'olio . . .

spaghetti alla carbonara	macedonia di frutta
minestrone	cappuccino
pizza napoletana	pane all'aglio
tiramisù	frittata al prosciutto
gelato al cioccolato	cannelloni al forno

2 *Ricerca spaziale!*

Metti l'aggettivo determinativo o l'articolo partitivo adeguato nello spazio; ma nota bene – in un caso non ne avrai bisogno.

1 Vorrei . . . patate fritte, per favore.   (some)
2 Dammi . . . trancio di quel pesce.   (a few)
3 Ha . . . carne di manzo?   (any)
4 Come, non avete . . . carne di manzo?   (no)
5 Io ho quattro fratelli, e lui ne ha . . .   (as many)
6 Sono già state qui . . . persone.   (several)
7 Perché hai bisogno di . . . soldi?   (so much)
8 Sono partiti . . . fa.   (a little)
9 . . . anni fa, abitavano qui.   (a few)
10 Compriamoci un gelato . . .   (each)

3 *Traduzione 'partitiva'!*

Traduci le seguenti frasi in italiano scegliendo la forma giusta dell'articolo partitivo. Ma in alcuni casi non ne avrai bisogno.

1 I don't need any milk today . . .
2 . . . but can you buy some matches?

3 And you can buy some sugar at the supermarket.
4 The car needs some petrol . . .
5 . . . but it does not need any oil.
6 Dad likes to have some fruit in the house.
7 You must get some new shoes!
8 Why don't your brothers buy themselves some nice clothes?
9 What's on at the cinema? Ornella Muti has made some very good films . . .
10 . . . but I have not yet seen any films by this actress.

 METTETEVI IN MOTO!

4 *Ricette!*

Cominciando con l'espressione *Ci vuole/vogliono del/dello/dell'/della/dei/degli/delle . . .*, scrivi tutto ciò che è necessario per:

- fare uno zabaglione
- giocare a calcio
- lavarsi i capelli
- scrivere una lettera
- prepararsi per andare in discoteca

- abbronzarsi sulla spiaggia
- organizzare una festa
- cambiare la ruota a una macchina
- imparare l'italiano
- fare quest'esercizio!

5 *In tasca*

Il contenuto delle tasche e delle borse è sempre interessante! È meraviglioso vedere le cose che di solito si portano dietro uomini e donne . . . E tu, che cosa hai di solito in tasca o nella borsa? Metti tutto sulla tavola, e fanne un elenco.

In tasca ho delle chiavi, dei soldi, un fazzoletto . . .

6 *Andiamo in vacanza!*

Che cosa metteresti nella tua valigia quando vai in vacanza? E che cosa ci sarà nella valigia al tuo ritorno? Discutetelo tra di voi, usando gli articoli partitivi, e gli altri determinativi.

Esempio:

Prima di partire, metterei nella valigia dei pantaloni, delle camicie, varie cravatte . . . Al mio ritorno, avrei in valigia del vino italiano, delle riviste italiane, parecchi pacchi di pasta . . .

AZIONE GRAMMATICA!

14 THE PRESENT TENSE
IL PRESENTE

MECCANISMI

Uses

The present tense in Italian, sometimes known as the simple present, is used to convey the idea of an action taking place in present time. It can be translated into English in two ways, eg 'he eats' and 'he is eating'. The Italian present tense is used:

a to describe what is going on at the moment:

Giorgio parla con i suoi amici in inglese.
Giorgio is talking to his friends in English.

This could also mean 'Giorgio talks to his friends in English', see **b**.

See also Chapter 18 for the present continuous, which could also be used here:
Giorgio sta parlando . . .

b to describe what happens regularly or repeatedly, or something which is true or valid at the moment:

Francesca parla italiano, spagnolo, francese e inglese.
Francesca speaks Italian, Spanish, French and English.

The present is also used:

c to denote an action in the immediate future, as in English:

La mamma arriva con il treno delle 1400.
Mum is arriving on the 2 o'clock train.

d to describe actions in the past in a dramatic way, to give added immediacy. This is known as the historic present:

Allora, vado a casa del mio amico, e gli dico che non esco con lui.
So, I go to my friend's house and tell him that I'm not going out with him.

e to indicate how long you have been doing something, where English uses a past tense; note that this can only be used if the action is still going on at the time of speaking. (See Chapter 40.)

Marietta aspetta da dieci minuti.
Marietta has been waiting for ten minutes (and is still waiting).

* English often uses the verb 'to do' for emphasis or in questions. In Italian this is not the case: emphasis is achieved by use of a suitable expression, and questions are identified by intonation pattern when speaking and by the question mark in written form.

eg He <u>does</u> speak Italian well! *Parla proprio bene l'italiano!*
<u>Do</u> they travel a lot? *Viaggiano molto?*

Forms

Regular verbs

The present tense of regular verbs is formed as follows:

parlare	*vendere*	*dormire*	*finire*	
parlo	vendo	dormo	finisco	I speak, etc
parli	vendi	dormi	finisci	you (sing. fam.) speak, etc
parla	vende	dorme	finisce	he/she/it speaks, etc
parliamo	vendiamo	dormiamo	finiamo	we speak, etc
parlate	vendete	dormite	finite	you (pl.) speak, etc
parlano	vendono	dormono	finiscono	they speak, etc

* In each case, the basic part of the word – the 'stem' or the 'root' – consists of the infinitive with the *-are, -ere* or *-ire* taken off.

* The various forms are then made by adding an appropriate ending to that stem.

* The 2nd person plural – the *voi* form – always has the vowel of the infinitive ending.

* The *-isc-* which is placed between the stem and the ending of the *finire* family of verbs affects only the 1st, 2nd and 3rd persons singular, and the 3rd person plural forms of the verb.

* Because each form is distinct from the others in both spoken and written Italian, there is no need to use the personal pronoun unless necessary for emphasis or clarity. So, these verb forms can all stand alone. (See Chapter 10, page 74.)

Verbs with spelling changes

Italian has a number of verbs in which spelling changes occur in some forms, but which are otherwise regular. These spelling changes occur to preserve the sound of a consonant which would otherwise be affected by a change in the following vowel. Other types have forms in which the sound is 'reinforced'.

There are several types:

a cercare, pagare

Some verbs follow *cercare* and *pagare* in using an *h* to preserve the hard *c* or *g* sound when the verb ending begins with *i*, (in the *tu* and *noi* forms):

cercare: cerco, cerchi, cerca, cerchiamo, cercate, cercano
pagare: pago, paghi, paga, paghiamo, pagate, pagano

b conoscere

The spelling remains the same, but the pronunciation of the *c* becomes hard in the forms whose ending begins with *o*.

conoscere: conosco, conosci, conosce, conosciamo, conoscete, conoscono

Riconoscere follows the same pattern.

c tenere

This verb and its many compounds have irregularities related to spelling and pronunciation:

tenere: tengo, tieni, tiene, teniamo, tenete, tengono

d venire

This verb is similar to *tenere*:

venire: vengo, vieni, viene, veniamo, venite, vengono

e rimanere

This verb has a *g* in the 1st person singular and the 3rd person plural:

rimanere: rimango, rimani, rimane, rimaniamo, rimanete, rimangono

f mangiare

A few verbs lose the *i* of the stem before another *i*, notably in the 2nd person singular and 1st person plural of the present tense:

mangiare: mangio, mangi, mangia, mangiamo, mangiate, mangiano
cominciare: comincio, cominci, comincia, cominciamo, cominciate, cominciano
lasciare: lascio, lasci, lascia, lasciamo, lasciate, lasciano
viaggiare: viaggio, viaggi, viaggia, viaggiamo, viaggiate, viaggiano

Others like this are *fischiare* and *pronunciare*; also *pigliare*, often used for *prendere* in colloquial Italian.

g sedere

This verb (often used in reflexive form: *sedersi*, see Chapter 24) and its compound forms have a spelling change which affects the 1st, 2nd and 3rd persons singular and the 3rd person plural forms:

sedere: siedo, siedi, siede, sediamo, sedete, siedono

h muovere

This verb and its compounds have a spelling change in the 1st and 2nd persons plural, though regular forms *muoviamo, muovete* can also be used and are more common:

*muovere: muovo, muovi, muove, **moviamo**, **movete**, muovono*

i nuocere

nuocere: nuoccio/noccio, nuoci, nuoce, nociamo, nocete, nuocciono/nocciono

Irregular verbs

The following are some of the most common irregular verbs. For others, consult the verb table at the end of this book.

andare: *vado, vai, va, andiamo, andate, vanno*
avere: *ho, hai, ha, abbiamo, avete, hanno*
dare: *do, dai, dà, diamo, date, danno*
dovere: *devo/debbo, devi, deve, dobbiamo, dovete, devono/debbono*
essere: *sono, sei, è, siamo, siete, sono*
morire: *muoio, muori, muore, moriamo, morite, muoiono*
potere: *posso, puoi, può, possiamo, potete, possono*
volere: *voglio, vuoi, vuole, vogliamo, volete, vogliono*

METTETEVI A PUNTO!

1 *Un incubo*

Volgere il verbo tra parentesi al presente, scegliendo la forma corretta.

Quel giorno . . . (partire) di casa alla solita ora, verso le sette, e mi . . . (dirigere) in fretta verso la stazione che si . . . (trovare) a duecento metri da casa mia. . . . (mancare) tre minuti alla partenza del treno. . . . (fare) in tempo a prendere un caffè, mi . . . (chiedere)? Dietro di me, . . . (sentire) una voce che . . . (rispondere). «Sì, . . . (venire) anch'io, . . . (avere) proprio bisogno di un buon caffè.» . . . (essere) un mio collega.

Il treno . . . (arrivare) con cinque minuti di ritardo. Io e il mio collega . . . (salire) e . . . (cercare) un posto a sedere. Come sempre, il treno . . . (essere) pieno zeppo di pendolari e . . . (dovere) stare in piedi.

AZIONE GRAMMATICA!

Quando ... (arrivare) alla nostra stazione, ... (decidere) di prendere un tassì perché non ... (volere) arrivare in ufficio in ritardo. Finalmente ci ... (essere)! Il mio collega ... (offrire) di pagare l'autista perché io non ... (avere) spiccioli.

«Ci ... (vedere) stasera» ... (dire) al mio collega e me ne ... (andare). ... (spingere) la porta d'ingresso ma non si ... (aprire); ... (suonare) al citofono ma nessuno ... (rispondere). Tutt'a un tratto ... (sentire) un rumore, ... (aprire) gli occhi, ... (essere) la mia sveglia che ... (suonare): ... (dovere) alzarmi. Che barba!

2 *La mia zona*

Inserire in ogni spazio la forma corretta di uno dei verbi elencati qui sotto. Alcuni dei verbi non vengono usati, mentre altri possono essere usati più di una volta.

abitare	avere	coltivare	chiamare	chiudere
correre	dare	essere	gettare	potere
scendere	tenere	trovare	venire	vedere

(1) ... con la mia famiglia in una bellissima zona del Devon che si (2) ... South Hams. In questa zona si (3) ... parecchie cittadine, ciascuna delle quali (4) ... più o meno diecimila abitanti. Le più famose (5) ... Totnes, Dartmouth e Kingsbridge. Oltre alle cittadine ci (6) ... molti paesini pittoreschi.
In questa regione si (7) ... molti prodotti agricoli, soprattutto frutta e verdura. Inoltre si (8) ... molte mucche e pecore, perché questa regione (9) ... famosa per il latte e la panna. Ma l'attività economica più importante (10) ... il turismo: i turisti (11) ... per le spiagge, le cittadine e i paesini pittoreschi; si (12) ... fare un giro per la regione in macchina, in bicicletta, e anche in battello, perché c'(13) ... un fiume molto bello che (14) ... da Dartmoor a Dartmouth, dove si (15) ... nel mare.
I turisti (16) ... non solo dall'Inghilterra, ma anche da molti paesi d'Europa. Soprattutto, si (17) ... macchine francesi, italiane, tedesche e olandesi. La zona del South Hams (18) ... veramente una delle regioni più pittoresche della Gran Bretagna.

METTETEVI IN MOTO!

3 *Quanto spesso?*

Scrivi una lista di alcune cose che fai di solito durante la settimana. Confrontala con quella di un compagno e, seguendo il modello qui sotto, specifica se fai queste cose spesso o raramente.

Esempio:

A: Guardo la televisione ogni sera, e tu?
B: Anch'io guardo la televisione, ma solo due o tre volte alla settimana. Personalmente preferisco andare al cinema. Ti piace andare al cinema?
A: Sì, ma ci vado raramente perché è troppo caro.

Dopo, fa'un breve riassunto della conversazione.

4 *Un indovinello*

Scegli un giorno della settimana e prova a indovinare quello che fa il tuo compagno/la tua compagna durante tale giorno. Lui o lei conferma se hai ragione o no. Dopo cinque minuti scambiatevi le parti.

Esempio:

A: Sabato mattina fai colazione alle undici.
B: Non è vero, non faccio colazione alle undici!
A: Prima delle otto, allora?
B: Non hai ragione, faccio la colazione alle undici e mezzo!
A: Allora, ti alzi alle dieci e mezzo . . .
B: No, a mezzogiorno!

Adesso, scrivi un riassunto della conversazione.

5 *Questa sera*

Volete uscire questa sera? Descrivete delle attività al futuro, usando il presente, parlando di tutto quello che volete fare questa sera.

Esempio:

A: Questa sera andiamo al bar dopo la lezione, vieni?
B: D'accordo, e dopo ceniamo a casa di Jo, va bene?

6 *Il fine settimana*

Parla con i tuoi amici di quello che volete fare insieme questo fine settimana.

Esempio:

A: Venerdì sera ci troviamo a casa mia alle otto.
B: D'accordo, poi andiamo in città. Come ci andiamo?
C: Prendiamo l'autobus.
D: Mangiamo prima di uscire, va bene?

7 *Abitudini*

Intervista almeno cinque compagni di classe sulle loro abitudini. Gli argomenti possono includere l'alimentazione, lo sport, i passatempi, gli studi, il lavoro.

Esempio:

A: **Cosa mangi a pranzo?**
B: **Generalmente mangio carne, patate e verdura. E tu?**
A: **Preferisco pasta – spaghetti al pomodoro per esempio. Cosa bevi?**
B: **A volte bevo vino, a volte acqua.**

Dopo l'intervista cerca la persona con cui hai più abitudini in comune. Usa circa 100 parole per descrivere per iscritto le abitudini di questa persona.

8 *Siamo artisti!*

Sai disegnare? Sai almeno disegnare come i bambini! Anche se non sei artista, disegna schematicamente una piazza, per esempio, con delle persone occupate in diverse attività; poi descrivila al tuo compagno, che senza guardare il tuo disegno deve riprodurlo secondo quanto dici.

Esempio:

A destra, vicino all'albero, due ragazzi leggono una rivista . . .

9 *L'articolo*

Scrivi un articolo per un giornale italiano, nel quale devi descrivere il tuo paese o la tua città, e parli anche delle attività normali degli abitanti in un giorno qualunque.

10 *Una lettera*

Scrivi una lettera a un(a) corrispondente italiano/a nella quale descrivi la tua zona e parli di alcune delle tue abitudini.

15 THE IMPERATIVE
L'IMPERATIVO

MECCANISMI

The 'imperative' form of the verb has a number of functions. These include giving advice, warnings, instructions, orders and making requests and invitations. Because Italian has four ways of saying 'you', there are four positive (DO!) and four negative (DON'T) forms, plus the positive and negative forms for 'us'.

- *Tu*

The positive *tu* form of the imperative is the same as the *tu* form of the present tense, with the exception of regular verbs in *-are*.

guardare > guarda   mettere > metti   dormire > dormi   finire > finisci

Guarda dove metti i piedi!
Look where you're putting your feet!

Irregular forms are as follows:

essere > sii   avere > abbi   dire > di'

Abbi pazienza.
Be patient.

A few verbs have **two** forms:

andare > va'/vai   dare > da'/dai   fare > fa'/fai   stare > sta'/stai

Fai presto.
Be quick.

Sta' fermo.
Keep still.

- *Voi*

The positive *voi* form is the same as the present tense.

guardare > guardate   mettere > mettete   dormire > dormite   finire > finite

Dormite bene.
Sleep well.

The exceptions are:

essere > siate   avere > abbiate   volere > vogliate

• *Lei, Loro*

The positive imperative for *Lei* and *Loro* uses the corresponding forms of the present subjunctive (see Chapter 32):

guardare > guardi (Lei)   *mettere > metta (Lei)*
        guardino (Loro)   *mettano (Loro)*
dormire > dorma (Lei)   *finire >   finisca (Lei)*
        dormano (Loro)   *finiscano (Loro)*

Metta il libro sulla scrivania.
Put the book on the bureau.

• *Noi*

'Let's', eg 'let's watch' is conveyed by the *noi* form of the present subjunctive, which is identical to that of the present indicative.

*guardare > guardiamo   mettere > mettiamo   dormire > dormiamo   finire >
finiamo*

Guardiamo la partita.
Let's watch the match.

Negative imperatives

For *Lei, noi, voi* and *Loro*, place *non* in front of the above forms:

non guardi   non guardiamo   non guardate   non guardino

For *tu* use the infinitive of the verb:

*guarda > non guardare   metti > non mettere   dormi > non dormire   finisci > non
finire.*

Non guardare dalla finestra.
Don't look out of the window.

Imperatives with object pronouns and reflexive pronouns

Object pronouns (except *loro*) and reflexive pronouns are attached to the end of the *tu, noi* and *voi* forms:

guardami   svegliati   finiamolo   scrivetelo

However, they come before the *Lei* and *Loro* forms:

mi passi   si accomodino

Note that *loro* 'to them' comes after the imperative and <u>must never be attached to it</u>.

Da' loro il mio indirizzo.   Give (to) them my address.

Note also that when *da', di', fa', sta'* and *va'* are followed by an object pronoun, with the exception of *gli*, the initial consonant of the pronoun is doubled.

dalle   dicci   fallo   stammi a sentire   vacci
but
digli di aspettare

With the negative forms of the imperative the position of the pronouns remains unchanged in the case of *Lei* and *Loro*:

Non mi guardi.   Non si alzino.

With *tu* the pronoun can be attached to the infinitive or precede it:

Non mi guardare or *Non guardarmi.*
Non ti alzare or *Non alzarti.*

This is also possible with *noi* and *voi*, but the tendency is to place the pronouns at the end of the imperative:

Non scrivetelo rather than *Non lo scrivete.*

Other ways of expressing commands

a   Infinitives are often used to give instructions, especially in warnings, notices and recipes:

Non parlare con il conducente.   Do not speak to the driver.
Accendere i fari.   Switch on the headlights.

b   In speech it is fairly common to replace the imperative by the present or future tense of the verb or an appropriate modal verb + infinitive, which takes the form of a polite question.

Mi dai una mano a spostare i mobili?
or
Mi puoi dare una mano a spostare i mobili?
Can you give me a hand to move the furniture?

Sposterai i mobili quando ti dico io!
You will move the furniture when I tell you!

Mangerete qualcosa prima di uscire.
You will eat something before going out.

c *Divieto di* + noun, *(è) vietato di* + infinitive

Divieto di sorpasso.	No overtaking.
Vietato raccogliere fiori.	Do not pick the flowers.
È vietato fumare.	No smoking.

METTETEVI A PUNTO!

1 *Quanti ordini!*

Vai a trovare un parente che non sta bene. Oggi è un po' nervoso e ti dà un sacco di ordini. Metti i verbi tra parentesi alla seconda persona singolare *(tu)* dell'imperativo.

(Accendere) (1) . . . la televisione. Adesso (spostarsi) (2) . . . perché non vedo nulla. Che caldo, (aprire) (3) . . . quella finestra.

(Andare) (4) . . . in cucina e (finire) (5) . . . di sbucciare le patate. Su, (sbrigarsi) (6) . . .

Dopo (fare) (7) . . . un salto in città e (pagare) (8) . . . la bolletta del gas. Quando torni a casa (dire) (9) . . . alla tua mamma che sto male. Adesso, (andarsene) (10) . . ., (divertirsi) (11) . . . stasera e (venire) (12) . . . a trovarmi domani.

2 *Una conversazione in ufficio*

Il direttore delle vendite estere parla con un cliente. In questa situazione le due persone si danno del Lei. Completa le frasi usando la forma formale *(Lei)* dell'imperativo. Fa' attenzione alla posizione dei pronomi.

(Venire) (1) . . . signor Becchio. (Accomodarsi) (2) . . . (Attendere) (3) . . . un attimo mentre telefono a un altro cliente. Se gradisce un caffè, (servirsi) (4) . . . (Avere) (5) . . . pazienza perché oggi la mia segretaria è malata e quindi. . . .

– Non (preoccuparsi) (6) . . . , (fare) (7) . . . tutto con calma perché io non ho fretta.

– Ecco fatto, allora (dirmi) (8) . . . signor Becchio.

– Ho portato il contratto che Lei deve firmare.

– (Lasciarmelo) (9) . . . fino a domani perché non ho il tempo di leggerlo adesso. (Starmi) (10) . . . a sentire, (spedirmi) (11) . . . per via fax i dettagli del nuovo progetto. (Scusarsi) (12) . . . ma ora ho un altro appuntamento. Ci vediamo domani. ArrivederLa.

3 Una ricetta

La seguente ricetta contiene parecchi esempi dell'imperativo. Sottolineali e confronta gli esempi che hai sottolineato con quelli di un compagno di classe, discutendo le eventuali differenze. Fatto questo, trasforma tutti gli esempi al *Lei*.

Pappardelle del bosco

Pulite accuratamente i funghi e affettateli fini. Tagliate i pomodori a dadini e preparate un trito fine con un piccolo scalogno, un pizzico di timo fresco, mezzo cucchiaio di prezzemolo. Fate saltare rapidamente per qualche minuto, in un'ampia padella antiaderente, i funghi con il trito aromatico e il burro, spruzzate di vino bianco, unite i pomodori e un dado Brodo Star Sapore ai Funghi Porcini. Fate cuocere a fuoco vivace per dieci minuti. Aggiustate di sale. Lessate le pappardelle al dente in abbondante acqua salata, scolatele e conditele con il sugo ai funghi e un filo di burro fuso. Pepate e servite.

pubblicità Star – Grazia, 3/11/95

---

4 Non ne può più, poverino!

Povero Marco non ha più voglia di andare a lavorare ma sua moglie gli sta sempre dietro e lo spinge ad andare avanti. Completa il seguente dialogo scegliendo il verbo adeguato e volgendolo, dove necessario, alla seconda persona singolare (*tu*) dell'imperativo.

venire smettere alzarsi tornare fare avere scendere cercare dimenticare andare guardare ricordarsi gridare

– Marco, . . . , sono le sette passate, sarai in ritardo per la scuola.
– Non ho voglia di andare a scuola oggi.
– . . . di lamentarti, . . . a prepararti e . . . subito perché la colazione è pronta.
– Maria, dove sono le mie pantofole?
– . . . dove le lasci sempre, sotto il letto e, per l'amor di Dio, . . . presto perché oggi vado a lavorare anch'io.
– Maria, per favore non . . . , . . . pazienza e . . . di capire. Non vado più d'accordo con i professori e gli studenti mi danno fastidio.
– Basta, non ne voglio più parlare, . . . a mangiare. Comunque, . . . che hai 55 anni e tu sei il preside della scuola. Adesso, me ne vado. Non . . . di prendere le chiavi e . . . a casa presto stasera perché abbiamo ospiti. Ciao!

5 *Comportiamoci bene*

Il professore vuole che la classe d'italiano si metta d'accordo su una lista di regole di comportamento da seguire durante le lezioni e tutta la durata del corso. Il professore suggerisce le prime due regole. In coppia o in gruppi bisogna completare la lista di regole che ritenete importanti.

Cerchiamo di arrivare sempre in anticipo.

Non buttiamo mai per terra la carta straccia.

6 *Dammi retta*

Cosa diresti alle seguenti persone che conosci bene? Seguendo gli esempi, suggeriti per persona A, cerca di fare almeno 8 suggerimenti per ogni altra persona.

Esempio:

Non fare spuntini durante il giorno.
Mangia più frutta fresca.

A Un amico goloso che vuole dimagrire.
B Uno studente pigro che esce tutte le sere e non fa mai i compiti.
C Uno studente nervoso che deve dare un esame fra alcune settimane.
D Un disoccupato che non riesce a trovare un lavoro.
E Un parente che vuole mettersi in viaggio quando le condizioni di viabilità e visibilità stanno peggiorando.

Scrivi tutti i suggerimenti che fai e confrontali con quelli di alcuni compagni di classe.

7 *Sogno o realtà?*

a Abitate vicino a un parco nazionale. D'estate ci sono molti visitatori italiani. Il comune vuole scrivere una serie di istruzioni in italiano per aiutare i turisti e l'assessore per il turismo ha chiesto alla vostra scuola di aiutare a tradurre le seguenti istruzioni in italiano. Il vostro professore d'italiano vi chiede di farlo.
Se potete pensare ad altre informazioni/istruzioni, aggiungetele a questo elenco.

DRIVE WITH CARE
NO OVERTAKING

NO PARKING
FORBIDDEN TO PICK THE FLOWERS
DO NOT FEED THE ANIMALS
TAKE YOUR RUBBISH WITH YOU
KEEP DOGS ON A LEAD
DO NOT LIGHT FIRES
HELP US TO PROTECT OUR PARK
RESPECT NATURE
NO CAMPING
NO PARKING ON THE ROADSIDE

b Abitate in una zona turistica e d'estate ci sono molti visitatori italiani. Le autorità locali vogliono far tradurre in italiano una serie di istruzioni, segnalazione stradale, ecc. L'assessore per il turismo lancia un progetto e offre un premio alla scuola che riesce a proporre la migliore serie di istruzioni per aiutare i turisti italiani nei negozi, per la strada, in città, nei parchi. Ecco alcuni suggerimenti.

TENETE LA NOSTRA CITTÀ PULITA.
MODERARE LA VELOCITÀ
SPINGERE
È VIETATO INTRODURRE CANI
TENETE IL CANE AL GUINZAGLIO

8 *La visita*

Un amico/un'amica italiano/a viene a trascorrere un mese a casa tua. Arriverà con l'aereo e tu non avrai il tempo di andare a prenderlo/la all'aeroporto. Scrivigli/le una lettera in cui gli/le dai istruzioni dettagliate per arrivare a casa tua.

9 *Fai da te!*

Su quale degli argomenti elencati qui sotto pensi di essere più informato? Scegline uno e spiega a un compagno di classe quello che bisogna fare, utilizzando, quando necessario, l'imperativo. Forse sarebbe meglio che preparassi l'argomento per iscritto prima di presentarlo oralmente.

a preparare una ricetta
b spiegare le regole di un gioco
c proteggere la casa contro i ladri
d passare l'esame di guida
e fare i preparativi per un viaggio all'estero
f educare un bambino
g imparare una lingua straniera

16 THE PERFECT TENSE
IL PASSATO PROSSIMO

MECCANISMI

Uses

a The perfect is the literal equivalent of the English perfect tense: it tells you what you *have done*, what *has happened*.

Oggi pomeriggio ho fatto un po' di spese e poi ho scritto parecchie lettere.
This afternoon I've done a bit of shopping and I've written several letters.

Però, ho dimenticato di comprare dei francobolli.
However, I've forgotten to buy some stamps.

b However, most importantly and most frequently, it is also the tense used in conversational Italian as the equivalent of the English simple past, to say what you *did*, what *happened*.

Dove sei andato stamattina? – Sono andato a trovare un'amica e dopo siamo usciti a fare una passeggiata.
Where did you go this morning – I went to see a friend and after we went out for a walk.

Quando sono arrivati alla stazione, hanno preso un tassì fino all'albergo.
When they got to the station, they took a taxi to the hotel.

- Note: the past definite is used rather than the perfect in formal writing, eg literary texts, journalism. The past definite is also used in speech, particularly in the South and some parts of Central Italy. The general tendency, however, is to use the perfect tense in speech.

- Take care not to use the perfect tense in Italian as the equivalent of every simple past tense in English. 'Whenever they went on holiday, they never told us where they were going' describes repeated, habitual actions, and the verbs must be in the imperfect: *Ogni volta che andavano . . . non ci dicevano mai . . . .* (See Chapter 17.)

- Remember that to say what you have been doing, you use the present in

Italian: 'My nephew has been studying Italian for three months' = *Mio nipote studia l'italiano da tre mesi.* (See Chapter 40.)

Formation

The perfect tense is a 'compound' tense, that is, it consists of more than one word. It is formed with an 'auxiliary' verb (*avere* or *essere*) and the past participle. The perfect tense of most verbs is formed with *avere*.

For full details about the formation of the past participle, see Chapter 29.

a *Avere* verbs

	parlare	*vendere*	*capire*
Past participle	parlato	venduto	capito
Perfect	ho parlato hai parlato ha parlato abbiamo parlato avete parlato hanno parlato	ho venduto hai venduto ha venduto abbiamo venduto avete venduto hanno venduto	ho capito hai capito ha capito abbiamo capito avete capito hanno capito

- Past participle agreement with *avere* verbs:

The past participle **must agree**:

- with the preceding direct object pronouns *lo, la, li, le*:

Dove hai visto la mia amica? – L'(la) ho vista in piazza.
Where did you see my friend? – I saw **her** in the square.

Avete spedito le cartoline? – No, non le abbiamo ancora spedite.
Have you sent the postcards? – No, we still haven't sent **them**.

Per chi hai comprato i fiori? – Li ho comprati per mia nonna.
Who did you buy the flowers for? – I bought **them** for my grandmother.

- with the pronoun *ne* when the meaning being conveyed is 'some' or 'part of something':

Avete guardato i documentari sulla natura? – Sì, ne abbiamo guardati alcuni.
Have you watched the documentaries on nature? – Yes, we have watched some (**of them**).

Hai preso delle aspirine per il mal di testa? – No, non ne ho ancora prese.
Have you taken any aspirins for your headache? – No, I still haven't taken any (**of them**).

Agreement is **optional**:

– when the direct object pronouns are *mi, ti, ci, vi*:

*Non **ci** hanno aiutato/aiutati.*
They didn't help us.

– in a relative clause (see Chapter 42) introduced by *che, la quale, i quali, le quali*, referring back to a feminine or plural noun:

*I documentari **che** abbiamo visto/visti sono stati molto interessanti.*
The documentaries (that) we saw were very interesting.

In this type of construction it is much more common not to make the past participle agree.

– when the pronoun *ne* refers to a specific quantity. In this case the *ne* can agree with the noun it refers to or with the quantity:

Quante pere hai comprato? – Ne ho comprate/comprati tre chili.
How many pears have you bought? – I have bought three kilos (of them).

Note that the past participle **never agrees**:

– with the subject:

*Come al solito, **i miei figli** hanno lasciato la loro camera in disordine.*
As usual, my children have left their room untidy.

– nor with a preceding <u>indirect</u> object pronoun.

Le abbiamo mandato un fax.   We sent her (= to her) a fax.

b *Essere* verbs

	arrivare
Past participle	arrivato/a/i/e
Perfect	sono arrivato/a sei arrivato/a è arrivato/a siamo arrivati/e siete arrivati/e sono arrivati/e

Verbs that take the auxiliary *essere* include the majority of intransitive verbs, most impersonal verbs and all reflexive verbs.

• Intransitive verbs (i.e. used without a direct object) that use *essere* fall into two categories:

– those that involve movement or lack of movement:

andare, arrivare, cadere, entrare, essere, fuggire, giungere, partire, restare, rimanere, salire, scappare, scendere, stare, tornare, uscire, venire

– those that indicate some process of change, often of a physical or psychological nature:

apparire, arrosire, crescere, dimagrire, divenire, diventare, guarire, ingrassare, invecchiare, morire, nascere, scomparire, scoppiare, sparire, svenire

• Impersonal verbs include the following:

accadere, avvenire, bastare, capitare, costare, dispiacere, mancare, parere, piacere, sembrare, servire, succedere, valere, volerci

Also included in this category are verbs referring to the weather such as *nevicare, piovere*, etc. In spoken Italian, however, it is fairly common nowadays to use the auxiliary *avere* for these.

• Some verbs take *essere* or *avere* depending on whether they are used intransitively or transitively.

Sono *saliti sul pullman.*
They got on the coach. (intransitive)

Hanno *salito le scale.*
They went up the stairs. (transitive)

I prezzi **sono** *aumentati.*
The prices have increased. (intransitive)

I negozianti **hanno** *aumentato i prezzi.*
The shopkeepers have increased the prices. (transitive)

• With the modal verbs *dovere, potere* and *volere* it is more correct to use *essere* if the accompanying infinitive takes *essere*. This rule applies particularly to writing. In speech there is a growing tendency to use *avere*.

Non siamo potuti andare in vacanza quest'anno.
We couldn't go on holiday this year.

• Past participle agreement with *essere* verbs: the past participle agrees in gender and number (masculine/feminine, singular/plural) with the subject of the verb:

Maria, perché non sei venuta in treno?
Maria, why didn't you come by train?

I miei parenti sono partiti alle tre e sono arrivati da noi verso le sette.
My relatives left at three and arrived at our house about seven.

c **Reflexive verbs** (see also Chapter 24)

All verbs used reflexively are conjugated with *essere*:

Ci siamo divertiti un mondo alla spiaggia.
We had a whale of a time at the beach.

Mia sorella si è preparata per uscire.
My sister got ready to go out.

• Past participle agreement: the past participle can either agree with the subject (more common):

La ragazza si è pettinata i capelli.
The girl combed her hair.

or the direct object (less common):

La ragazza si è pettinati i capelli.

When *dovere, volere* or *potere* is used with a reflexive verb, there are two possible constructions. The auxiliary is *essere* when the reflexive pronoun precedes the modal:

Ci siamo dovuti alzare presto.

and *avere* when the reflexive pronoun remains attached to the infinitive:

Abbiamo dovuto alzarci presto.
We had to get up early.

d Object pronouns always precede the auxiliary:

Perché non <u>me l'hai</u> chiesto prima?
Why didn't you ask me before?

Non <u>l'abbiamo</u> ancora fatto.
We still haven't done it.

METTETEVI A PUNTO!

1 *Il diario di una vacanza*

Marco scrive su un diario alcuni appunti sulla sua vacanza al mare. Volgi tutti i verbi dal presente al passato prossimo.

<u>Lunedì 10 agosto</u> Mi alzo presto e faccio colazione. Mangio solo una brioche, prendo un cappuccino e vado di corsa alla spiaggia. I miei genitori rimangono in albergo e mi raggiungono più tardi. Sulla spiaggia incontro alcuni amici e ci divertiamo molto giocando a calcio. Dopo la partita ci mettiamo d'accordo per uscire insieme la sera.
<u>Martedì 11 agosto</u> Piove tutto il giorno. Rimaniamo tutti in albergo. Guardiamo un po' di televisione e scriviamo un sacco di cartoline ai parenti.
<u>Mercoledì 12 agosto</u> Noleggiamo una macchina e visitiamo i dintorni della

città. Ci piace soprattutto il paesaggio collinare, ma è interessante anche il viaggio lungo la costa.

<u>Giovedì, venerdì e sabato</u> Stiamo tutto il giorno in spiaggia. Facciamo il bagno e prendiamo il sole.

<u>Domenica 16 agosto</u> Partiamo per l'aeroporto e torniamo a casa. La nostra breve vacanza finisce qua.

2 *Che bell'estate!*

Hai ricevuto questa lettera dalla tua corrispondente italiana. Nella sua lettera ha usato molto il passato prossimo. Ecco qui sotto l'elenco dei verbi utilizzati. Scegliendo il verbo adeguato riempi lo spazio, ricordandoti che bisogna scriverlo al passato prossimo. Attenzione! Non puoi usare lo stesso verbo più di una volta.

applicare	fare	divertirsi	conoscere	
terminare	potere	lavorare	trascorrere	essere

> Ciao Anna
>
> come stai? Io bene anche se purtroppo le vacanze estive (1) ... Anche quest'anno (2) ... le mie vacanze al mare. Come gli anni precedenti, (3) ... molte persone con le quali (4) ... molto. Insomma, (5) ... una bella estate, anche se (6) ... durante il mese di luglio, perché oltre a divertirmi (7) ... scoprire il mondo del lavoro nel quale (8) ... le conoscenze acquisite in sede scolastica. Tu, cosa (9) ... durante le vacanze? Sperando di ricevere presto tue notizie ti saluto con un caloroso abbraccio.
>
> Ciao
>
> Elisa

3 *Essere o non essere!*

Cancella la forma errata. (Bisogna tener presente se il verbo viene usato in modo transitivo o intransitivo.)

Esempio:

Il corso ~~ha~~/è finito.

1 I prezzi delle case *sono aumentati/hanno aumentato* parecchio in questi ultimi anni.
2 La mia vita *è cambiata/ha cambiato* molto.
3 *Ha/è* cominciato l'ultimo spettacolo?
4 Il viaggio *è/ha* durato più di un'ora.
5 *Sono/hanno* cambiato idea.
6 Quella vacanza ci *è costata/ha costato* un occhio della testa.

7 *Siamo saltati/abbiamo saltato* la prima colazione.

8 *Ci sono volute/hanno voluto* tre ore per arrivare a casa.

9 Il mio amico *ha/è* ingrassato di cinque chili.

10 Le condizioni del lavoro *hanno peggiorato/sono peggiorate*.

4 *La rapina*

L'articolo che segue è stato tratto da un giornale italiano. Parecchi verbi sono stati tolti e scritti qui sotto in ordine sparso. Bisogna reinserirli.

> sono arrivati è comparso hanno ricevuto è partita hanno preso sono entrati sono riusciti hanno dato hanno agito hanno costretto hanno potuto hanno assaltato è rimasto hanno messo

(1) ...da veri professionisti cinque individui che ieri mattina, qualche minuto prima dell'orario di apertura (2) ... in pieno centro una filiale della Banca Popolare, fuggendo con un bottino di centonovanta milioni di lire. Il colpo è stato studiato con cura. Alle sette e quarantacinque è giunto in via Cesarotti l'impiegato incaricato di aprire la banca. Alle sue spalle (3) ... un individuo a volto scoperto che impugnava una pistola. Quindi sono sbucati altri quattro malviventi armati. Tre erano incapucciati, l'altro aveva il volto coperto da una maschera di Carnevale. Tutti insieme (4) ... in banca mentre il bandito a viso scoperto (5) ... all'esterno a fare 'palo'. Uno alla volta (6) ... gli altri sette impiegati. (7) ... lo stesso trattamento. Non appena (8) ... piede in banca sono stati immobilizzati e rinchiusi in uno sgabuzzino. Per ultimo è giunto il direttore che aveva con sé le chiavi della cassaforte. I banditi lo aspettavano con impazienza. Sotto la minaccia delle pistole l'(9) ... ad aprire il forziere. In tutta fretta (10) ... i soldi e rinchiuso il direttore nello sgabuzzino con gli altri impiegati. Infine si sono dileguati a bordo di un'Alfa 33 targata Milano. L'autovettura (11) ... a tutta velocità, riuscendo a far perdere le tracce.

Dopo la fuga dei rapinatori i dipendenti della banca (12) ... a forzare la porta dello sgabuzzino e (13) ... dare l'allarme. Sul posto sono prontamente accorsi alcuni equipaggi della polizia e dei carabinieri. Le successive ricerche (14) ... esito negativo.

Gazzettino, 25.10.95

METTETEVI IN MOTO!

5 *Conoscersi meglio*

Scrivi almeno dieci frasi che descrivono quello che hai fatto in questi ultimi anni o nella tua vita finora.

Esempio:

Ho vissuto per due anni in Francia.
Durante le vacanze estive sono andato in Italia.

Confronta quello che hai fatto con alcuni altri membri del gruppo. Quando possibile, cerca di fare delle domande supplementari.

Esempio:

Dove hai vissuto in Francia? Perché hai deciso di andare a vivere in Francia? Ti è piaciuto il modo di vivere? Con chi sei andato in Italia?

Chi pensi di conoscere meglio? Scrivi una breve relazione per descrivere quello che ha fatto questa persona.

6 *Che memoria!*

Puoi ricordarti in modo dettagliato di tutto quello che hai fatto sabato scorso/domenica scorsa, oppure durante la tua ultima vacanza? Scegli uno di questi argomenti e descrivilo a un compagno di classe.

7 *L'interrogazione*

Trascorri due settimane da una famiglia italiana, la quale vuole sempre sapere se hai fatto determinate cose. Rispondi di sì o di no, e sostituisci le parole sottolineate con il pronome adeguato. Sta' attento a concordare il participio passato con il pronome quando necessario.

Lavora con un compagno di classe. Uno può fare le domande e l'altro risponde. Potete cambiare ruolo dopo aver fatto la prima metà dell'esercizio.

Esempio: **spedire le cartoline**

– **Hai spedito le cartoline?**
– **Sì, le ho spedite stamattina.**
oppure: – No, non le ho ancora spedite. Ho dimenticato di farlo.

telefonare a tua sorella, comprare della frutta, leggere il giornale di oggi, andare al mare, fare delle foto, trovare le lenti a contatto, spegnere la luce nella tua camera, dire a Marco di telefonarmi stasera, invitare alcuni amici alla tua festa di compleanno

8 *Scelta libera!*

1 Scrivi una lettera a un amico/un'amica nella quale parli della tua ultima vacanza.
2 Racconta un episodio che ti è successo in questi ultimi anni.
3 Inventa una storia – una rapina di banca, un'avventura misteriosa/comica/romantica/tragica . . .
4 'Quella sera siamo usciti intorno alle otto, come al solito ... ' Continua la storia.
Ricordati che bisogna usare il passato prossimo quanto possibile.

17 THE IMPERFECT TENSE
L'IMPERFETTO

MECCANISMI

Uses

The main point about the use of the imperfect is that there is no indication of the beginning or end of the action, whether the action described was finished or not. That is why it is called 'imperfect', in other words, 'incomplete'. It is therefore the tense you use to set the background in the past. You use other past tenses to describe events, to say what actually happened. (See Chapters 16 and 22.)

The imperfect has three main uses:

a to indicate what <u>used</u> to happen, such as habitual or repeated happenings:

Quando abitavo in Italia, andavo spesso a sciare.
When I lived (used to live) in Italy, I often went (used to go) skiing.

Ci voleva sempre un paio di ore in macchina per arrivare alla stazione di sci più vicina.
It always took (used to take) a couple of hours by car to get to the nearest ski resort.

Note that the corresponding English verbs 'lived', 'went' and 'took' are expressed in the simple past, but these are definitely habitual actions and must be conveyed by the imperfect in Italian.

b to describe a situation in the past:

All'inizio di questo secolo, solo una piccola percentuale di italiani parlava italiano. Molte zone erano sottosviluppate.
At the beginning of this century only a small percentage of Italians spoke Italian. Many areas were underdeveloped.

c to say what was happening at a particular time:

Bruno si riposava e leggeva il giornale.
Bruno was having a rest and reading the newspaper.

Mia sorella faceva i suoi compiti.
My sister was doing her homework.

The imperfect is often used in conjunction with the perfect or past definite tense to set the background to an event or events; in other words to state what was going on when something else happened.

Bruno leggeva il giornale quando suo padre entrò nella stanza.
Bruno was reading the newspaper when his father entered the room.

Camminavo per la città quando, tutt'ad un tratto, cominciò a piovere.
I was walking through the town when, all of a sudden, it started to rain.

- There is also a 'progressive' form of the imperfect ('was/were doing') using the verb *stare*. See Chapter 18.

- For use of the imperfect after expressions of time introduced by *da*, see Chapter 40.

- Note that 'would' does not always indicate the use of the conditional. In the following example, 'would' indicates an habitual action and therefore the imperfect tense must be used in Italian.

Mio zio leggeva il giornale quando arrivava a casa.
My uncle would read the newspaper when he arrived home.

Formation

To obtain the stem, remove the infinitive ending. The imperfect endings are the same except that each group retains the characteristic vowel of the infinitive.

Infinitive	andare	mettere	aprire
Stem	and-	mett-	apr-
Imperfect	and**avo**	mett**evo**	apr**ivo**
	and**avi**	mett**evi**	apr**ivi**
	and**ava**	mett**eva**	apr**iva**
	and**avamo**	mett**evamo**	apr**ivamo**
	and**avate**	mett**evate**	apr**ivate**
	and**avano**	mett**evano**	apr**ivano**

The **only** verb in this tense that has a completely irregular form is *essere*:

ero   eri   era   eravamo   eravate   erano

Note also the following:

bere > bevevo
dire > dicevo
fare > facevo

AZIONE GRAMMATICA!

verbs ending in *-durre*

condurre > conducevo
tradurre > traducevo

verbs ending in *-arre*

attrarre > attraevo
trarre > traevo

METTETEVI A PUNTO!

1 *Alcuni ricordi*

Una persona si ricorda di un periodo della sua vita. Volgi all'imperfetto i verbi tra parentesi.

Quando (*essere*) più giovane, non (*andare*) mai d'accordo con mia sorella. (*bisticciare*) sempre, non so perché. Tutti e due (*frequentare*) il liceo ma lei non (*avere*) mai voglia di studiare e questo mi (*fare*) arrabbiare perché a me (*piacere*) tanto studiare. Le (*dire*) sempre che (*dovere*) impegnarsi di più, ma lei non mi (*dare*) mai retta. (*entrare*) da un orecchio e (*uscire*) dall'altro. Meno male che a quell'epoca (*essere*) più facile trovare lavoro.

A parte mia sorella, (*avere*) tre fratelli e (*essere*) in sette in famiglia. Mio padre (*lavorare*) nelle miniere e mia madre (*occuparsi*) della casa. Mi ricordo che durante le vacanze estive (*andare*) a una stazione balneare che (*trovarsi*) a una cinquantina di chilometri da casa nostra. Ci (*sembrare*) un viaggio lunghissimo. (*dovere*) sempre viaggiare con i mezzi pubblici perché nessuno in famiglia (*avere*) la macchina. Nonostante i vari problemi (*essere*) bei tempi.

2 *Che vita monotona!*

Questo brano si riferisce ad alcune abitudini quotidiane del signor Federico. Completa ogni frase con l'imperfetto del verbo. Bisogna scegliere il verbo adeguato fra quelli indicati qui sotto.

> stare avere mangiare essere (×2) piovere alzarsi piacere
> andare (×2) volere fare (×2) uscire (×2) bere

Ogni giorno il signor Federico (1) ... puntualmente alle sei e mezza. (2) ... subito in bagno e (3) ... la doccia. (4) ... sempre attento a non fare rumore perché non (5) ... svegliare sua moglie. (6) ... in cucina per fare colazione. (7) ...

sempre biscotti e (8) . . . un bel caffè forte. (9) . . . di casa alle sette e quindici. Gli (10) . . . fare una bella passeggiata la mattina presto perché non c'(11) . . . nessuno in giro. Anche se (12) . . . a dirotto o (13) . . . freddo (14) . . . lo stesso. Quando (15) . . . tutto solo (16) . . . l'abitudine di parlare tra sé.

3 *Il dilemma*

Il dilemma è quello di volgere i verbi tra parentesi all'imperfetto o al passato prossimo. Bisogna pensare al contesto e al senso di ogni frase. Prova! In bocca al lupo!

1 Marco, con chi . . . (parlare) quando ti . . . (vedere) in città stamattina?
2 Da quando io . . . (essere) piccolo, . . . (sognare) di andare all'università.
3 Quando mio marito ed io . . . (mettersi) in viaggio, le strade . . . (essere) deserte e . . . (fare) almeno un'ora di viaggio prima di vedere un'altra macchina.
4 Siccome . . . (fare) un freddo da morire, i miei parenti . . . (decidere) di non venire a trovarci.
5 Ma tu mi . . . (dire) sempre di non andarci e poi alla fine ci . . . (andare) tu.
6 Voi . . . (pensare) di non dire niente ma io non . . . (potere) continuare così.
7 Tutte le volte che Maria . . . (tornare) a casa, . . . (sentirsi) stanca, poverina. Però, non mi . . . (dire) mai nulla.
8 Io . . . (avere) in mente di vendere la casa ma mi . . . (succedere) qualcosa di inaspettato per cui . . . (decidere) di non venderla.

METTIAMOCI IN MOTO!

4 *Allora ed ora*

Scrivi dieci frasi che descrivono le tue abitudini di una volta. Queste frasi possono essere positive o negative e riferirisi ad argomenti quali, sport, vacanze, passatempi, cibo, ecc.

Esempio: **Quando avevo quindici anni, suonavo la chitarra . . . Mi piaceva tanto leggere i libri di fantascienza . . . Fino a pochi anni fa, non ero interessato/a allo sport.**

Confronta le tu abitudini con quelle di alcuni compagni di classe. Questa seconda attività è orale e per renderla più interessante puoi confrontare le abitudini di una volta con quelle attuali.

Esempio: **Quando avevo quindici anni suonavo la chitarra ma adesso, purtroppo, non la suono più perché . . .**

AZIONE GRAMMATICA!

5 *Lungo il sentiero dei ricordi*

Parla di un periodo della tua vita che ti era molto caro. Se vuoi, puoi iniziare in questo modo: *Quando avevo ... anni, ...* e basare la descrizione sulla seguente traccia – casa e dintorni, famiglia, interessi, il tuo carattere e quello degli altri membri della famiglia, ambizioni, modo di vivere.

Scrivi un resoconto delle tue esperienze.

6 *Ritorno al passato*

Pensa al periodo in cui viviamo e poi cerca di immaginare com'era la vita senza l'automobile, l'aereo, la televisione, il telefono, il riscaldamento centrale, il computer, la carta di credito, i centri ospedalieri, l'assistenza sociale, ecc. Descrivi com'era la vita di quell'epoca.

7 *Un testimone oculare*

Studente A   Immagina che un ladro ti abbia rubato la borsa. Denuncia il fatto al poliziotto (Studente B) che ti farà alcune domande. Puoi descrivere il più dettagliatamente possibile il ladro (età approssimativa, descrizione fisica, vestiti), la borsa (colore, contenuto e il valore degli oggetti rubati) e le circostanze (cosa facevi, dov'eri, ecc.)

Studente B   Fai la parte di un poliziotto. Lo studente A è stato vittima di un furto e vuole denunciare il fatto. Chiedigli di descrivere il più accuratamente e dettagliatamente possibile il ladro, la borsa e il suo contenuto, e le varie circostanze relative all'episodio.

Scrivi una lettera a un amico/un'amica nella quale racconti questo episodio.

18 CONTINUOUS TENSES

I TEMPI PROGRESSIVI

MECCANISMI

As explained in Chapter 14, the present tense is used to convey the idea of an action taking place in present time in two ways: 'he writes' and 'he is writing', for example. Whilst the first of these refers to a general truth, the second refers to something actually happening at the moment.

Mariella parla molto. Mariella talks a lot.
Mariella parla in questo momento. Mariella is talking at the moment.

Although the verb itself is the same, the idea of the action is quite different. Normally in Italian, the context of the verb will make it clear which of these notions is being conveyed. However, Italian also has a way of expressing the second meaning more vividly:

Mariella sta parlando. Mariella is talking (right now).

This is called the present continuous, with a corresponding tense in the past – the imperfect continuous:

Mariella stava parlando. Mariella was (in the middle of) talking.

The present continuous

This tense is used to place special emphasis on the ongoing nature of the action. It is used less than its English equivalent, as the present tense is usually enough.

This tense is formed from the present tense of *stare* and the gerund of the main verb:

sto parlando	I am speaking
stai parlando	you are speaking (singular, informal)
sta parlando	he/she/it/you (formal) are speaking
stiamo parlando	we are speaking
state parlando	you are speaking (plural)
stanno parlando	they/you (plural, formal) are speaking

The gerund of almost all verbs is formed as follows:

-are verbs	> *-ando*
-ere verbs	> *-endo*
-ire verbs	> *-endo*

The following (and their compounds) are the only irregular gerunds:

dire	>	*dicendo*	*porre*	>	*ponendo*
fare	>	*facendo*	*tradurre*	>	*traducendo*
bere	>	*bevendo*	*trarre*	>	*traendo*

Remember that these gerunds do not change in any way. See Chapter 29 for more on the gerund.

The imperfect continuous

This tense is used to describe ongoing actions in the past. As with the present, the imperfect tense is usually enough to convey this sense, but where extra emphasis is required to stress the ongoing nature of the action, the imperfect continuous tends to be used.

It is formed in a similar way to the present continuous: the difference is that instead of the appropriate form of the present tense of *stare*, you use the imperfect:

stavo parlando	I was speaking
stavi parlando	you were speaking (singular, informal)
stava parlando	he/she/it/you (formal) were speaking
stavamo parlando	we were speaking
stavate parlando	you were speaking (plural)
stavano parlando	they/you (plural, formal) were speaking

andare + gerund

This is another way of expressing a continuous verb; it conveys the idea of cumulative progression:

I miei voti in italiano vanno sempre migliorando.
My marks in Italian are getting better and better.

CONTINUOUS TENSES

1 *Quante attività!*

Al suo arrivo a casa Federico non può credere ai suoi occhi, vedendo tutto questo movimento! Volgi i verbi sottolineati al presente progressivo.

Un giorno Federico arriva a casa prima del solito e trova tutti i suoi familiari molto indaffarati. Che cosa <u>succede</u>? Suo zio <u>lava</u> l'automobile in cortile, i suoi fratelli <u>tagliano</u> l'erba, suo papà <u>finisce</u> di aggiustare la lavastoviglie e suo nonno, un po' meno indaffarato degli altri, <u>dorme</u> sul dondolo. Sua nonna invece <u>guarda</u> la televisione e contemporaneamente <u>fa</u> le parole crociate. Sua sorella <u>si prepara</u> per uscire con il suo ragazzo, mentre sua mamma <u>mette</u> in ordine il soggiorno. Suo cugino <u>traduce</u> un documento per la sua ditta ed è un po' arrabbiato perché i due gatti <u>giocano</u> con la tastiera del suo computer. Per di più, suo figlio <u>piange</u> da più di un'ora.

2 *Infedeltà!*

Sei un(a) ficcanaso! Ieri sera hai visto Fabio, il ragazzo di tua sorella, in vari luoghi: stava con delle altre ragazze. Adesso tua sorella vuole sapere tutto quello che stavano facendo. Completa queste frasi, trasformando il verbo tra parentesi all' imperfetto progressivo.

1 Alle cinque l'ho visto al caffè con Naomi: (prendere un caffè)
2 Alle sei e mezzo era nel parco con Sandra: (cogliere fiori)
3 Verso le sei e mezzo l'ho visto con Giulia: (baciarsi)
4 Alle sette si trovava al cinema con Bianca: (guardare un film)
5 Alle otto meno venti era in piazza con Anna: (abbracciarsi)
6 Alle otto l'ho visto con Lara in un ristorante: (cenare)
7 Verso le nove l'ho intravisto con Katia alla spiaggia: (fare il bagno)
8 Alle undici erano davanti alla banca: (ritirare dei soldi)
9 Verso mezzanotte era alla stazione con Katia: (guardare l'orario dei treni)
10 A mezzanotte salivano sul treno per Roma: (fuggire)

AZIONE GRAMMATICA!

3 *Che lavoro fai?*

Ognuno deve scegliere una professione. Lavorando a gruppi di tre o quattro, bisogna fare delle domande per indovinare queste professioni. Potete anche usare dei gesti per aiutarli.

Esempio: **Sei macellaio: fai dei gesti come se tagliassi un pezzo di carne . . .**

A: **Stai scrivendo una lettera?** – No!
B: **Sei in una falegnameria?** – No!
C: **Stai segando della legna?** – No!
D: **Stai tagliando della carne?** – Sì!
E: **Sei un macellaio, allora?** – Sì.

4 *Al ladro!*

C'è stato un furto nell'albergo dove passate le vacanze. Un testimone vi crede colpevoli, perché siete vestiti come i ladri. Allora, un poliziotto vi fa delle domande per sapere dove vi trovavate e che cosa stavate facendo.

Esempio:

A: **Dove eravate alle otto, e che cosa stavate facendo?**
B: **Eravamo al ristorante, e stavamo cenando.**
C: **No, eravamo in discoteca, e stavamo ballando!**

5 *Il reportage*

Ogni studente deve immaginare di essere giornalista. Uno/a va a un concerto interessante, l'altro/a va a un congresso importante, e un altro/a va a una partita di calcio internazionale. Descrivete quello che sta succedendo e quello che fanno i partecipanti, come in una radiocronaca, e poi scrivete un reportage di 150 parole sull'avvenimento.

19 THE FUTURE TENSE

IL FUTURO

MECCANISMI

The future tense is the direct equivalent to the English future tense. Its endings are based mostly on the present tense of the verb *avere*, added to the infinitive with the *-e* removed. Note that the stem of *-are* verbs changes to *-er* in the future, and that all verbs use the same endings.

-are verbs	*-ere* verbs	*-ire* verbs	
parlare	*vendere*	*finire*	
parlerò	venderò	finirò	I will . . .
parlerai	venderai	finirai	you will . . .
parlerà	venderà	finirà	he/she/it/you will . . .
parleremo	venderemo	finiremo	we will . . .
parlerete	venderete	finirete	you will . . .
parleranno	venderanno	finiranno	they will . . .

- The verb *essere* has an irregular stem in the future tense:

sarò
sarai
sarà
saremo
sarete
saranno

- Some verbs have modified future tense stems.

The following lose the vowel of the infinitive ending:

andare	> andrò	potere	> potrò
avere	> avrò	sapere	> saprò
cadere	> cadrò	vedere	> vedrò
dovere	> dovrò	vivere	> vivrò

The following verbs and their compounds have future stems ending in *-rr-*:

bere	> berrò		tenere	> terrò
morire	> morrò		valere	> varrò
parere	> parrò		venire	> verrò
rimanere	> rimarrò		volere	> vorrò

The following retain *-ar-* and do not change to *-er-*:

dare > darò		stare > starò
fare > farò		

Verbs ending in *-ciare* and *-giare* drop the *i* before the future tense endings:

cominciare > comincerò	mangiare > mangerò

Verbs ending in *-care* or *-gare* use an *h* to keep the *c* and *g* hard:

cercare > cercherò	pagare > pagherò

Uses

• The future tense is used to describe future events, regardless of whether they are in the near future or the distant future.

Comprerò del vino al supermercato, poi tornerò a casa.
I'll buy some wine in the supermarket, then I'll go home.

L'anno prossimo, andremo in vacanza in Italia, ma quando nostro figlio avrà dieci anni, andremo negli Stati Uniti.
Next year we will go to Italy on holiday, but when our son is ten years old, we will go to the United States.

• It is also used to express suppositions, probability and approximations (often involving numbers):

Chi c'è in cucina? Sarà la nonna.
Who is in the kitchen? It must be/is probably grandmother.

Il tuo amico avrà più o meno cinquant' anni.
Your friend must/will be about 50.

Che ora è? Non sono sicuro, ma saranno le dieci.
What time is it? I'm not sure, but it must be about 10 o'clock.

• It is used after *se* or a conjunction of time in the future, even if in English the present tense is used:

Se lo troverò, te lo spedirò subito.
If I find it, I'll send it to you straight away.

Quando arriveremo, prenderemo una tazza di tè.
When we arrive, we'll have a cup of tea.

- As in English, the idea of the future can also be expressed simply by using the present tense:

La mamma arriva domani mattina.   Mum arrives tomorrow morning.

Il treno parte tra dieci minuti.   The train leaves in ten minutes' time.

 METTETEVI A PUNTO!

1 *Domani!*

È sempre meglio rimandare a domani! Rispondete a questi ordini come nell'esempio (vedi i pronomi nel Capitolo 10, pagina 74):

– **Mario, pulisci la tua stanza, subito!**
– **La pulirò domani!**

1 Pulisci le tue scarpe!
2 Lava questa camicia!
3 Fa' i tuoi compiti!
4 Lava i piatti!
5 Fa' una doccia!
6 Prepara la cena!
7 Leggi questo libro!
8 Da' da mangiare al gatto!
9 Va a trovare i nonni!
10 Metti la tua bicicletta in garage!
11 Compra dei fiammiferi!
12 Scrivi una lettera agli zii!
13 Torna subito a casa!
14 Finisci quest'esercizio!

2 *Le vacanze ideali!*

a In questa descrizione delle tue vacanze dell'anno prossimo mancano i verbi. Metti i verbi nella forma corretta del futuro.

L'anno prossimo (andare) in vacanza in Italia. La settimana prossima, (dovere) andare all'agenzia di viaggi, e (prenotare) il volo; (potere) anche scegliere l'albergo: se (avere) i soldi necessari, (scegliere) un albergo di lusso a Venezia. In questo caso, (andare) ogni giorno a visitare i musei, le piazze ed i negozi di Venezia. Inoltre (avere) la possibilità di andare alla spiaggia, ma (essere) possibile stare lì solo un giorno.

Se non (essere) possibile andare a Venezia, (cercare) un albergo meno caro in una stazione balneare come Pesaro o Cattolica. Così, ci (essere) la possibilità di visitare Venezia, ma (potere) anche stare molto tempo in spiaggia: (fare) il bagno ogni giorno, e (prendere) anche il sole. Così, (tornare) a casa molto abbronzato!

AZIONE GRAMMATICA!

b Poi trasforma i verbi alla prima persona plurale (*noi*), alla terza persona singolare (*lui/lei*) e alla terza persona plurale (*loro*).

METTETEVI IN MOTO!

3 *Che ragazzi curiosi!*

Devi uscire con degli amici, ma mentre ti prepari, i tuoi fratelli minori/le tue sorelle minori fanno delle domande (i tuoi compagni di classe fanno questa parte). Per rispondere, spiega usando il futuro tutto quello che tu ed i tuoi amici farete questa sera, ma non è necessario dire sempre la verità!

Esempio:

– Allora, perché ti sei vestito così?
– Perché questa sera andremo in discoteca.
– E, che farete in discoteca?
– Balleremo, stupido!

4 *Incontro con la polizia*

Siete innocenti, naturalmente! Tu ed i tuoi amici siete andati in centro per divertirvi un po'. Ma un poliziotto (il vostro professore) un po' sospettoso vuole sapere dove andate e che cosa farete. Rispondete alle sue domande come nell'esempio:

– Ma, dove andate voi?
– Andiamo al cinema.
– Ma, è chiuso . . .
– Allora, andremo al bar. Poi torneremo a casa di Giuseppe.

5 *Domani, domani!*

Seguendo l'idea dell'esercizio 1, *Mettetevi a punto!*, fate una conversazione tra genitori e figli, o tra impiegato e padrone.

Esempio:

Al ristorante: – Metti l'acqua sui tavoli!
              – La metterò dopo!
In ufficio: – Scrivi questa lettera subito!
              – La scriverò dopo pranzo!

6 *Il tempo*

Prendete un bollettino meteorologico e dite ai vostri compagni che tempo farà domani.

Esempio:

– **Lombardia:** Domani ci sarà il sole, ma farà molto freddo.

7 *I telespettatori*

Scegliete i programmi che volete vedere stasera:

– **Alle otto guarderemo il Telegiornale, e dopo vedremo un programma di sport.**

RAIUNO ▨ 001

6.45	**Uno mattina**. Con Livia Azzariti, Luca Giurato, Pino Stralioli; (7, 8, 9, 9.30): **Tg1-Mattina;** (7.30, 8.30): **TG1 - Flash;** (7.35): **Economia**. *60224156*
9.35	Film: **«Teodora Imperatrice di Bisanzio»** (storico, It., 1953). Regia di Riccardo Freda. Con Gianna Maria Canale. *2060798*
11.05	Attualità: **Verdemattina**. Nel programma (11.30): **Tg1**. Da Napoli. *1955601*
12.25	**Che tempo fa**. *3408866*
12.30	**Tg1 - Flash**. *80408*
12.35	Telefilm: **«La signora in giallo»**. «Omicidio per appuntamento». Con Angela Lansbury. *5007021*
13.30	**Tg1 - Telegiornale**. *89408*
13.55	Attualità: **Business**. *4535392*
14.00	**Tg1 - Economia**. *80137*
14.05	Varietà: **Pronto? Sala giochi**. *8993595*
15.45	Varietà per ragazzi: **Solletico**. *2748069*
17.30	Telefilm: **«Zorro»**. *6224*
18.00	**Tg1 - Telegiornale**. *88840*
18.10	Attualità: **Italia Sera**. *207359*
18.50	Varietà: **Luna Park**. Con Rosanna Lambertucci; (19.35): **Che tempo fa**. *820408*
20.00	**Tg1 - Telegiornale**. *427*
20.30	**Tg1 - Sport**. *54576*
20.35	Varietà: **Luna Park: La zingara**. *5366953*
20.45	Attualità: **Il fatto** di Enzo Biagi. *4616682*
20.50	Varietà: **Carràmba! che sorpresa**. Con Raffaella Carrà. Regia di Sergio Japino. *41807330*
23.05	**Tg1 - Telegiornale**. *1474682*
23.10	Att.: **Cliché**. Con Carmen Lasorella. *2109798*
24.00	**Tg1 - Notte**. *65779*
0.25	**Agenda - Zodiaco - Chiacchiere**. *4143731*
0.30	Attualità: **Taglio basso**. *9256034*
0.40	Attualità: **L'occhio del Faraone**. *5851064*
1.00	Attualità: **Sottovoce**. Con G. Marzullo. *4181538*

RAIDUE ▨ 002

8.15	Telefilm: **«Tarzan»**. *1212601*
8.45	Telefilm: **«Il medico di campagna»**. *6668682*
9.30	Attualità: **Ho bisogno di te**. *4709040*
9.40	Attualità: **Fuori dai denti**. Nel programma: (9.45) **Sereno variabile**. *4578798*
11.30	Attualità: **Tg2 - Trentatré**. *9320755*
11.45	**Tg2 - Mattina**. *2305021*
12.00	Varietà: **I fatti vostri**. Con Giancarlo Magalli. Partecipano I Baraonna. (1ª parte). *67682*
13.00	**Tg2 - Giorno** *7595*
13.30	**Tg2 - Tribuna politica:** Union Valdôtaine e Ppi **Meteo 2**. *4822*
14.00	Attualità: **Bravo chi legge**. *88779*
14.05	Per ragazzi: **Quante storie flash**. *8467175*
14.15	Varietà: **I fatti vostri** (2ª parte). *3813137*
14.40	Teleromanzo: **«Quando si ama»**. *837779*
15.10	Teleromanzo: **«Santa Barbara»**. *6813066*
16.00	**Tg2 - Flash**. *73885*
16.05	Attualità: **L'Italia in diretta**. Con Alda D'Eusanio Nel programma (17.15): **Tg2 - Flash**. *5340779*
18.05	Attualità: **In viaggio con «Sereno variabile»**. Con Osvaldo Bevilacqua. *848069*
18.20	**Tg2 - Flash - Sportsera**. *6173345*
18.45	Telefilm: **«I giustizieri della notte»**. *8258773*
19.35	**TgS - Lo sport**. *4180972*
19.45	**Tg2 - Flash**. *2646514*
19.50	Varietà: **Go-Cart**. Con Maria Monsé. *3237311*
20.30	**Tg2 - Sera**. *57663*
20.50	Telefilm: **«E.R. Medici in prima linea»**. *642408*
22.30	Attualità: **Film vero**. Con Anna Scalfati. *93069*
23.30	**Tg2 - Notte. Meteo 2**. *40779*
0.20	Varietà: **Piazza Italia di notte**. Con Giancarlo Magalli. *3100915*
0.30	Varietà: **Tenera è la notte**. *9403373*
1.25	Teleromanzo: **«Destini»**. *2122793*

20 THE CONDITIONAL

IL CONDIZIONALE

MECCANISMI

The conditional in Italian is formed by adding regular endings to the same stem as for the future tense, that is, the infinitive minus the final *-e*, and with *-are* verbs changing to *-er* (see Chapter 19, page 135).

-are verbs	*-ere* verbs	*-ire* verbs
parlare	*vendere*	*finire*
parlerei	venderei	finirei
parleresti	venderesti	finiresti
parlerebbe	venderebbe	finirebbe
parleremmo	venderemmo	finiremmo
parlereste	vendereste	finireste
parlerebbero	venderebbero	finirebbero

These endings are used for both regular and irregular verbs. Note that the verbs which have an irregular stem in the future tense have the same irregular stem for the conditional.

Uses

The conditional is generally used where in English we use the word 'would' (but see the note at the end of *Meccanismi*). Its name reflects one of its main uses: to express the result of a condition ('if').

a The conditional is used to express 'would' when referring to actions or events which may never be fulfilled, in rhetorical questions, or where there is an implied condition:

Sarebbe una buona idea, ma . . .
It would be a good idea, but . . .

Ma chi direbbe una cosa simile?
But who would say such a thing?

Va bene, in questo caso, che faresti tu?
Allora, la chiamerei al telefono, le direi che le voglio bene, poi le comprerei dei fiori,
andrei a casa sua ... e chissà quale sarebbe la sua reazione ...
Okay, what would you do in this case?
Well, I would telephone her, I'd tell her that I love her, then I would buy some
flowers, I'd go to her house ... and who knows what her reaction would be ...

b The conditional is used with *se* in 'if clauses' to express what would happen
if a certain condition were met; for a fuller explanation of 'if clauses', see
Chapter 39.

Se piovesse, rimarrei a casa, o andrei in macchina.
If it rained/were to rain, I would stay at home, or I'd go by car.

c The conditional can also be used as in English to soften a request or
command; similarly, it is used to express a preference, advice, or a suggestion
(often using *dovere, potere* and *volere* – see Chapter 26):

Senti, mi faresti questo piccolo favore?
Hey, would you do me this little favour?

Dovresti scriverle domani.
You should/ought to write to her tomorrow.

Quando arrivate a casa, potreste telefonarci.
When you arrive home, you could give us a call.

Vorrei una bistecca ben cotta.
I should/would like a well-cooked steak.

d In reported speech, the conditional is used where the future is used in direct
speech:

I giovani dissero «Non torneremo mai qui!».
The youngsters said 'We will never come here again'.

I giovani dissero che non sarebbero mai tornati qui.
The youngsters said that they would never come back here again.

Luigi si chiedeva «Quando la rivedrò?».
Luigi was wondering 'When will I see her again?'

Luigi si chiedeva quando l'avrebbe rivista.
Luigi was wondering when he would see her again.

e The conditional is often used with certain expressions of time such as
quando, appena, finché, dopo che when the action had not yet happened at some
point in the past, especially in reported speech. This can be compared with the
use of the future after time expressions as seen in Chapter 19, page 136.

Disse che lo avrebbe fatto quando loro sarebbero arrivati.
He said he would do it when they arrived.

Sapeva che, appena sarebbe partita, sua madre avrebbe cominciato a piangere.
She knew that as soon as she left, her mother would start to cry.

Mi disse che non sarebbe uscito finché non glielo avrei detto io.
He told me he wouldn't go out until I told him to.

Note that *avrebbe fatto, sarebbe uscito*, etc are examples of the conditional perfect or past conditional, formed from the conditional of *avere* or *essere* and a past participle; see Chapter 21.

f   The conditional can be used to convey conjecture, doubt or uncertainty about information being expressed, and it is therefore also used to express approximations in the past.

Secondo il poliziotto, l'incidente sarebbe accaduto perché il motociclista non avrebbe saputo controllare bene la sua moto.
According to the policeman, the accident may have happened because the motorcyclist may not have been able to control his motorbike properly.

Se fosse ancora vivo, quest'anno mio nonno avrebbe compiuto ottanta anni.
If he were still alive, my grandfather would be about eighty.

Note that:

• the conditional is not used where English uses 'would' to express willingness to do something, which has nothing to do with conditions; instead, Italian uses *volere* + infinitive:

Gli ho chiesto di sparecchiare la tavola, ma non volevano fare niente.
I asked them to clear the table, but they would not do anything.

• English often uses 'would' to express 'used to'; in this case, Italian uses the imperfect (see Chapter 17):

Quando ero piccolo, giocavo con i miei gatti.
When I was little, I would play with my cats.

METTETEVI A PUNTO!

1 *Il robot della fantasia*

Chissà quali cose ci sarebbero in un futuro immaginario! Immagina che tra vent'anni e se fossi ricco/ricca, grazie all'alta tecnologia, avresti un robot che potrebbe fare tutte le faccende di casa e svolgere tutti i tuoi compiti. Ecco un elenco di tutto quello che devi fare oggi . . . ed anche un esempio di come sarebbe utile il tuo robot:

Devi ...	spazzare la cucina	fare la spesa
	preparare la cena	stirare le camicie
	lavare la macchina	pulire le scarpe
	finire i compiti d'italiano	scrivere delle lettere
	tagliare l'erba in giardino	riparare il televisore

Esempio:

Devo pulire questa camera ... ma in un lontano futuro forse la pulirebbe il mio robot.

2 *La dolce vita*

13, 27, 8, 48, 37, 19 ... Ecco, hai vinto finalmente! Se vincessi alla lotteria nazionale, che faresti? Continueresti a lavorare o no? Che cosa compreresti con le tue vincite? Ecco una versione della tua storia, ma mancano i verbi. Inserisci in ogni spazio il verbo adeguato, trasformandolo al condizionale.

Prima di tutto, ... tutti i miei debiti! Poi ... una macchina di lusso. Non so se ... una buona idea comprare una casa grande, perché ... difficoltà a mantenerla pulita. Sicuramente ... una vacanza all'estero, perché mi piace stare un po' al sole! Non so ancora se ... a lavorare o no: ma mi ... abbastanza l'idea di lavorare sapendo che non ... bisogno di farlo per pagare i debiti. E poi, se un giorno il padrone dicesse che non lavoro abbastanza, ... dirgli che non voglio più lavorare. Dopotutto, ... più ricco di lui!

> essere (×2) comprare continuare potere
> fare pagare avere (×2) attirare

3 *Discorso indiretto*

Ecco una conversazione tra il padrone del ristorante *Amalfi* e un cliente un po' strano; la cameriera ha ascoltato la conversazione. Qualche giorno dopo, c'è un furto al ristorante e la cameriera deve fare un resoconto scritto della conversazione, perché la polizia crede che il furto sia stato commesso dal cliente strano. Scrivi il resoconto della cameriera.

A: Vuole il dolce?
B: Sì, grazie. Vorrei un tiramisù.
A: Ecco il tiramisù. Tutto bene?
B: Sì, benissimo. Per favore, in quali giorni ci saranno più clienti?
A: Probabilmente verranno molti clienti venerdì e sabato.
B: Volevo saperlo perché la prossima volta preferirei cenare tranquillamente, quando non ci sarà troppa gente.

A: Allora, domenica sera non ci saranno molti clienti, e chiuderemo presto. E poi, lunedì andrò in banca. Allora, La aspettiamo domenica sera?

B: Sì! Tornerò certamente!

Esempio:

Il padrone domandò se voleva il dolce, e il cliente disse che avrebbe voluto un tiramisù.

4 *L'inventore*

Ognuno deve inventare un apparecchio meraviglioso o di alta tecnologia che potrebbe fare alcune delle faccende di casa. Poi descrivetelo usando il condizionale.

Esempio:

Il mio apparecchio potrebbe lavare i piatti automaticamente.
Il mio metterebbe la spazzatura nel bidone.

Poi potete discutere insieme le conseguenze dell'avere questi apparecchi; per esempio, sarebbe necessario lavorare, o potresti rimanere a casa? Nel futuro, ci sarà una sola macchina per fare tutto . . . Poi, scrivete almeno 200 parole come riassunto della conversazione.

5 *Il nuovo milionario*

Che cosa faresti se vincessi alla lotteria? Un giornalista (un compagno di classe) ti intervista.

Esempio:

A: **Allora, che cosa farebbe Lei con tutti quei soldi?**

B: **Non lo so ancora, ma mi piacerebbe comprare una Rolls Royce. Poi andrei a scuola, e sorprenderei i miei professori!**

Poi, ognuno deve fare un riassunto di 100 parole:

A: **Disse che le/gli sarebbe piaciuto comprare una Rolls Royce, e che sarebbe andato/a a scuola . . .**

o:

B: **Io dissi che mi sarebbe piaciuto comprare una Rolls Royce, e che sarei andato a scuola . . .**

6 *Galileo Galilei*

Il grande scienziato italiano sapeva già tutto centinaia di anni fa! Già sapeva, per esempio, che un giorno ci sarebbero stati gli aerei . . . Inventate una conversazione come la seguente:

A: **Oggi abbiamo il telefono . . .**
B: **Galileo già sapeva che un giorno sarebbe stato inventato il telefono.**

21 | THE PLUPERFECT AND OTHER COMPOUND TENSES

IL TRAPASSATO PROSSIMO E GLI ALTRI TEMPI COMPOSTI

MECCANISMI

Like the perfect (Chapter 16), the pluperfect, future perfect, conditional perfect and past anterior are formed with the auxiliary verbs *avere* or *essere* and the past participle. All rules concerning the choice of auxiliary verb and past participle agreement apply in these tenses as described for the perfect.

Pluperfect tense (Il trapassato prossimo)

This tense tells you what **had** already happened before another action in the past. Its name means 'more than perfect, further back in the past'.

Quando siamo arrivati alla stazione, il treno era già partito.
When we got to the station, the train had already left.

Sono andato a pagare il conto, ma i miei amici l'avevano già pagato.
I went to pay the bill, but my friends had already paid it.

It is also used, as in English, in reported speech (see Chapter 45):

'Non ho fatto la spesa' ha detto mio figlio.
Mio figlio ha detto che non aveva fatto la spesa.
'I have not done the shopping' said my son.
My son said that he had not done the shopping.

The pluperfect is formed with the imperfect of the auxiliary verb *avere* or *essere* and the past participle:

Avere verbs **parlare**	*Essere* verbs **uscire**	Reflexive verbs **lavarsi**
(had spoken)	(had gone out)	(had washed)
avevo parlato	ero uscito/a	mi ero lavato/a
avevi parlato	eri uscito/a	ti eri lavato/a
aveva parlato	era uscito/a	si era lavato/a
avevamo parlato	eravamo usciti/e	ci eravamo lavati/e
avevate parlato	eravate usciti/e	vi eravate lavati/e
avevano parlato	erano usciti/e	si erano lavati/e

Past anterior (Il trapassato remoto)

The past anterior is used, in place of the pluperfect but with the same meaning, after time expressions such as *quando* (when), *appena* (as soon as) and *dopo che* (after) and it is formed with the past definite of *avere/essere* (see Chapter 22) and the past participle:

ebbi parlato	fui uscito/a	mi fui lavato/a

This tense tends only to be used in a written context, particularly in literary texts, when the verb in the main clause is in the past definite. The meaning is the same as that of the pluperfect.

Dopo che gli ospiti furono partiti, i miei genitori andarono a letto.
After the guests had left, my parents went to bed.

In conversation, the past anterior would be replaced by the pluperfect and the majority of Italians would use the perfect tense instead of the past definite:

Dopo che gli ospiti erano partiti, i miei genitori sono andati a letto.

Future perfect (Il futuro anteriore)

This tells you what will have happened (before another event, by a certain time).

Sabato a quest'ora gli operai avranno finito di pitturare la casa.
By this time on Saturday the workmen will have finished painting the house.

After time expressions such as *quando, dopo che, appena, una volta che*, it can be used to contrast what you will have already done with what you will do next:

Quando avremo mangiato, andremo a fare due passi.
When we have eaten, we shall go for a stroll.
(ie, first we eat, then we go for a stroll)

The future perfect can also be used to express a doubt or a supposition:

Saranno state le nove passate quando siamo usciti.
It must have gone nine o'clock when we went out.

Dove sono gli altri? – Saranno andati a letto.
Where are the others? – They must have/they've probably gone to bed.

The tense is formed with the future of *avere* or *essere* and the past participle:

(will have spoken)	(will have gone out)	(will have washed)
avrò parlato	sarò uscito/a	mi sarò lavato/a
avrai parlato	sarai uscito/a	ti sarai lavato/a
avrà parlato	sarà uscito/a	si sarà lavato/a
avremo parlato	saremo usciti/e	ci saremo lavati/e
avrete parlato	sarete usciti/e	vi sarete lavati/e
avranno parlato	saranno usciti/e	si saranno lavati/e

Conditional perfect (Il condizionale passato)

This tense tells you what would have happened (but didn't), or what wouldn't have happened (but did):

Avresti dovuto mettere un annuncio sul giornale.
You should have put an advertisement in the newspaper. (but you didn't)

Se mi avessi fatto vedere la lettera, avrei corretto gli errori.
If you had shown me the letter, I would have corrected the mistakes. (no corrections)

Non sarebbero andati alla festa se non fossero stati invitati.
They wouldn't have gone to the party if they hadn't been invited. (they did go)

See also Chapter 39 on 'if' clauses.

It is also used in reported speech (see Chapter 45):

Il controllore ci ha detto che il treno sarebbe arrivato in orario.
The ticket inspector told us that the train would arrive on time.

• Note that the conditional perfect is used in Italian where English uses the simple conditional. This is very common where the main clause contains a past tense of verbs such as *dire, pensare, credere, sperare, immaginare, promettere,* etc:

Speravo che sarebbero stati qui all'ora di pranzo.
I was hoping they would be here by lunchtime.

When the action is to be realised at some point in the future, then the present conditional may be used:

Hanno detto che sarebbero qui a quest'ora domani pomeriggio.
They said that they would be here by this time tomorrow afternoon.

The tense is formed with the conditional of *avere* or *essere* and the past participle:

(would have spoken)	(would have gone out)	(would have washed)
avrei parlato	sarei uscito/a	mi sarei lavato/a
avresti parlato	saresti uscito/a	ti saresti lavato/a
avrebbe parlato	sarebbe uscito/a	si sarebbe lavato/a
avremmo parlato	saremmo usciti/e	ci saremmo lavati/e
avreste parlato	sareste usciti/e	vi sareste lavati/e
avrebbero parlato	sarebbero usciti/e	si sarebbero lavati/e

METTETEVI A PUNTO!

1 Un ritorno che non risponde alle aspettative

Un signore parla del ritorno al suo paesino natio. Volgi i verbi tra parentesi al trapassato prossimo.

Esempio: ... **era giunto** ...

Dopo una assenza di più di trent'anni ho deciso che (giungere) il momento di ritornare al mio paesino natio. Camminando per le stradine mi sono accorto subito che tante cose (cambiare). Ho incontrato per caso un ex collega che mi ha detto che parecchi suoi amici (lasciare) il paese. (dovere) traslocare per motivi di lavoro. Alcuni, purtroppo (morire), altri (andare) a vivere in un ospizio perché non erano più capaci di badare a se stessi. Inoltre, mi ha informato che Il Ministero della Pubblica Istruzione (chiudere) la scuola materna per via della denatalità nella zona. Molti abitanti (lanciare) un appello contro la chiusura di questa scuola ma tutte le loro proteste non (servire) a nulla. Il ministro responsabile (prendere) la decisione e non c'era più niente da fare. I pochi bambini (trasferirsi) alla scuola materna che distava sette chilometri dal paese. Infine mi ha spiegato che la pizzeria in via Roma non c'era più. I proprietari l' (vendere) e con i soldi (comprarsi) una bella villa al mare.

In fin dei conti, il ritorno al mio paesino mi (deludere). (essere) del tutto diverso dalle mie aspettative.

2 Sabato a quest'ora

È mercoledì sera intorno alle otto e stai pensando a tutto quello che avrai fatto o sarà successo a quest'ora sabato.

Esempio:

Andare al cinema.
Sarò andato/a al cinema.

1 Rispondere ad alcune lettere.
2 Comprarmi un nuovo paio di scarpe.
3 Uscire con i miei amici.
4 Imparare tutti questi tempi.
5 Farsi tagliare i capelli.
6 La mia migliore amica/compiere 18 anni.
7 Mia zia/partire in vacanza.
8 Marco e Giovanna/sposarsi.

3 *Come sarebbe andato a finire?*

Bisogna risolvere le seguenti ipotesi volgendo ogni verbo tra parentesi al condizionale passato.

Esempio: . . . **saremmo venuti** . . .

1 Se non fossimo stati così stanchi, . . . a trovarvi. (venire)
2 Se mi avessi chiesto, ti . . . un passaggio. (dare)
3 Se Roberta avesse telefonato, i suoi genitori non . . . in pensiero. (stare)
4 Marco, se avessi bevuto un po' meno, non . . . (addormentarsi)
5 Se i nostri amici non ci avessero prestato dei soldi, non . . . pagare l'affitto. (potere)
6 Mia figlia . . . a Pasqua se il suo fidanzato non fosse stato coinvolto in un incidente stradale. (sposarsi)
7 I nostri amici . . . già . . . se l'aereo fosse partito in orario. (arrivare)
8 Se io fossi stato in te, non . . . mai . . . una cosa del genere. (fare)

METTETEVI IN MOTO!

4 *Roba da matti*

Giacomo era pigro – non faceva mai nulla a casa per aiutare i suoi, grassoccio – dovuto senz'altro alla sua vita sedentaria e ai suoi comportamenti alimentari, trasandato, disordinato, egoista – pensava solo a se stesso, disoccupato da più di due anni, fumatore incallito, poco ambizioso.
Da un giorno all'altro Giacomo diventò un'altra persona. Che cosa era cambiato?

Scrivi tutte le frasi che puoi in cinque minuti di tempo. Ogni frase deve contenere un verbo al trapassato prossimo come nell'esempio:
Aveva fatto il bucato.

Confronta le tue idee con quelle di altri due compagni di classe.

5 *Fra due settimane*

Cerca di prevedere tutte le cose che avrai fatto fra due settimane, per esempio:
Sarò andato a vedere uno spettacolo musicale.

Scrivi almeno dieci frasi differenti. Confronta il tuo elenco di attività con quello di un altro compagno di classe, discutendo le eventuali differenze.

6 *Progetti da realizzare*

Abbiamo tutti progetti e scopi che vorremmo realizzare in futuro. Cerca di scriverne almeno cinque o sei, e poi comunica agli altri membri della classe quando avrai raggiunto questi scopi.

Esempi:
A diciannove anni avrò finito questo corso.
Nel giro dei prossimi dieci anni avrò girato il mondo.
Nell'anno 2008 sarò andato in pensione.

7 *Quello che avrei fatto io!*

Per ciascuna delle seguenti situazioni devi dire quello che avresti fatto tu. Confronta le tue idee con quelle di alcuni altri compagni di classe.

Esempio:

I genitori hanno permesso al loro figlio di quattro anni di guardare la televisione per tre ore di seguito.

– **Personalmente, non gli avrei mai permesso di guardare la televisione per tre ore di seguito. L'avrei incoraggiato a giocare con i suoi giocattoli oppure gli avrei dato un libro da leggere, ecc.**
– **Nemmeno io gli avrei permesso di guardare . . . Invece . . .**

1 Un signore ha vinto un sacco di soldi alla Lotteria Nazionale, li ha messi tutti in banca e ha deciso di continuare a vivere come prima.
2 Un mese prima degli esami, uno studente che conosco non ha fatto altro che studiare tutte le sere. Non è nemmeno uscito durante il fine settimana.
3 Marisa aveva un brutto raffreddore ma è andata a lavorare lo stesso.

22 THE PAST DEFINITE TENSE
IL PASSATO REMOTO

MECCANISMI

The past definite is a 'simple', that is, a one-word, tense used to report single, 'one-off' events in the past. It is used mainly in more formal writing, and therefore is a tense that is quite often seen in books, newspapers, reports, documents, etc. In speech and informal writing, such as letters to friends, it has been replaced by the perfect tense – *il passato prossimo* (Chapter 16). This is particularly true of Northern Italy, whereas in the South and some parts of Central Italy the past definite is widely used in speech even when referring to recent events.

Nel 1970 i suoi genitori decisero di vendere la loro casa in campagna e si trasferirono in città.
In 1970 his parents decided to sell their house in the country and they moved to the city.

Ieri sera andammo dai nonni.
Yesterday evening we went to our grandparents.

• This tense can be used to sum up a longer period of time, looked at as a complete whole:

Dal 1973 al 1982 i miei amici cambiarono casa ben cinque volte.
From 1973 to 1982 my friends moved house a good five times.

• Although this tense is usually the formal equivalent of the English simple past, beware of sentences such as: 'When my friends lived nearby, we went out a lot together', which is descriptive and requires the imperfect (see Chapter 17) in Italian: *Quando i miei amici abitavano vicino, uscivamo molto insieme.*

Formation

a Regular verbs

guardare	*vendere*	*finire*
guardai	vendei (vendetti)	finii
guardasti	vendesti	finisti
guardò	vendé (vendette)	finì
guardammo	vendemmo	finimmo
guardaste	vendeste	finiste
guardarono	venderono (vendettero)	finirono

- Note that *-ere* verbs have an alternative for the first and third person singular and the third person plural. Either form is equally acceptable.

- As a general rule, verbs whose stem ends in *t*, for example *battere* (*batt-*) do not have this alternative form.

- The third person singular endings are stressed: *-ò, -é, -ì.*

b Irregular verbs

A considerable number of verbs have unpredictable stems but they do conform to a pattern, for example *mettere*;

	1st person	*2nd person*	*3rd person*
singular	misi	mettesti	mise
plural	mettemmo	metteste	misero

It is essential to know the first person singular. The third person singular and plural are formed by replacing *-i* with *-e* and *-ero* respectively. The second person singular and the first and second person plural are formed from the stem of the verb. This pattern applies to the majority of irregular verbs.

- The third person singular endings of irregular verbs are not stressed.

- *Essere* is completely irregular:

  fui   fosti   fu

  fummo   foste   furono

- The following general guidelines are intended to help you group many irregular verbs into certain categories:

– verbs in *-endere* are modelled on *prendere*:

presi	prendesti	prese
prendemmo	prendeste	presero

–   verbs in *-idere* are modelled on *ridere*:

risi	ridesti	rise
ridemmo	rideste	risero

–   verbs in *-eggere* are modelled on *leggere*:

lessi	leggesti	lesse
leggemmo	leggeste	lessero

–   verbs in *-durre* are modelled on *tradurre*:

tradussi	traducesti	tradusse
traducemmo	traduceste	tradussero

–   verbs in *-arre* are modelled on *trarre*:

trassi	traesti	trasse
traemmo	traeste	trassero

–   verbs in *-gere* are modelled on *volgere*:

volsi	volgesti	volse
volgemmo	volgeste	volsero

–   verbs in *-orre* are modelled on *porre*:

posi	ponesti	pose
ponemmo	poneste	posero

–   verbs in *-udere* are modelled on *chiudere*:

chiusi	chiudesti	chiuse
chiudemmo	chiudeste	chiusero

–   verbs in *-uotere* and *-uovere* are modelled on *muovere*:

mossi	movesti	mosse
movemmo	moveste	mossero

–   a number of verbs have a double consonant in the first and third person singular and the third person plural:

bevvi (bere), caddi (cadere), conobbi (conoscere), dissi (dire), ruppi (rompere), seppi (sapere), tenni (tenere), venni (venire), vissi (vivere), volli (volere)

•   For other irregular verbs see the verb tables on pages 362–81.

•   Although you may not use the past definite, you should at least be able to recognise it.

THE PAST DEFINITE TENSE

1 *Applichiamo le regole*

Rileggi attentamente le regole suddette e cerchi di applicarle coniugando i seguenti verbi al passato remoto. La prima persona è già coniugata.

Esempio: **stesi, stendesti, stese, stendemmo, stendeste, stesero**

stendere:stesi giungere:giunsi dividere:divisi produrre:produssi
rimanere:rimasi chiudere:chiusi nascere:nacqui scrivere:scrissi
assumere:assunsi avere:ebbi

2 *Un episodio nella vita di una famiglia*

Segue un breve episodio nella vita di una giovane coppia. Volgi ogni verbo tra parentesi al passato remoto.

Esempio: **Gianni incontrò Mariangela ...**

Gianni (incontrare) Mariangela ad una festa in paese. Gianni (innamorarsi) subito di lei. (essere) proprio un colpo di fulmine. Due mesi più tardi (sposarsi) nella chiesetta del paese. Dopo il ricevimento (partire) in viaggio di nozze. La loro destinazione (rimanere) un segreto. Dopo il loro rientro in paese Gianni (riprendere) il lavoro in fabbrica. Sua moglie (avere) difficoltà a stabilirsi nel paese. Non le (piacere) stare a casa ma, purtroppo, non (riuscire) a trovare un lavoro. Per un periodo di tre mesi (sentirsi) giù di morale. Suo marito (fare) del suo meglio per aiutarla. Per fortuna, il periodo di depressione non (durare) a lungo. Quando il medico le (dire) che era incinta (essere) al settimo cielo. Non (potere) trattenersi dalla gioia e (uscire) di corsa dall'ambulatorio. Arrivata a casa, (decidere) di comunicare subito la buona notizia a Gianni il quale, commosso da questa notizia inaspettata, (svenire). Il primo figlio (nascere) il 25 gennaio del 1964 e lo (chiamare) Angelo.

3 *Un 'corteggiatore' insistente*

Durante una intervista una ragazza accenna a un episodio che le era capitato tempo fa su un autobus. Volgi ogni verbo in corsivo al passato remoto.

Esempio: **Quando lo vidi**

Quando l'*ho visto* per la prima volta avevo appena compiuto diciannove anni e mi ero iscritta all'Università. Ero seduta su un autobus affollatissimo, quando dietro di me *ho sentito* dire: 'Signorina, come si chiama? Posso presentarmi?' Io non *ho risposto* ma il ragazzo *ha continuato* a farmi le stesse domande. Dopo un po' io gli *ho detto* di lasciarmi in pace perché mi dava fastidio. Poi però, incuriosita, *mi sono girata* e *ho notato* questo ragazzo che non poteva passare inosservato: altissimo e grasso di corporatura. *Ha sorriso* e *si è presentato*: 'Piacere, sono Riccardo ...' ma non *ha fatto* in tempo a dire il suo cognome che la signora accanto a me *ha replicato*: 'E io sono la nonna della signorina: cosa vuole? La smetta di essere impertinente'.

Riccardo *è divenuto* bianco in faccia, non immaginava che con me ci fosse anche mia nonna, *ha farfugliato* qualche parola di scusa ma non *si è arreso* e *ha ricominciato* a parlare.

METTETEVI IN MOTO!

4 *La storia di una città*

Scrivi una breve storia della tua città (o regione o paesino), usando il passato remoto quando possibile. Puoi accennare a qualsiasi fatto di importanza storica – il lavoro di personaggi celebri, la costruzione degli edifici principali, la fondazione e lo sviluppo di attività economiche e commerciali, ecc.

5 *Una storia basata su una serie di foto*

Hai un album contenente delle fotografie della famiglia? Scrivi un breve articolo in cui racconti brevemente la vita di alcuni membri della famiglia.

Esempio:

Questo è mio zio. Nacque nel 1953. Frequentò la scuola media dove imparò ... All'età di 19 anni andò a vivere ...

Se preferisci, puoi seguire il modello dell'esercizio 2 sopra, 'Un episodio nella vita di una famiglia'.

6 *La creazione!*

'Un giorno Giacomo decise di andare a vivere in città ...'

Finisci la storia, usando quando possibile il passato remoto.

Se preferisci, puoi creare una tua fiaba.

23 PAST TENSES CONTRASTED
I TEMPI PASSATI PARAGONATI

MECCANISMI

You have already seen the difference in use of *il passato prossimo* (the perfect) in Chapter 16 and *il passato remoto* (the past definite) in Chapter 22. This chapter concentrates on the contrast between either of these two tenses and *l'imperfetto* (the imperfect), dealt with in Chapter 17.

a First of all, a reminder that the perfect and past definite are used to denote single, completed, 'one-off' actions in the past, even if the action actually lasted a long time:

Ieri mattina ho assistito a una riunione molto importante durante la quale il nostro direttore ci ha informato della grave crisi economica della compagnia. Questa riunione è durata più di quattro ore.
Yesterday morning I attended an important meeting during which our manager informed us of the serious economic crisis of the company. This meeting lasted more than four hours. (Three completed events, in the perfect tense.)

Quando Francesco tornò al suo paese dopo un'assenza di trent'anni lo trovò molto cambiato. Si sentì proprio triste quando si rese conto che il cinema era stato demolito.
When Francesco went back to his village after an absence of thirty years he found it much changed. He felt really sad when he realised that the cinema had been demolished. (Four completed events or states in formal written style.)

b Remember that the imperfect is used to describe the background scene or actions. When the action began, or if or when it was likely to end are of no importance.

Gli studenti aspettavano con impazienza la fine del trimestre. Non avevano più voglia di studiare. Alcuni arrivavano in ritardo per la prima lezione, altri si addormentavano durante la lezione. Il povero insegnante non sapeva dove sbattere la testa.
The students were looking forward to the end of the term. They didn't feel like studying any more. Some were arriving late for the first lesson, others were falling asleep during the lesson. The poor teacher didn't know which way to turn.

(All the actions and states are descriptive, stating what was happening: when or whether these actions began and ended is of no importance here.)

Mio padre era professore all'università all'epoca delle manifestazioni studentesche del 1968.
My father was a lecturer at university at the time of the student demonstrations in 1968.

(Background information: again the beginning or end of his lectureship is irrelevant to the statement.)

c   Remember also that the imperfect is used to describe actions that happened repeatedly, and is therefore often linked to adverbs of time indicating repetition, such as *sempre, spesso, qualche volta, ogni giorno, mai* etc.

• Contrast these two statements:

Quando ero in Italia i miei ospiti mi aiutavano sempre con il mio italiano e quasi ogni volta che facevo un errore mi correggevano.
When I was in Italy my hosts always helped (used to help) me with my Italian and almost every time I made (used to/would make) a mistake they corrected (used to correct) me.

(All these actions say what 'they' or 'you' used to do at the stated intervals, and once again, the beginning or the end of the period is of no consequence.)

Quando ero in Italia sono andato al cinema un paio di volte.
When I was in Italy I went to the cinema a couple of times.

(The first action is still background and therefore imperfect, the second action took place on two separate occasions, each of which is completed: therefore the perfect is used.)

• Here is another contrast, only this time using the past definite, in a more formal style:

All'inizio di questo secolo migliaia di italiani emigravano in cerca di lavoro.
All'inizio di questo secolo migliaia di italiani emigrarono in cerca di lavoro.
At the beginning of this century thousands of Italians emigrated in search of work.

Although the period of time is specified, in the first example (imperfect) the recurrent nature of the event is emphasised, in the second example (past definite) the time aspect and the event are looked at as a completed whole.

d   The imperfect and perfect/past definite often occur in the same sentence when you want to describe the background (what was going on) to an event (what actually happened) in the past:

Era buio pesto quando siamo giunti alla nostra destinazione.
It was pitch-dark when we got to our destination.

Il mio amico mi ha telefonato proprio mentre stavo per uscire.
My friend rang me just as I was about to go out.

Gli studenti mi dissero che non avevano bisogno di aiuto per fare gli esercizi scritti.
The students told me that they didn't need any help to do the written exercises.

METTETEVI A PUNTO!

1 *Non è sempre perfetto!*

La prima lezione di guida di un giovane italiano. Volgi il verbo tra parentesi all'imperfetto o al passato prossimo secondo il senso.

Due mesi fa (io) (1) . . . (iscriversi) alla scuola guida e, per fortuna, sei settimane dopo (2) . . . (superare) l'esame di teoria al primo colpo. Quella sera i miei amici ed io (3) . . . (uscire) per festeggiare l'avvenimento. (4) . . . (divertirsi) tantissimo.

Finalmente oggi (io) (5) . . . (avere) la mia prima lezione di guida. Purtroppo, (6) . . . (piovere) a catinelle, le strade (7) . . . (essere) sdrucciolevoli e già prima di partire (8) . . . (essere) così nervoso che (9) . . . (salire) dalla parte del passeggero. Quando l'istruttore mi (10) . . . (vedere) (11) . . . (scoppiare) a ridere.

Dopo questo inizio molto divertente, (io) (12) . . . (mettersi) dalla parte giusta, (13) . . . (accendere) il motore e (noi) (14) . . . (partire). Durante il tragitto (15) . . . (girarsi) spesso per guardare le belle ragazze che (16) . . . (passeggiare) sotto i portici e così (17) . . . (rischiare) di sbattere contro un muro. L'istruttore mi (18) . . . (rimproverare) e mi (19) . . . (dire) di concentrarmi sulla strada.

Sulla via del ritorno (io) (20) . . . (commettere) lo stesso errore di prima e (noi) (21) . . . (andare) a finire nel canale. L'istruttore (22) . . . (rimanere) molto deluso della mia prestazione e mi (23) . . . (proporre) varie soluzioni, una delle quali mi (24) . . . (suggerire) di girare in bici! (25) . . . (avere) difficoltà a capire la sua reazione esagerata perché per il resto (26) . . . (pensare) di aver guidato molto bene.

2 *Un gatto randagio*

Questa è una parte di un articolo che tratta di un gatto abbandonato. Volgi i verbi tra parentesi al passato remoto o all'imperfetto secondo il senso.

«Il primo giorno che (io) (mettere) piede nella nuova casa», racconta Francesca «(imbattersi) in un gatto che (girare) per le stanze e mi (fare) le fusa. (Essere) un Siamese e (avere) il pelo a macchie bianche. Ed (essere) anche carino. Non avevo mai avuto un gatto e perciò, dopo avergli fatto una carezza del tutto disinteressata sulla testa, (aprire) la porta e lo (mettere) fuori sperando che si allontanasse. Ma lui (continuare) a fissarmi, quasi stupito che io volessi cacciarlo.

Allora gli (dire): 'Sei stato abbandonato dai tuoi padroni e io non voglio né posso ospitarti; perciò vai a trovarti una nuova famiglia lontano da qui'. E (accompagnare) le parole con un gesto eloquente della mano. Il gatto (fare) un salto dalla veranda e (scomparire) in giardino. 'Meno male', (dire).

Ma il giorno dopo il gatto (tornare). (Miagolare) e (avvicinarsi) alle mie gambe per farsi accarezzare. I miei bambini, un maschietto e una femminuccia, subito gli (fare) festa. 'Mamma, mamma', (urlare) 'è un gatto bellissimo, teniamolo'. E così (arrendersi), e il gatto (entrare) nella nostra famiglia. (Piacere) anche a mio marito che lo (coccolare) giorno e notte. (Noi) (decidere) anche il nome da dargli: Sam. Piano piano anch'io (affezionarsi) a Sam e alla fine, come spesso accade nelle famiglie, (essere) sempre io, la mamma, che gli (preparare) da mangiare.»

METTETEVI IN MOTO!

3 *Non potevo credere ai miei occhi*

A volte capitano delle cose che ci sbalordiscono, per esempio: **l'altro giorno quando sono entrato in classe, l'insegnante d'italiano faceva ginnastica. Quando sono andato in giardino ho visto un topo che correva dietro al mio gatto.**

Adesso tocca a te e ai tuoi compagni di classe descrivere altre situazioni del genere, le quali possono essere vere o inventate.

4 *Come andrà a finire?*

La classe si divide in due gruppi. Il gruppo A propone l'inizio di una frase che contiene un verbo all'imperfetto o al passato prossimo, per esempio: **Quando la mia amica è tornata dalle vacanze . . .; Mentre guardavo dalla finestra . . .**

Il gruppo B ha un massimo di venti secondi per completare questa frase all'imperfetto o al passato prossimo e segnare un punto.

Poi è il turno del gruppo B proporre l'inizio di una frase e tocca al gruppo A completarla. Se la seconda parte della frase non ha senso, il punto passa al gruppo avversario.

5 *Ti racconto una mia esperienza*

Può darsi che anche tu abbia una storia da raccontare come quella che è avvenuta al gatto randagio – vedi *Mettetevi a punto!* esercizio 2. Se non hai una storia vera da raccontare prova a crearne una. Evidentemente non è necessario che la storia sia basata sugli animali.

6 *Una giornata piena di interruzioni*

Scrivi una lettera a un amico/un'amica nella quale racconti gli avvenimenti di una recente giornata di lavoro o di riposo. È stata una giornata in cui avevi l'impressione che tutti volessero interrompere quello che facevi. Bisogna spiegare (all'imperfetto) quello che facevi quando qualcuno ti ha interrotto (al passato prossimo).

Esempio:

Facevo colazione in cucina quando il gatto è entrato dalla finestra, mi è saltato sulle spalle e ha incominciato a leccarmi la faccia. Stavo per farmi la doccia quando ho sentito bussare alla porta. Mentre scendevo le scale ...

24 REFLEXIVE VERBS
I VERBI RIFLESSIVI

MECCANISMI

Reflexive verbs are verbs where the subject and object are the same or, if you like, the action 'reflects back' on to the subject. There are some in English such as 'behave yourself!', and they are easily recognisable because of the 'self' word, but there are many more in Italian.

Si chiama Giovanni.
He's called (literally 'He calls himself') Giovanni.

Ci prepariamo per uscire.
We are getting (ourselves) ready to go out.

Sometimes the verb is reflexive although the reason may be less obvious:

Me ne vado.
I'm off.

Le giornate si allungano.
The days are getting longer.

Non mi fido di lui.
I don't trust him.

Here are some common reflexive verbs, which are not all reflexive in English:

abituarsi	to get accustomed
accorgersi	to notice, realise
addormentarsi	to fall asleep
alzarsi	to get up
andarsene	to go away
annoiarsi	to get bored
arrabbiarsi	to get annoyed
divertirsi	to enjoy oneself
farsi la barba	to shave
girarsi	to turn around
lamentarsi	to complain

lavarsi	to wash (oneself)
meravigliarsi	to be amazed, wonder at
mettersi a	to begin to
pettinarsi	to comb one's hair
preoccuparsi	to get worried
presentarsi	to introduce oneself
rendersi conto	to notice, realise
ricordarsi	to remember
rilassarsi	to relax
riposarsi	to rest
sbrigarsi	to hurry up
scusarsi	to apologise
sedersi	to sit down
spogliarsi	to undress
svegliarsi	to wake up
vergognarsi	to be ashamed
vestirsi	to dress

- Often a verb is used reflexively in Italian, where it is used intransitively (that is without a direct object) in English.

Compare:

Intransitive – reflexive	Transitive – not reflexive
Il treno si è fermato.	*Marco ha fermato l'autobus.*
The train stopped.	Marco stopped the bus.

- The reflexive form is also used to indicate reciprocal action, that is, things you do to one another.

Ci capiamo molto bene.
We understand each other very well.

Si scrivono una volta all'anno.
They write to each other once a year.

Perché vi guardate in quel modo?
Why do you look at each other in that way?

- The reflexive form is frequently used instead of a passive:

Non si dicono queste cose.
These things are not said.

- When you perform an action to a part of your body or clothing, you use the reflexive verb, where the reflexive pronoun (*mi, ti,* etc) is used instead of the possessive (*il mio, il tuo* etc):

Barbara è scivolata sul ghiaccio e si è rotta il braccio.
Barbara slipped on the ice and broke her arm.

Mi sono tolto la giacca perché avevo troppo caldo.
I took off my jacket because I was too hot.

Formation

The reflexive pronouns, *mi, ti, si, ci, vi, si,* come before the verb and can be either the direct or indirect object.

Ci siamo presentati agli altri.
We introduced ourselves (direct object) to the others.

Stamattina mi sono comprato un paio di scarpe.
This morning I bought myself a pair of shoes. (Indirect object – I bought <u>for</u> myself.)

a Simple tenses

The endings of the verb are not affected by the reflexive pronoun in the simple (one-word) tenses.

alzarsi	*andarsene*
mi alzo	me ne vado
ti alzi	te ne vai
si alza	se ne va
ci alziamo	ce ne andiamo
vi alzate	ve ne andate
si alzano	se ne vanno

- Note that when *mi, ti, si* etc precede another pronoun they become *me, te, se* etc (see also Chapter 10, page 81).

- For the position of reflexive pronouns with imperative see Chapter 15, page 112.

b Compound tenses

In the compound (two-word) tenses, the perfect, pluperfect, future perfect, conditional perfect and past anterior (see Chapters 16 and 21), take great care, because:

1 When a verb is used reflexively it is <u>always</u> conjugated with *essere,* and
2 the past participle can agree either with the subject or the direct object. Normally, the agreement is with the subject. Here are a few examples, but this is explained more fully in Chapter 16 on page 122.

Ci siamo divertiti un mondo durante le vacanze.
We had a great time during the holidays.

Se avesse fatto più attenzione, non si sarebbe tagliata il dito.
If she had been more careful, she wouldn't have cut her finger.

Prima di uscire mi sono lavato (or less commonly *lavati*) *i capelli.*
Before going out I washed my hair.

- Be careful about phrases like 'I did it myself'. This is not a reflexive construction, the 'myself' simply helps to emphasise the subject and the Italian equivalent is the subject pronoun *io* or *io stesso.*

L'ho fatto io.
I did it myself.

Me l'hanno detto loro stessi.
They told me themselves.

 METTETEVI A PUNTO!

1 *Una giornata tipica*

Mariella, rappresentante per una casa editrice, racconta la sua giornata. Riempi gli spazi, scegliendo un verbo adeguato fra quelli indicati sotto e volgendolo alla forma verbale corretta. Non puoi usare lo stesso verbo più di una volta.

Esempio: **Al mattino, quando mi sveglio, . . .**

> prepararsi concedersi lamentarsi rilassarsi addormentarsi sprofondarsi fermarsi svegliarsi coricarsi spostarsi annoiarsi farsi abituarsi mettersi

Al mattino, quando (1) . . . , bevo una grossa spremuta di arancia ma non mangio niente. Poi (2) . . . una bella doccia e (3) . . . per andare al lavoro. Devo (4) . . . continuamente per lavoro e quindi se a metà mattina mi viene fame (5) . . . in qualche bar e faccio uno spuntino. Ho iniziato a fare la rappresentante cinque anni fa e ormai (6) . . . a questa vita frenetica. Sono sempre così impegnata che non ho il tempo di (7) . . . Molte persone non sono contente del lavoro che fanno ma io sono contentissima e non (8) . . . mai. Torno a casa abbastanza tardi. Arrivata a casa, (9) . . . in una poltrona e (10) . . . a leggere il giornale ma (11) . . . quasi subito. Ceno verso le otto e ogni sera (12) . . . due bicchieri di vino. (13) . . . un po' prima di mezzanotte. Quando non lavoro, per (14) . . . ascolto la musica classica.

2 Un'intervista

Durante un'intervista, una diva del cinema racconta come ha conosciuto suo marito. Volgi i verbi tra parentesi al passato prossimo.

Esempio: **Ci siamo visti . . .**

— Allora, dove ha conosciuto suo marito?
— (vedersi) per la prima volta ad una festa di compleanno. Durante la serata (guardarsi) in faccia parecchie volte ma non (presentarsi).
— Ma come avete fatto a conoscervi se non nemmeno (presentarsi)?
— Il giorno seguente (incontrarsi) per caso in città e (fermarsi) a parlare. È stato lui a fare il primo passo e mi ha invitato a cena quella sera.
— Naturalmente hai accettato.
— Purtroppo, ho dovuto rifiutare l'invito perché partivo per la Francia quella sera ma (mettersi) d'accordo per restare in contatto. Infatti, durante il mio soggiorno in Francia (scriversi) un paio di volte e (telefonarsi). Al mio ritorno in Italia (promettersi) di rivederci.
— E (sposarsi) subito?
— No. (frequentarsi) per alcuni mesi, (innamorarsi) durante questo periodo e il giorno del mio compleanno (sposarsi) e da quel momento in poi non mai (lasciarsi).

3 Incline agli infortuni

Filippo è un giovanotto che non osa fare tante cose per paura che gli capiti un infortunio. Volgi ogni verbo tra parentesi al condizionale passato come nella prima frase.

1 Se mi fossi lavato le mani con quell'acqua gelida, *mi sarei raffreddato*. (raffredarsi)
2 Se avessi sollevato quel fiammifero pesante, . . . alla schiena. (farsi male)
3 Se fossi andato a sciare con gli altri, . . . la gamba. (rompersi)
4 Se avessi affettato il pane, . . . il dito. (tagliarsi)
5 Se ti avessi fatto un tè con quell'acqua bollente, . . . (bruciarsi)
6 Se fossi andato a vedere quel film tragico, . . . nelle lacrime. (affogarsi)
7 Se avessi accettato l'invito a ballare, . . . la caviglia. (storcersi)

4 *L'arrivo di E.T.*

Un giorno E.T. (l'extra-terrestre) arriva inaspettatamente a casa tua da un altro pianeta dove, naturalmente, si parla italiano. E.T. si interessa molto della vita terrestre – è la sua prima visita – e vuole sapere le tue abitudini quotidiane. Bisogna quindi spiegargliele, usando il maggior numero possibile di verbi riflessivi. E.T. (un tuo compagno di classe) rimane così sbalordito da quello che racconti che ripete tutto quello che dici.

Esempio:

– **Ogni mattina mi sveglio alle sei e mezza.**
– **Cosa? Ti svegli ogni mattina alle sei e mezza?**

Adesso E.T. racconta le sue abitudini e sei tu a rimanere sbalordito.

5 *La storia di un incontro*

Adesso tocca a te raccontare a un compagno di classe la storia di un incontro. Se preferisci, puoi basare la tua storia su esercizio 2 (vedi sopra, *Un'intervista*). Naturalmente, l'obiettivo principale dell'attività è di usare molti verbi riflessivi. Finita la tua storia, il compagno può raccontarti la sua.

6 *Motivi dell'assenteismo*

Parecchi studenti sono assenti oggi. Quelli presenti sono curiosi di sapere i motivi dell'assenteismo degli altri. Bisogna fare un'indagine e scrivere le risposte, come nell'esempio:

– **Dov'è Mark oggi?**
– **Non può venire perché si è rotto il braccio giocando a calcio.**

Ecco alcuni verbi che potete usare:

storcersi	farsi male a	tagliarsi	bruciarsi
rompersi	raffreddarsi	graffiarsi	ferirsi

AZIONE GRAMMATICA!

25 THE INFINITIVE
L'INFINITO

MECCANISMI

The infinitive is the basic form of the verb which you will find when you look it up in a dictionary or a vocabulary list. It is not a tense, it is the neutral or 'infinite' part of the verb, hence its name. It is the equivalent of the English 'to read', 'to listen', or simply 'read' or 'listen'.

The majority of infinitives in Italian end in *-are*, *-ere* or *-ire* and this is an indication of their 'family' or 'conjugation', and if the verb is 'regular', you can tell how to form all of its tenses. (The explanation of how to form each tense will be found in the relevant chapter on that tense, with indications of any irregular patterns, and in the verb tables at the end.)

A small number of verbs have irregular infinitives, such as *porre*, *condurre* and *trarre*, and these have to be learnt individually. See the verb tables on pages 357–81.

Uses

a The infinitive often functions like a noun, usually as the equivalent of the English form ending in '-ing'. The infinitive used as a subject or object can be preceded by the definite article *il/l'/lo*:

Partire alle sei di mattina mi sembra pazzesco.
Leaving at six in the morning seems crazy to me.

Tra il dire e il fare c'è di mezzo il mare.
Easier said than done.

b The infinitive is used to refer to or sum up an action, without indication of time or tense:

Andare in vacanza con loro? Ma scherzi!
Go on holiday with them? You must be joking!

Stare al sole tutto il giorno con questo caldo: sei pazzo da legare!
Stay in the sun all day in this heat: you're off your head!

c The infinitive is frequently used after the modal verbs (see Chapter 26) and many other verbs, nouns or adjectives, sometimes linked by a preposition, sometimes not:

Ho bisogno di comunicare un messaggio importante al nostro rappresentante ma, finora, non sono riuscito a contattarlo. Proverò a telefonargli un'altra volta verso mezzogiorno perché a quest'ora dovrebbe essere in ufficio.
I need to give an important message to our representative but, up to now, I haven't been able to contact him. I shall try and ring him again around midday because at this time he should be in his office.

(As there are many verbs, adjectives and nouns which can be followed by an infinitive, and as it is necessary to know which preposition, if any, is used, a complete chapter (27) is devoted to this matter. See pages 184–90.)

d The infinitive is the only part of the verb that can be used after prepositions:

Invece di pagare in contanti, abbiamo deciso di pagare a rate.
Instead of paying in cash, we decided to pay by instalments.

Dammi un colpo di telefono prima di deciderti.
Give me a ring before making up your mind.

Escono sempre senza chiudere la porta.
They always go out without shutting the door.

Note that all English prepositions except 'to' take the '-ing' form of the verb: don't be tempted to use the present participle, *-ante*, *-ente* or the gerund, *-ando*, *-endo* in Italian!

Note that after *dopo* you must use the perfect infinitive, *dopo mangiato* being the only exception to this rule.

Dopo essermi preparato, sono uscito.
After getting ready, I went out.

Dopo essere arrivato a casa, ho acceso subito la televisione.
After arriving home, I immediately switched on the television.

Dopo aver guardato il telegiornale, sono andato a letto.
After watching the TV news, I went to bed.

For rules regarding which verbs take *avere* or *essere*, and past participle agreement, see Chapter 16.

e The infinitive is often used in a formal context, such as notices and instructions, as a command (see also Chapter 15):

Moderare la velocità.
Reduce speed.

Non calpestare l'erba.
Don't walk on the grass.

AZIONE GRAMMATICA!

Remember that the infinitive is used for negative imperatives with *tu* (see Chapter 15):

Accendi la luce > non accendere la luce.
Switch on the light > don't switch on the light.

METTETEVI A PUNTO!

1 *Meglio un buon materasso oggi che un mal di schiena domani!*

Vuoi vincere uno splendido viaggio in Egitto. Questo è uno dei fantastici premi che aspetta chi riesce a riempire gli spazi, scegliendo l'infinito adeguato.

> scegliere partecipare telefonare stare dormire (×2) provare approfittare distendersi compilare entrare

> **La cultura del ... sano**
>
> ... su un materasso Sogni oggi può avverare molto più di un sogno. Se vuoi ... di questa offerta, devi ... la cartolina che trovi dal tuo rivenditore per ... all'estrazione di fantastici premi: 2 favolosi viaggi di 10 giorni per 2 persone in Egitto, 15 televisori oppure una delle 30 eleganti borse di pelle. ... al numero verde per scoprire quale sia il Rivenditore Autorizzato più vicino, è la prima mossa da fare. Una volta trovato, ... e ... un materasso Sogni in schiuma di lattice. Potrai ... fra i vari modelli, singoli oppure matrimoniali tutti garantiti dal marchio Sogni. Perché se ... è sano, ... svegli in questo caso è molto meglio.

2 *Ce l'hanno tutti con me!*

Povero Pierino. Il professore lo sgrida, la sua mamma lo sgrida. Se vuoi capire meglio i motivi delle loro lamentele devi collegare in modo adeguato gli elementi della colonna A con quelli della colonna B.

A	B
1 Hai intenzione di dare l'esame	a invece di uscire quasi ogni sera.
2 Sei entrato in aula in ritardo	b prima di mangiare.
3 Hai scritto un tema	c per guadagnare un po' di soldi.
4 Dovresti dedicarti di più ai tuoi studi	d per risvegliare il tuo interesse negli studi.

5 Sarebbe consigliabile fare un po' di sport	e senza nemmeno ripassare le cose essenziali.
6 Ti dico sempre di lavarti le mani	f prima di andare a letto.
7 Puoi uscire	g invece di fare gli esercizi scritti che ti avevo dato.
8 Devi trovare un lavoretto fra poco	h senza scusarti.
9 Finisci i tuoi compiti	i invece di stare seduto davanti alla televisione.
10 Ho fatto di tutto	j dopo aver messo in ordine la tua camera.

3 *Ci puoi credere?*

Franco è un tipo entusiasta che vuole imparare come si svolgono certe mansioni domestiche. La sua mamma gli dà qualche consiglio. Trasforma i suoi consigli utilizzando *dopo aver . . ., senza, invece di, per, prima di.*

Esempio:

Quando hai finito di servire il vino bianco, mettilo nel frigo.
Dopo aver servito il vino bianco, mettilo nel frigo.

1 Leggi bene le istruzioni e poi accendi il gas.
2 Quando hai fatto bollire l'acqua, puoi buttare gli spaghetti.
3 Se vuoi imparare come si fanno queste cose, devi seguire i miei consigli.
4 Non stare lì con la testa nelle nuvole, prepara il tavolo.
5 Metti le patate al forno. Non hai bisogno di sbucciarle.
6 Se vuoi versare il vino, sarebbe meglio levare il tappo.
7 Una volta servito il vino, vai a vedere se le patate sono già cotte.
8 Non portare via i piatti. Devi chiedere agli ospiti se hanno finito di mangiare.
9 Non hai bisogno di usare la lavastoviglie per due piatti, lavali a mano.
10 Quando hai lavato i piatti, sciacquali bene e poi asciugali.

4 *La finta cliente*

Bisogna riscrivere le varie tappe di questo episodio utilizzando *dopo avere* or *dopo essere.*

Esempio:

La ragazza ha parcheggiato la sua auto in piazza e si è diretta verso la gioelleria.
Dopo aver parcheggiato la sua auto in piazza, la ragazza si è diretta verso la gioelleria.

1 La ragazza è entrata in gioelleria e ha chiesto al proprietario di poter vedere alcuni oggetti da regalo.

2 Il proprietario le ha mostrato alcuni articoli e poi si è girato.

3 La falsa cliente è riuscita ad arraffare alcuni braccialetti d'oro ed è uscita dal negozio.

4 Quando si è accorto del furto il titolare del negozio ha chiamato la polizia.

5 Due agenti di polizia sono arrivati subito sul posto e hanno interrogato il proprietario e alcune altre persone che erano nel negozio.

METTETEVI IN MOTO!

5 *Mantenersi in forma!*

Lavorate in coppia e scrivete almeno dieci regole da seguire per chi vuole mantenersi in forma e in buona salute, utilizzando l'infinito come negli esempi:

Bere due bicchieri di vino rosso a cena.
Non mangiare troppo prima di andare a letto.

Confrontate le vostre regole con quelle di un'altra coppia, discutendo le eventuali differenze.

Un'attività alternativa: scrivete dieci regole per chi vuole essere lo studente 'modello'.

6 *Dai, forza!*

Lavorate a gruppi di quattro o cinque e, se possibile, formate un cerchio. Uno studente deve costruire una frase che contiene una (o più) delle preposizioni indicate qui sotto. La frase può essere basata su qualsiasi argomento. Il prossimo studente può costruire un'altra frase sullo stesso argomento o sceglierne un altro. Chi non riesce a fare una frase adeguata perde il suo turno.

dopo avere/essere, prima di, invece di, senza, per

Esempi:

A: **Prima di fare i miei compiti, ho mangiato la cena.**

B: **Dopo aver cenato, sono uscito/a con la mia amica.**

C: **Invece di uscire, sono rimasto/a a casa per guardare un film alla televisione.**

D: **Dopo essere arrivato/a a casa, sono andato/a a letto senza mangiare perché non mi sentivo bene.**

7 *Lo dici sul serio!*

Lavorate in coppia o a gruppi di tre o quattro. Siete orgogliosi di certe cose che fate abitualmente o che avete fatto in passato. Scrivetene un elenco. Bisogna utilizzare *senza* con l'infinito in ogni frase. Le frasi possono essere vere o false e quindi avete il diritto di esagerare un po'.

Tocca al compagno o ai compagni accettare o rifiutare le 'vanterie'.

Esempi:

– Ho fatto la spesa senza spendere un soldo.
– Non è vero. Come si può fare la spesa senza spendere un soldo?
– Ti ho detto la verità perché ho pagato tutto con una carta di credito.

Vado a lavorare ogni mattina senza fare colazione.
Sono riuscito a parlare correntemente l'italiano senza andare in Italia.

AZIONE GRAMMATICA!

26 MODAL AUXILIARIES
I VERBI SERVILI

MECCANISMI

Care needs to be taken when one wants to communicate 'must', 'ought', 'should', 'may', 'can', 'could', etc in Italian.

Must, to have to, to have got to

a There are two main ways of saying that you must or mustn't do something in Italian, either by using the modal verb *dovere* or by using the impersonal verb *bisogna* (infinitive: *bisognare*).

Dobbiamo prenotare i biglietti.
We must book the tickets.

Venerdì sera ho dovuto lavorare fino alle sei.
Friday evening I had to work until six o'clock.

Non devi preoccuparti troppo.
You mustn't worry too much.

Bisogna can be used with an infinitive when a general obligation is expressed without reference to a particular person or the 'person who must' is obvious from the context:

Bisogna mandare questa lettera oggi.
I/We/You must send this letter today.
This letter must be sent today.

Se vogliamo ricevere il catalogo, bisognerà compilare questo modulo.
If we want to receive the catalogue, we shall have to fill in this form.

Non bisogna demoralizzarsi.
One mustn't/there is no need to get demoralised.

Note that *bisogna* can only be used in the simple tenses, ie present, future, conditional and imperfect.

(For *bisogna* followed by the subjunctive, see Chapter 33.)

b Other tenses of *dovere*

- Future:

Dovranno riesaminare tutti i loro progetti.
They will have to reexamine all their plans.

- Perfect – a one-off event:

Mi hanno offerto il posto di lavoro ma, per vari motivi, ho dovuto dire di no.
They offered me the job but, for various reasons, I had to say no.

Note the following use of *dovere* to express supposition:

Devono essere già partiti.
They must have already left.

- Imperfect

I miei amici dovevano essere qui per le nove.
Either: (i) My friends were to be (= were due to be) here by nine o'clock – the arrangement preexisted, therefore the imperfect is used.
or: (ii) My friends were supposed to be here by nine – but something has prevented them arriving at the prearranged time.

Note also the following meaning:

Prima o poi una cosa del genere doveva avvenire.
Sooner or later such a thing was bound to happen.

Ought/ought to have, should/should have

- Be careful with the English word 'should'. It can mean much the same as 'would' when used in the conditional but here we are concerned with it when it means the same as 'ought'.

- 'Ought/should' is usually expressed by the conditional of *dovere*:

Dovresti risparmiare di più se vuoi comprarti una macchina.
You should save more if you want to buy yourself a car.

Mio figlio non dovrebbe uscire così spesso se vuole passare i suoi esami alla fine di quest'anno.
My son ought not/shouldn't go out so often if he wants to pass his exams at the end of this year.

- 'Ought to have/should have' is expressed by the conditional perfect of *dovere* + the infinitive:

Mio figlio avrebbe dovuto studiare di più.
My son should have/ought to have studied more.

Avrebbero dovuto telefonare prima di partire.
They should have/ought to have rung before leaving.

Can/could/could have

One has to be very careful when trying to communicate in Italian the various forms of 'can/could/could have' and also 'may/might'.

• 'Can' and 'could' are usually rendered by the relevant part of *potere*.

Possiamo darti una mano?
Can we give you a hand?

Purtroppo, non posso venire a trovarti quest'estate.
Unfortunately, I can't come and see you this summer.

• 'Could' can be past or conditional in English. If the English 'could' can be converted to 'to be able', then this indicates the need for a past tense.

Non potevano accettare l'invito a cena perché erano troppo impegnati.
They couldn't (weren't able to) accept the invitation to dinner because they were too busy.

Non ho potuto fare niente per convincerlo.
I couldn't (wasn't able to) do anything to convince him.

Potrebbero venire più tardi se ne hanno voglia.
They could (= could possibly) come later if they feel like it.

• 'Could have' is usually rendered by the conditional perfect + infinitive:

Avrebbero potuto scrivere due righe per farci sapere qualcosa.
They could have written a few lines to let us know something.

• When you are talking about an acquired skill, you use *sapere*.

Sai guidare?
Can you drive? (= do you know how to?)

Sapere is also used in the sense of 'be in a position to . . .' or 'be capable of . . .'.

Quando mi hanno fatto una domanda, non ho saputo rispondere.
When they asked me a question, I couldn't answer.

Sapresti identificare il ladro se lo vedessi un'altra volta?
Would you (would you be able to) identify the thief if you saw him again?

• With verbs of perception such as *sentire* and *vedere* there is no need to use *potere* to translate 'can'.

Vedi quella signora dall'altra parte della strada?
Can you see that lady on the other side of the street?

Smetti di parlare un attimo, non sento niente.
Stop talking a moment, I can't hear anything.

- The same applies with *trovare* and *capire*.

Ho cercato dappertutto ma non trovo l'indirizzo.
I have looked everywhere but I can't find the address.

Non capiscono perché non vogliamo andare al ristorante con loro.
They can't understand why we don't want to go to the restaurant with them.

'Can', 'be able to' is frequently conveyed by *riuscire (a)*:

Non riesco mai ad alzarmi in tempo per prendere il primo treno.
I can never get up in time to catch the first train.

Non siamo riusciti a fargli cambiare idea.
We couldn't/weren't able to get him to change his mind.

The underlying meaning is 'succeed/manage to'.

May/might

- *Potere* is also used to express permission:

Posso aprire la finestra?
May I (can I) open the window?

Possiamo vedere la stanza?
May we see the room?

- and also possibility:

Potrebbero arrivare più tardi.
They might arrive later.

See also Chapter 35 (*può darsi che, è possibile che*).

Want/wish

- The verb most commonly used to express 'want/wish' is *volere*.

Non vuoi uscire con noi? – No, stasera voglio stare a casa.
You don't want to come out with us? – No, this evening I want to stay at home.

- It is the equivalent of 'will/won't', 'would/wouldn't' when indicating willingness to do something:

Gli ho già detto la stessa cosa cento volte ma non vuole seguire il mio consiglio.
I've already told him the same thing a hundred times but he won't follow my advice.

Volete un passaggio?
Would you like a lift?

Should/would like

• 'Should/would like' are most frequently expressed by the conditional of *volere*.

Per il compleanno di mia sorella vorrei organizzare qualcosa di speciale.
For my sister's birthday I would like to organise something special.

It is also possible to use the conditional of *piacere*:

Per il compleanno di mia sorella mi piacerebbe organizzare qualcosa di speciale.

Should have/would have liked

• To say you would like to have done something, use the conditional perfect of either *volere* or *piacere*.

L'anno scorso avrei voluto/mi sarebbe piaciuto trascorrere le vacanze in Italia.
Last year I would like to have spent the holidays in Italy.

• *Volere* is used with the subjunctive when you want someone else to do something (see Chapter 33).

For which auxiliary (*essere* or *avere*) to use with *volere*, *potere* and *dovere* in compound tenses see Chapter 16, page 121.

METTETEVI A PUNTO!

1 *Non so cosa fare!*

Un uomo d'affari ha un problema 'linguistico' da risolvere. Inserisci negli spazi vuoti il tempo e la forma adeguati dei verbi *potere, volere, dovere, sapere*.

– (Io) non (1) . . . dire una parola in portoghese e fra qualche mese (2) . . . assistere a una conferenza a Lisbona.
– (3) . . . chiedere alla tua segretaria se (4) . . . accompagnarti perché lei (5) . . . parlare perfettamente la lingua.
– Ma io (6) . . . andarci da solo perché in due costa troppo caro. Quello che (7) . . . fare è seguire un corso accelerato, ma prima il mio direttore (8) . . . concedermi il permesso di (9) . . . mancare al lavoro per qualche ora ogni settimana.

– Secondo me, non (10) . . . esserci problemi perché (noi) (11) . . . tutti che il tuo datore di lavoro è un uomo molto disponibile.

2 *Pensaci un po'*

Completa il seguente dialogo con il tempo e la forma adeguati dei verbi *potere, volere, dovere, sapere* secondo il senso.

– Rossella se tu (1) . . . dimagrire, (2) . . . stare attenta a quello che mangi!
– Ma mamma, allora non (3) . . . più preparare tutte queste torte con la panna. (4) . . . benissimo che non (5) . . . stare lì a guardarle.
– Lo (6) . . . , ma io le preparo per tuo fratello che (7) . . . mangiare un po' di più perché è magrolino e, secondo me, tu (8) . . . imparare a dire di no qualche volta.
– Se ti ricordi, (9) . . . iniziare a seguire una dieta un mese fa ma (10) . . . studiare giorno e notte per i miei esami finali per cui non (11) . . . stare senza mangiare. Adesso basta, (noi) (12) . . . cambiare discorso per favore? (Io) non (13) . . . più sentire parlare di cibo.
– Allora dimmi, quando ti sei iscritta all'università, perché (14) . . . studiare l'inglese e non lo spagnolo? Secondo me, (15) . . . fare il contrario. Io lo (16) . . . che adesso sarebbe stato più utile lo spagnolo.
– Come (17) . . . sapere che una ditta in contatto con la Spagna mi avrebbe offerto un lavoro? Ascolta, mamma, due mesi fa mio cugino non (18) . . . usare il computer ma quando ha cambiato lavoro (19) . . . imparare. Il direttore della ditta che mi ha assunto (20) . . . che io faccia un corso accelerato di spagnolo a Madrid e, probabilmente, (21) . . . andarci per un paio di mesi prima di iniziare a lavorare.

3 *Che giornata!*

a Un mio amico si mette a pensare a tutte le cose che avrebbe potuto/voluto/dovuto fare durante il fine settimana. Il verbo da usare è tra parentesi.

Esempio: **lavare la macchina (volere)**

Avrebbe voluto lavare la macchina.

comprarsi un paio di pantaloni (dovere)
andare a una partita di calcio con i suoi amici (potere)
rispondere alla lettera del suo corrispondente francese (volere)
mettere in ordine il suo appartamento (dovere)
alzarsi prima di mezzogiorno (volere)
andare al ristorante sabato sera (potere)
andare in lavanderia (dovere)
guardare un documentario alla televisione (volere)
mettere un'inserzione sul giornale (dovere)

b Scrivi alcune cose che tu avresti potuto, voluto o dovuto fare durante il fine settimana.

4 *Aiuto!*

Traduci le seguenti frasi in italiano. Tutte le frasi sono basate sui verbi che hai appena studiato in classe.

1 May I ask you a question?
2 I'm sorry but I can't translate this letter. I can't speak German.
3 They would like to come and see us at the beginning of August.
4 My cousin has had to sell the flat.
5 The candidates couldn't answer all the questions.
6 If you (*tu*) want to go abroad this year, you will have to find a job to earn some money.
7 I should go to Italy this summer to improve my Italian.
8 I should have done a course in Italy at Easter but, unfortunately, I couldn't go. I had to change my mind at the last moment.
9 You (*voi*) ought to get up earlier if you want to catch the 8.15 train.
10 They can't ski very well.
11 They could arrive later. One never knows.
12 They would like to have met him.

METTETEVI IN MOTO!

5 *Quante scuse!*

Vuoi invitare il tuo amico/la tua amica a fare certe cose ma l'amico/l'amica respinge sempre il tuo invito, dicendo che deve fare qualcos'altro. Tu continui ad insistere facendo altre domande.

Esempio:

– **Vuoi venire al cinema stasera? Danno l'ultimo film di James Bond.**
– **No, stasera non posso perché devo lavarmi i capelli.**
– **Ma dai, puoi lavarti i capelli un'altra sera.**
– **Forse potrei venire giovedì sera, ecc.**

andare al ristorante, andare in discoteca, andare a una partita di calcio, andare al mare, andare a fare la spesa, andare a fare un giro in macchina

Se volete, potete aggiungere altre idee.

6 *Un sondaggio*

Indica quali delle seguenti cose sai fare:

sciare
guidare la macchina
parlare spagnolo
cucinare gli spaghetti
suonare il pianoforte/la chitarra
usare il computer
nuotare
giocare a tennis
aggiustare la macchina

Adesso intervista almeno tre o quattro compagni di classe per scoprire quello che sanno fare loro. Puoi chiedere a ognuno quando ha imparato a sciare/a guidare la macchina, ecc.

Esempio:

– **Sai sciare?**
– **Sì, so sciare.**
– **Quando hai imparato a sciare?**
– **Quando avevo 15 anni/Tre anni fa.**

Scrivi una breve relazione su una delle persone che hai intervistato.

7 *Il lavoro non finisce mai*

Fa' un elenco di tutte le cose che devi fare oggi, domani o fra poco, per esempio:

Devo fare la spesa.
Devo studiare un po' d'italiano.
Devo rispondere all'ultima lettera del mio corrispondente.

Confronta il tuo elenco con quello di un compagno di classe e fa' domande in base a quello che ha scritto, per esempio:

– **Perché devi fare la spesa?**
– **Perché non ho niente da mangiare in casa.**
– **Perché devi studiare l'italiano?**
– **Perché fra poco devo dare un esame e ci sono tante cose che devo ripassare.**

8 *Decidiamoci*

Tu e alcuni tuoi amici decidete di organizzare una vacanza insieme. Volete andare in Italia ma non sarà facile mettervi d'accordo su ogni decisione da prendere perché ognuno avrà le sue idee. Durante la conversazione, dovete tener conto dei seguenti fatti: il periodo dell'anno, la durata della vacanza, il mezzo di trasporto, la sistemazione, i bagagli, il programma.

– Personalmente, vorrei andare alla fine di giugno perché . . .
– Mi dispiace ma non posso andare durante questo periodo. Se andiamo insieme dobbiamo andare all'inizio di agosto.
– Se vogliamo fare un giro dell'Italia, secondo me, dobbiamo andare per almeno tre settimane.
– Purtroppo non posso fermarmi per più di una quindicina di giorni per motivi di lavoro.
– Come viaggiamo? . . .

9 *Che disastro!*

Un giovane deve presentarsi a un colloquio per un posto di lavoro come impiegato di banca. La sera prima del colloquio va a una festa e torna a casa alle due di notte. Si alza l'indomani mattina con un terribile mal di testa ma non vuole prendere niente. Dopo tutto quello che ha bevuto non ha voglia di mangiare.

Alle otto e un quarto – deve essere alla banca per le nove precise – esce di casa e si dirige alla fermata dell'autobus. Non riesce a prendere l'autobus delle otto e venti e decide di aspettare quello delle otto e trentacinque. Purtroppo, arriva per il suo colloquio con dieci minuti di ritardo.

È vestito in modo trasandato, indossa un paio di jeans e una camicia non stirata senza cravatta. Non si è fatto la barba. Durante il colloquio il suo stomaco comincia a brontolare perché è digiuno. Ha dimenticato a casa tutte le informazioni relative al posto di lavoro e non le aveva nemmeno guardate la sera prima. Di conseguenza, risponde male a quasi tutte le domande.

Che disastro!

Che cosa avrebbe dovuto o avrebbe potuto fare il giovane per evitare questa situazione imbarazzante? Puoi scrivere i tuoi suggerimenti.

10 *Dammi qualche consiglio*

Di tanto in tanto ci troviamo tutti di fronte a una situazione difficile e abbiamo bisogno di chiedere qualche consiglio agli altri. Sarebbe meglio svolgere questa attività in gruppi di tre o quattro persone. A vicenda bisogna scegliere una delle seguenti situazioni e chiedere consigli agli altri membri del gruppo.

Per esempio:

– Voglio migliorare il mio italiano.

– Potresti studiare di più.
– Ma faccio già abbastanza, non posso studiare ogni sera.
– Bisogna andare in Italia per qualche mese.
– Ma devo lavorare.
– Ma puoi trovare un lavoro in Italia, . . .

1 Sono molto pigro e conduco una vita sedentaria.
2 Non ho voglia di studiare la sera, preferisco uscire o guardare la televisione.
3 Sono completamente al verde e voglio andare all'estero quest'estate.
4 Se mi iscrivo a quel corso, devo scegliere fra l'italiano e il francese ma non so
   quale scegliere.
5 Non ho la macchina ma abito in piena campagna e lavoro in città.
6 Abito da solo e non so cucinare bene.

11 *Consigli da dare*

Scrivi un elenco di consigli da dare a chi:

1 deve presentarsi a un colloquio per un posto di lavoro
2 vuole essere bravo in lingue
3 vuole mantenersi in forma
4 vuole proteggere la casa dai furti
5 divide la casa/l'appartamento con altre persone

Bisogna . . . Deve/Dovrebbe . . . Può/Potrebbe . . .

12 *Che governo!*

Rifletti in modo critico sulla politica recente del governo nazionale o del
consiglio locale del tuo paese. Scrivi un elenco di cose che avrebbe
potuto/dovuto fare oppure potrebbe/dovrebbe fare:

Esempi:

Avrebbe potuto ridurre le imposte per i più poveri.
Dovrebbe fare di più per aiutare i giovani a trovare lavoro.

27 THE INFINITIVE AFTER PREPOSITIONS

L'INFINITO DOPO LE PREPOSIZIONI

MECCANISMI

The infinitive frequently follows other verbs, adjectives and nouns. Sometimes there is no link word, but many verbs, adjectives and nouns will be linked to the infinitive with either *a* or *di*. This chapter will help you to decide which preposition, if any, is necessary, and also provides tables for quick reference.

- Note that because some verbs take direct and others indirect objects, this is indicated in the tables, and the following abbreviations are used frequently in this chapter:

qc = *qualcosa*	sth = something
qn = *qualcuno*	sb = somebody, someone

Direct object: *pregare qn di fare qc* (to beg sb to do sth).
Indirect object: *dire a qn di fare qc* (to tell sb to do sth).

Linking the infinitive without a preposition

a Amongst these are all the modal auxiliaries explained in Chapter 26.

dovere	to have to, must, ought
potere	to be able, can, may
sapere	to know how to, be able to (in this sense)
volere	to want to, wish, will

b Other verbs in this category including a number of impersonal verbs (see Chapter 31) and some denoting wanting, liking and disliking:

amare	to like . . .ing, love . . .ing
bastare	to be enough to, sufficient to
bisognare	to be necessary to, must

convenire	to be better to, to be advisable to
desiderare	to wish to, want to
detestare	to hate . . .ing
dispiacere	to be sorry to
fare . . . qn/qc (see c below)	to make (sb) . . . , to get/have (sth) done
importare	to be important to
intendere	to intend to
interessare	to interest, to be interested to
lasciare	to let, allow (to happen)
occorrere	to be necessary to
odiare	to hate . . .ing
osare	to dare to
piacere	to like to
preferire	to prefer to, prefer . . .ing
rincrescere	to be sorry to
servire	to serve, be of use

Detesto tornare a scuola dopo le vacanze estive. Non mi interessa più studiare ma non oso dire nulla ai miei genitori. Alla fine di quest'anno scolastico intendo trovare un lavoro. Mi piacerebbe diventare meccanico.
I hate going back to school after the summer holidays. I'm no longer interested in studying but I dare not say anything to my parents. At the end of this school year I intend to find a job. I would like to become a mechanic.

c Note the use of *fare* + infinitive in the sense of to have or get something done, or to make somebody do something:

Il nostro professore ci ha fatto tradurre in italiano una ventina di frasi.
Our teacher made us translate about twenty sentences into Italian.

Abbiamo fatto aggiustare il frigorifero dall'idraulico.
We got the plumber to repair the fridge.

Mi hanno fatto pagare tutto.
They made me pay for everything.

d They also include verbs of the senses:

ascoltare	to listen to
guardare	to watch, look at
sentire	to hear
vedere	to see

L'ho visto arrivare e l'ho sentito entrare in casa.
I saw him arriving and I heard him coming into the house.

Linking with a or ad

a Many of these expressions indicate the beginning or the purpose of an action, but it is impossible to group them exactly. Better to learn them, and to use this list for reference when you want to make sure.

abituarsi a	to get used to . . .ing
affrettarsi a	to hasten, hurry to
aiutare (qn) a	to help (sb) to
andare a	to go to, go and, be going to
apprendere a	to learn to
apprestarsi a	to get ready to
avere difficoltà a	to have difficulty in . . .ing
avere ragione a	to be right to (in . . .ing)
avere torto a	to be wrong in . . .ing
cominciare a	to begin to, start . . .ing
continuare a	to continue, go on . . .ing
convincere qn a	to convince sb to
correre a	to run to
costringere qn a	to force, compel sb to
decidersi a	to make up one's mind to
divertirsi a	to enjoy oneself . . .ing
esitare a	to hesitate to
forzare qn a	to force sb to
imparare a	to learn to
impegnarsi a	to undertake to
incoraggiare qn a	to encourage sb to
iniziare a	to begin to, start . . .ing
insegnare a qn a	to teach sb to
invitare qn a	to invite sb to
limitarsi a	to limit oneself to
mettersi a	to start to, set about . . .ing
obbligare qn a	to oblige sb to
portare a	to lead to . . .ing
prepararsi a	to get ready to
provare a	to try to
rassegnarsi a	to resign oneself to . . .ing
rinunciare a	to give up, refrain from . . .ing
riprendere a	to resume, start again . . .ing
riuscire a	to manage to, succeed in . . .ing
scoppiare a	to burst out . . .ing
servire a	to be used for . . .ing
sfidare qn a	to challenge, defy sb to
spingere qn a	to urge, incite sb to
tardare a	to delay in . . .ing

tendere a	to tend to
tenere (tenerci) a	to be keen on . . .ing, eager/anxious to
tornare a	to return to
venire a	to come to, come and, be coming to

Quando ho cominciato a cantare, i miei amici sono scoppiati a ridere.
When I started to sing, my friends burst out laughing.

Se mi metto a guardare un film alla televisione non riesco mai a vederlo fino alla fine.
If I start to watch a film on the television I never manage to see it right to the end.

• Note that *a* can become *ad* when the infinitive that follows begins with a vowel:

Riuscirò ad imparare tutti questi verbi?
Will I manage to learn all these verbs?

b Some adjectives are also linked to an infinitive with *a*.

Some adjectives can be used alone but most are used after verbs such as *essere, sembrare, sentirsi*:

determinato a	determined to
disposto a	disposed to, willing to
lento a	slow to
pronto a	ready to
il solo a	the only one to
l'ultimo a	the last to
il primo a	the first to
il secondo a	the second to
(any ordinal number)	

A casa nostra mio fratello è il primo ad andare a letto e l'ultimo ad alzarsi.
In our house my brother is the first to go to bed and the last to get up.

Linking with di

a Most other verbs are linked to an infinitive with *di*. Here is a list of the most common ones, which include verbs indicating the end or cessation of an action, and also many equivalents of English expressions involving 'of . . .ing':

accettare di	to accept to
accorgersi di	to notice, realise
accusare qn di	to accuse sb of . . .ing
ammettere di	to admit to
aspettarsi di	to expect to

avere bisogno di	to need to
avere intenzione di	to intend to
avere modo di	to have the opportunity to
avere paura di	to be afraid of . . .ing
avere vergogna di	to be ashamed of . . .ing
avere voglia di	to want to, feel like . . .ing
cercare di	to try to
cessare di	to stop . . .ing, cease . . .ing
chiedere a qn di	to ask sb to
consigliare a qn di	to advise sb to
consentire a qn di	to allow/grant sb to
credere di	to believe
decidere di	to decide to
dimenticar(si) di	to forget to
dire a qn di	to tell sb to
domandare a qn di	to ask sb to
fare finta di	to pretend to
fingere di	to pretend to
finire di	to finish . . .ing
giurare di	to swear to
immaginare di	to imagine
impedire a qn di	to prevent/stop sb (from . . .ing)
mancare di	to fail to
meritare di	to deserve to
minacciare di	to threaten to
non vedere l'ora di	to look forward to . . .ing
offrirsi di	to offer/volunteer to
ordinare a qn di	to order sb to
parere di	to seem to
parlare di	to talk of . . .ing
pensare di	to plan on . . .ing, think of . . .ing
permettere a qn di	to allow sb to
persuadere qn di	to persuade sb to
pregare qn di	to beg sb to
pretendere di	to profess to, claim to
proibire a qn di	to prohibit sb from . . .ing
promettere di	to promise to
proporre di	to propose, suggest . . .ing
raccomandare a qn di	to urge sb to, please . . .
rendersi conto di	to realise
ricordar(si) di	to remember to
rifiutar(si) di	to refuse to
rischiare di	to risk, be in danger of . . .ing
ritenere di	to consider
sapere di	to know

scegliere di	to choose to
scusarsi di	to apologise for . . .ing
sentirsi/sentirsela di	to feel like/up to . . .ing
sforzarsi di	to try hard to
smettere di	to stop . . .ing
sognare di	to dream of . . .ing
sopportare di	to stand . . .ing, bear . . .ing
sperare di	to hope to
stancarsi di	to get tired of . . .ing
stufarsi di	to get fed up of/with . . .ing
suggerire di	to suggest . . .ing
temere di	to fear
tentare di	to try to, attempt to
vantarsi di	to boast of/about . . .ing
vergognarsi di	to be ashamed of . . .ing
vietare di	to forbid, prohibit

So di avervi detto che volevo venire a trovarvi a settembre ma dopo il brutto incidente che è capitato a mio cugino non me la sento di andare da nessuna parte. Ho deciso quindi di stare a casa per aiutare i miei parenti. Avevo una gran voglia di rivedervi. Dobbiamo cercare di organizzare qualcosa per Natale. Spero di non aver mandato all'aria i vostri piani.

I know I had told you that I was coming to see you in September, but after the terrible accident that happened to my cousin I don't feel like going anywhere. I have decided therefore to stay at home to help my relatives. I really wanted to see you again. We must try and organise something for Christmas. I hope I haven't upset your plans.

- It is worth noting that if two verbs have the same subject then the second verb goes into the infinitive and is preceded by *di*:

Penso di avervi dato il numero sbagliato.
I think I have given you the wrong number.

Dicono di non voler andare a vivere altrove.
They say that they don't want to go and live elsewhere.

b Most adjectives are linked to an infinitive with *di*:

ansioso di	anxious to, keen to
capace di	capable of . . .ing
certo di	certain to
contento/felice/lieto di	pleased to, happy to
sicuro di	sure to
stanco di	tired of . . .ing
stufo di	fed up with, sick and tired of . . .ing

The adjective can stand alone or follow verbs such as *essere, sembrare, sentirsi:*

Lieto di fare la Sua conoscenza.
Pleased to meet you.

Siamo stufi di studiare la grammatica.
We are sick and tired of studying grammar.

c A number of nouns are also linked to an infinitive with *di*, standing alone, or often following verbs such as *avere, sentire, vedere:*

il bisogno di	the need to
il desiderio di	the desire to
il diritto di	the right to
la fortuna di	the good fortune to
la necessità di	the necessity to
l'occasione di	the opportunity to, chance of
il piacere di	the pleasure of . . .ing
la possibilità di	the possibility of . . .ing
la sfortuna di	the bad luck to
il tempo di	the time to
la voglia di	the wish to, will to

Non vediamo la necessità di partire così presto. Non avremo il tempo di fare colazione.
We don't see the need to leave so early. We won't have the time to have breakfast.

Linking with other prepositions

a Notice the difference between *cominciare a* (to begin to) and *cominciare con* (to begin by), and *finire di* (to finish . . .ing) and *finire per* (to finish by . . .ing).

Il direttore ha cominciato col dire che non aveva preso in considerazione le nostre proposte.
The manager started by saying that he had not taken our proposals into consideration.

b *Per* + infinitive stresses purpose, 'in order to':

Mangio per vivere ma non vivo per mangiare.
I eat (in order) to live but I don't live (in order) to eat.

c Some verbs of motion can be linked with *per* if the sense of purpose needs emphasising.

Mia sorella è andata all'agenzia di viaggi per ritirare i biglietti.
My sister has gone to the travel agency to collect the tickets.

THE INFINITIVE AFTER PREPOSITIONS

1 *Gli amici si conoscono nelle avversità*

Un signore racconta una sua esperienza. Riempi gli spazi, dove necessario, con la preposizione *a/ad* o *di*. Attenzione! In alcuni casi non ci vuole nessuna preposizione.

Da quando ho smesso (1) . . . lavorare ho sempre avuto difficoltà (2) . . . mantenere la linea. Basta (3) . . . guardare un cioccolatino e ingrasso di due chili. Inoltre, mi sono abituato (4) . . . stare a letto fino a tardi. Tutti i miei amici cercano (5) . . . convincermi a dimagrire e mi invitano spesso (6) . . . accompagnarli quando vanno (7) . . . fare una passeggiata ma loro tendono (8) . . . partire presto. Io invece non riesco (9) . . . alzarmi prima delle dieci.

Ormai mi sembra che sia giunto il momento (10) . . . fare qualcosa. D'ora in poi intendo (11) . . . alzarmi più presto, rinuncerò (12) . . . fare spuntini durante il giorno e penserò (13) . . . condurre una vita più attiva. Sono stanco (14) . . . sentire questi commenti riguardo al mio sovrappeso e alla mia pigrizia. Ho deciso (15) . . . riprendere (16) . . . giocare a golf e almeno una volta alla settimana mi sforzerò (17) . . . fare i cento metri a piedi fino ai negozi invece di andarci con la macchina.

Mi vergogno (18) . . . non aver seguito prima i consigli dei miei amici. Avevano perfettamente ragione (19) . . . dirmi di fare più attenzione alla mia dieta. Se avessi continuato (20) . . . vivere in quel modo, avrei rischiato (21) . . . rovinare la mia salute. Mi rendo conto (22) . . . aver commesso un grosso errore quando dicevo ai miei cari amici (23) . . . lasciarmi (24) . . . stare e che non avevano il diritto (25) . . . dirmi come vivere la mia vita. Per fortuna, ho imparato in tempo (26) . . . seguire un buon consiglio. All'inizio, ero troppo testardo e pretendevo (27) . . . sapere tutto.

2 *Traduzione*

Traduci in italiano le seguenti frasi.

1 I have decided to do a language course in Siena this summer because I need to improve my Italian.
2 My Italian teacher was the first to advise me to attend this course.
3 I'm thinking of going there in August.
4 An Italian friend has invited me to stay at his parents' house.
5 My sister has offered to pay for my travel.
6 I've managed to convince my parents to let me go.

7 I am looking forward to visiting this historic city.

8 My friends are keen to come with me as they have always had a desire to see this part of Italy.

METTETEVI IN MOTO!

3 *Piaceri e dispiaceri*

Adoperando verbi ed espressioni come *amare, piacere, desiderare, odiare, detestare, preferire, interessare,* scrivi almeno dieci frasi che descrivono quello che ti piace fare e quello che detesti fare. Le frasi possono essere basate su qualsiasi argomento.

Confronta le tue frasi con quelle di almeno due altri compagni di classe e ognuno, a vicenda, può fare domande per scoprire i motivi dei 'piaceri' e 'dispiaceri', come negli esempi:

– Detesto viaggiare in pullman.

– Perché?

– Perché patisco il pullman. Mi sento sempre male.

– A me invece piace molto. Infatti amo viaggiare in pullman perché mi piace guardare il paesaggio dal finestrino.

– Non mi interessa per niente andare a vedere quel film.

– Perché no?

– Preferisco noleggiare una videocassetta e guardarlo a casa.

4 *Progetti e speranze*

Quali sono i tuoi progetti e speranze? Scrivine almeno cinque utilizzando verbi come *pensare di, sognare di, avere intenzione di, avere un desiderio di, non vedere l'ora di.*

Adesso confrontali con quelli di alcuni compagni di classe, discutendo le eventuali differenze.

Esempi:

– Alla fine di quest'anno penso di interrompere i miei studi per trascorrere un anno in Italia. Ho intenzione di cercarmi un lavoro lì. Spero di racimolare abbastanza soldi per poter pagare i miei studi universitari.

– Non vedo l'ora di andare in pensione all'età di cinquant'anni perché ho un gran desiderio di visitare tutti i paesi del mondo.

5 *Un buon insegnante e uno studente modello*

Quali sono le caratteristiche e qualità che pretendi da un buon insegnante e uno studente modello? Scrivi le tue idee sotto il titolo relativo. Ogni frase dovrebbe contenere uno dei seguenti verbi o altri verbi che hai incontrato in questo capitolo:

accettare, aiutare, chiedere, consigliare, costringere, dire, domandare, incoraggiare, insegnare, invitare, permettere, persuadere, promettere, ricordarsi, riuscire, scusarsi, sforzarsi, spingere, tenerci.

Confronta le tue idee con quelle di alcuni compagni di classe, discutendo le eventuali differenze.

Esempi:

Un buon insegnante	Uno studente modello
Ti incoraggia a studiare.	Accetta di fare i compiti.
Si ricorda di correggere i compiti.	Si sforza di imparare i verbi.

6 *Una miniautobiografia*

Scrivi una breve relazione su un argomento che ti sta a cuore – un passatempo prediletto, i viaggi, gli studi della lingua italiana o di un'altra materia, un impiego, l'alimentazione, ecc. – e cerca di utilizzare il massimo numero possibile di verbi o espressioni che sono stati elencati in questo capitolo. (Esercizio 1, *Mettetevi a punto!*, può servire da esempio.)

28 VERBS AND THEIR OBJECTS

I VERBI E IL COMPLEMENTO OGGETTO

MECCANISMI

An area of Italian which needs careful attention is the question of what type of object follows the verb – direct or indirect; in particular, whether the object is linked by a preposition different from the corresponding one in English: for example, *aspettare* = to wait <u>for</u>, *dipendere <u>da</u>* = to depend <u>on</u>. The main emphasis of this chapter will be on examples where there is a difference between Italian and English usage, as it would not be possible here to list every example where the two languages correspond (for example, *ho paura <u>di</u> mia sorella* – I'm afraid <u>of</u> my sister).

The following abbreviations are used frequently in this chapter: *qc* = *qualcosa*, *qn* = *qualcuno*, sth = something, sb = somebody, someone.

Verbs taking a direct object in Italian:

approvare	to approve of
ascoltare	to listen to
aspettare	to wait for
cercare	to look for
chiamare	to call/phone
chiedere/domandare	to ask for
guardare	to look at
pagare	to pay for
sfogliare	to glance/skim through
sognare	to dream about

Ti cercavo dappertutto.
I was looking for you everywhere.

Verbs taking an indirect object with the preposition a

a Verbs which take a direct object in English but indirect in Italian:

aderire a qc	to join sth
assomigliare a qn	to resemble sb
avvicinarsi a qc	to approach, go near sth
convenire a qn	to suit sb
dispiacere a qn	to displease sb
giocare a (golf ecc.)	to play (a game)
giovare a qc	to help sth
far male a qn/qc	to hurt sb/sth
ovviare a qc	to get around sth
piacere a qn	to please sb
resistere a qn/qc	to resist sb/sth
rimediare a qc	to remedy sth
rispondere a qn/qc	to answer sb/sth
rinunciare a qc	to give up sth
sopravvivere a qn/qc	to survive sb/sth
telefonare a qn	to phone sb
ubbidire a qn	to obey sb
voler bene a qn	to be fond of, love sb

Assomigli molto alla tua mamma.
You look a lot like your mother

Non ubbidiscono mai ai loro genitori.
They never obey their parents.

In this group also are a number of the verbs which are linked to their object by *a* and to a following infinitive by *di* (*consigliare a qualcuno di fare qualcosa*). These can be found in Chapter 27, page 188.

b Verbs equivalent to English verbs followed by 'from' or 'for':

comprare qc a qn	to buy sth from/for sb
rubare qc a qn	to steal sth from sb
sequestrare qc a qn	to confiscate sth from sb
strappare qc a qn	to snatch, tear sth from sb
togliere qc a qn	to take sth away from sb
chiedere/domandare qc a qn	to ask sb for sth, ask sth of sb

Il ladro strappò la borsa alla signora.
The thief snatched the lady's bag (ie from the lady).

Ho tolto le forbici al bambino.
I took the scissors away from the child.

Chiedi il conto al cameriere.
Ask the waiter for the bill.

c   Verbs taking *a* in Italian and a variety of prepositions in English:

affezionarsi a qn	to become fond of, take a liking to sb
assistere a qc	to be present at, witness sth
badare a qn/qc	to take care, beware of sb/sth
credere a/in qn/qc	to believe in sb/sth
interessarsi a/di qc	to be interested in sth
mirare a qc	to aim at sth
partecipare a qc	to take part in sth
pensare a qn/qc	to think about sb/sth
prepararsi a qc	to prepare, get ready for sth
provvedere a qc	to provide for, see to sth
tenerci a qc	to care a lot about, attach importance to sth

Perché non vuoi partecipare alla gara?
Why don't you want to take part in the competition?

Credono a tutto quello che facciamo.
They believe in everything we do.

Non mi interesso al calcio.
I'm not interested in football.

Verbs linked to an indirect object with di

a   Verbs which have a direct object in English:

accorgersi di qn/qc	to notice sb/sth
avere bisogno di qn/qc	to need sb/sth
diffidare di qn/qc	to mistrust sb/sth
discutere di qc	to discuss, talk about sth
dubitare di qc	to doubt sth
fidarsi di qn/qc	to trust sb/sth
godere di qc	to enjoy sth
mancare di qc	to lack sth
rendersi conto di qc	to notice sth
ricordarsi di qn/qc	to remember sb/sth

Mi sono accorto subito dell'errore che avevo fatto.
I noticed straightaway the error I had made.

Mia figlia ha bisogno di aiuto con la matematica. Offro sempre di darle una mano ma non si fida di me. Non è che manchi di intelligenza.
My daughter needs help with her maths. I always offer to give her a hand but she doesn't trust me. It's not that she lacks intelligence.

Malgrado i suoi anni mia zia gode sempre di buona salute.
Despite her age my aunt still enjoys good health.

b Verbs which take a variety of prepositions in English:

accontentarsi di qc	to make do/be satisfied with sth
innamorarsi di qn	to fall in love with sb
intendersi di qc	to know about, be an expert on sth
lamentarsi di qc	to complain about sth
meravigliarsi di qn/qc	to be amazed at sb/sth
occuparsi di qn/qc	to look after, take care of sb/sth
pensare di qn/qc	to think (= offer opinion about) sb/sth
ridere di qn	to laugh at sb
riempire di qc	to fill with sth
trattarsi di qn/qc	to be a question of sb/sth
vantarsi di qc	to boast about sth
vivere di qc	to live on sth

Cosa pensi del mio appartamento?
What do you think of my flat?

La maggioranza della popolazione lungo la costa vive del turismo.
The majority of the population along the coast lives on tourism.

Perché ridete di me?
Why are you laughing at me?

Verb + other preposition + object

avercela con qn	to have it in for sb
arrabbiarsi con qn	to be annoyed with sb
congratularsi con qn	to congratulate sb
dipendere da qn/qc	to depend on sb/sth
dirigersi verso qc	to head for, make one's way towards sth
entrare in qc	to enter sth
fare da qn	to act as sb
incidere su qc	to affect sth
indagare su qc	to investigate sth
influire su qc	to influence, affect sth
riflettere su qc	to reflect on, think about sth

AZIONE GRAMMATICA!

salire su/in qc	to board, get on sth
scendere da qc	to get off/out of sth
servire da qc	to be used as sth
sposarsi con qn	to marry sb

Quando abbiamo ospiti sono sempre io che faccio da guida.
When we have guests I am always the one who acts as a guide.

Alessandro si sposa con la mia migliore amica.
Alessandro is marrying my best friend.

La mia collega non vuole che questa decisione influisca sulla sua carriera.
My colleague doesn't want this decision to affect her career.

- If you are unsure of how to link pronouns rather than nouns to these verbs, have a look back at the explanations of indirect object pronouns and emphatic pronouns in Chapter 10.

- If you are unsure of how to link *di*, *a*, and other prepositions with a following article (forming *delle*, *ai*, etc), see Chapter 3 page 24.

METTETEVI A PUNTO!

1 *Preposizione o no!*

Completa il seguente brano con le preposizioni semplici (*di*, *a* ecc.) o articolate (*del*, *al* ecc.) dove necessario.

— Cosa fai qui?
— Aspetto (1) . . . la mia amica Luisa. Sai che ha rinunciato (2) . . . viaggio in America per badare (3) . . . sua nonna che ha bisogno (4) . . . continua assistenza?
— Ma (5) . . . che cosa si tratta?
— Non si rende più conto (6) . . . quello che fa e non si fida più (7) . . . nessuno, così Luisa e i suoi genitori devono provvedere (8) . . . tutto il necessario. Questa difficile situazione incide (9) . . . andamento scolastico di Luisa perché è particolarmente affezionata (10) . . . nonna e pensa (11) . . . lei in continuazione, trascurando lo studio. Ecco che arriva! È appena scesa (12) . . . treno e si sta dirigendo (13) . . . di noi. Ciao Luisa, il tuo arrivo mi riempie (14) . . . gioia.
— Ciao Roberto, come mai sei qui?
— Perché sapendo che saresti venuta, ho telefonato (15) . . . tua mamma per chiedere (16) . . . l'ora del tuo arrivo.

2 *Una riflessione politica*

Due amici riflettono un po' sulla situazione politica. Scegliendo uno dei seguenti verbi, completa il loro dialogo con il presente, futuro, o l'infinito secondo il senso.

> rimediare dipendere accontentarsi pensare avere bisogno rinunciare resistere incidere fidarsi arrabbiarsi occuparsi lamentarsi

– Chi sa se il governo (1) . . . alla tentazione di ridurre le tasse prima delle elezioni.

– A mio parere, dopo tutto quello che è successo in questi ultimi anni è difficile (2) . . . della loro politica. Come sempre, molto (3) . . . dai voti degli elettori in certe zone chiave.

– Secondo te, quali sono i maggiori problemi da risolvere?

– Innanzitutto, ogni partito deve (4) . . . di più della disoccupazione che (5) . . . sul benessere del paese. Personalmente, (6) . . . con quelli che dicono che non si può fare nulla per (7) . . . a questo problema. Altri problemi ai quali bisogna (8) . . . includono l'aumento della criminalità, il numero crescente di emarginati, barboni, senzatetto ecc. Tanta gente (9) . . . soprattutto dell'aumento della criminalità ma se ci fosse più lavoro . . . ! Ormai nella nostra società ci sono troppi che devono (10) . . . di ben poco mentre altri sono straricchi e non sono mai contenti. (11) . . . sempre di qualcos'altro.

– Hai ragione fino a un certo punto. Ricordati, però, che ci sono quelli che (12) . . . a una parte delle loro ricchezze per aiutare i meno abbienti.

METTETEVI IN MOTO!

3 *Un avvenimento vero o falso!*

Scrivi una 'storia' – vera o falsa – che contiene almeno dieci dei verbi indicati qui sotto. Scritta la storia, raccontala ad alcuni compagni di classe oppure appendila alla parete dell'aula in modo che gli altri la possano leggere.

> accorgersi di telefonare a aspettare strappare a congratularsi con avere bisogno di assistere a entrare in telefonare a cercare fidarsi di avvicinarsi a tenerci a guardare fidarsi di badare a

VERBS AND THEIR OBJECTS

4 *Partecipiamo tutti quanti al concorso*

Formate due squadre. Un membro della squadra A nomina un verbo degli elenchi in questo capitolo e un membro della squadra B deve costruire una frase con questo verbo. Se la frase è corretta – l'insegnante può fare da arbitro se necessario – la squadra B segna un punto. Poi tocca alla squadra B nominare un verbo.

29 PARTICIPLES AND THE GERUND

I PARTICIPI E IL GERUNDIO

MECCANISMI

Participles and gerunds are parts of the verb which are not self-contained tenses, and cannot form sentences standing on their own. In Italian as in English, both the present and past participles can be used as an adjective:

una bibita **rinfrescante**	a refreshing drink (present participle, see below)
il tesoro **nascosto**	the hidden treasure (past participle, see page 203)

The gerund has a different function and is not used as an adjective (see page 206).

The present participle

1 *Formation*

The present participle is formed by adding *-ante* to the stem of *-are* verbs and *-ente* to the stem of *-ere* and *-ire* verbs.

Infinitive	Present participle	
riguardare	riguardante	(regarding, concerning)
avere	avente	(having)
servire	servente	(serving)

Just like adjectives ending in *-e*, the plural is in *-i*: *riguardanti, aventi, serventi.*

There are a few participles that have irregular formations, such as:

nutrire	nutriente	(nourishing)
provenire	proveniente	(deriving, coming from)
ubbidire	ubbidiente	(obeying)

2 Uses

The present participle corresponds to '-ing' in English, but **beware** as '-ing' is used in many more instances in English, other than as a present participle. See Chapter 14. The present participle is rarely used with a verbal function in Italian – see the gerund instead. It would be better, therefore, to use it only in the expressions you come across.

a The present participle can be used to replace a relative clause (see Chapter 42)

Il treno proveniente (= che proviene) da Milano viaggia con trenta minuti di ritardo.
The train coming (= which is coming) from Milan is thirty minutes late.

La scatola contenente (= che conteneva) tutti i miei gioielli è stata rubata.
The box containing (= which contained) all my jewels has been stolen.

Hai letto i documenti riguardanti (= che riguardano) i cambiamenti?
Have you read the documents concerning (= which concern) the changes?

b A very common use of the present participle is as an adjective, and as such, it must agree like any other adjective with the noun it describes.

È una situazione molto preoccupante.
It's a very worrying situation.

Queste valigie sono pesanti.
These suitcases are heavy.

• Remember that the present participle cannot be used with *essere* to make a progressive tense, as in English: 'I am writing' = *scrivo*, 'I was writing' = *scrivevo*: you must use the simple present or imperfect or *sto/stavo scrivendo* (see Chapter 18).

• Note also that many bodily positions are described using the past, not the present participle in Italian.

Erano sdraiati al sole.
They were lying in the sun.

È seduta vicino alla finestra.
She is sitting near the window.

c A number of present participles are used as nouns, for example:

il concorrente	competitor	*l'insegnante*	teacher
il dirigente	manager	*il manifestante*	demonstrator
il conoscente	acquaintance	*il restante*	remainder
l'immigrante	immigrant	*lo studente*	student

Note, however, that a great number of '-ing' nouns in English have equivalents in Italian that do not derive from the present participle, for example:

il giardinaggio	gardening
la lettura	reading
il nuoto	swimming

The past participle

1 Formation

a Regular verbs: remove the infinitive ending to form the stem and add the endings *-ato, -uto, -ito* as appropriate:

parlare	parlato	(spoken)
ricevere	ricevuto	(received)
capire	capito	(understood)

b There are a considerable number of verbs that have irregular past participles. The following general guidelines are intended to help you realise that a number of verbs with irregular past participles can be grouped together.

– verbs ending in *-are* are all regular, the notable exception being *fare: fatto* (and compounds)
– the majority of verbs in *-ire* are regular, some notable exceptions being *dire: detto; morire: morto; venire: venuto; scomparire: scomparso* and a small group like *aprire: aperto* (*offrire, coprire* and their compounds)
– verbs ending in *-durre* follow the pattern of *tradurre: tradotto*
– verbs ending in *-arre* model their past participle on *trarre: tratto*
– verbs ending in *-orre* model their past participle on *porre: posto*
– verbs ending in *-endere* follow the pattern of *prendere: preso*
– verbs ending in *-istere* follow the pattern of *assistere: assistito*
– verbs ending in *-iggere* follow the pattern of *friggere: fritto*
– verbs ending in *-eggere* follow the pattern of *leggere: letto*
– verbs ending in *-idere* have their past participle in *-iso, ridere: riso*
– verbs ending in *-udere* have their past participle in *-uso, chiudere: chiuso*
– verbs ending in *-uotere* and *-uovere* have their past participle in *-osso, scuotere: scosso; muovere: mosso*
– verbs ending in *-scere* and *-cere* have their past participle in *-iuto, conoscere: conosciuto; piacere: piaciuto.* Some notable exceptions include *nascere: nato* and *vincere: vinto*
– verbs ending in *-olgere* and *-ogliere* have their past participle in *-olto, volgere: volto; cogliere: colto*

• Note that a **compound** is a base verb like *volgere* with a prefix added, eg *rivolgere, avvolgere, coinvolgere.*

The following verbs have irregular past participles that are not mentioned in the above categories:

bere	bevuto
essere	stato
costringere	costretto
dirigere	diretto
discutere	discusso
distruggere	distrutto
rimanere	rimasto
risolvere	risolto
rispondere	risposto
rompere	rotto
spingere	spinto
succedere	successo
vedere	visto

- For other verbs with irregular past participles see the verb table on pages 362–81.

2 Uses

a The most frequent use of the past participle is to form the perfect, pluperfect and other compound tenses together with *avere* or *essere*. This is fully dealt with in Chapters 16 and 21.

b The past participle is also used to form the passive with *essere* etc., and this is explained fully in Chapter 30.

c The past participle has four other uses without an auxiliary verb.

- It replaces a clause beginning with *quando, dopo che*. This construction tends to be used in narrative style, and is perhaps more common in Italian than in English.

Fatte le valigie (= dopo che/quando avevo fatto le valigie), ho tirato un respiro di sollievo.
The suitcases packed (= after/when I had packed the suitcases), I gave a sigh of relief.

This construction is sometimes used after *una volta*, 'once':

Una volta arrivati alla nostra destinazione, abbiamo cercato un albergo.
Once (we had) arrived at our destination, we looked for a hotel.

- It replaces an adjectival relative clause describing a noun:

Mi piace molto l'articolo scritto (= che è stato scritto) dal tuo collega.
I like very much the article written (= which has been written) by your colleague.

La ragazza seduta (= che era seduta) accanto a te è nella mia classe.
The girl sitting (= who was sitting) next to you is in my class.

• It can be used as an adjective in its own right:

Non conosco i candidati eletti.
I don't know the elected candidates.

Se non hai molta fame, ti posso fare due uova fritte. Ci sono anche gli avanzi della verdura cotta.
If you are not very hungry, I can make you two fried eggs. There are also the left-overs of the cooked vegetables.

• It can also be used as a noun:

I sopravvissuti all'incidente sono stati trasportati all'ospedale.
The survivors of the accident have been taken to the hospital.

Gli invitati sono pregati di arrivare per le otto.
The guests are asked to arrive by eight o'clock.

• Note also well-established nouns such as:
  entrata, salita, uscita, andata.

The gerund

1 Formation

The gerund is formed by adding to the stem of the verb *-ando* for *-are* verbs and *-endo* for *-ere* and *-ire* verbs. Italian has two forms of the gerund, the present and the past.

Infinitive	Gerund	
trovare	trovando	finding (present)
trovare	avendo trovato	having found (past)
vendere	vendendo	selling (present)
vendere	avendo venduto	having sold (past)
partire	partendo	leaving (present)
partire	essendo partito/a/i/e	having left (past)

• Unlike the present and past participles, the present gerund never changes, that is, it never agrees.

• The past gerund is used far less frequently than the present. For verbs that form the past gerund with *essere*, the past participle agrees with the subject:
  Essendo partite presto, le ragazze . . .

• Note the following verbs that change their stem in the present gerund:

bere	bevendo	*tradurre*	traducendo
dire	dicendo	*porre*	ponendo
fare	facendo	*trarre*	traendo

2 Uses

The gerund has a verbal function and is frequently used to convey 'on doing', 'while doing', 'by doing', 'after doing' something and can, therefore, in rather formal language, replace a clause introduced by *mentre, poiché, siccome, dopo che, quando, se.*

L'ho vista camminando (= mentre camminavo) nel parco.
I saw her while I was walking in the park.

Essendo (= Poiché/siccome sono) a corto di denaro, dovrò fare a meno della lavastoviglie.
Being (= since/as I am) short of money, I shall have to do without the dishwasher.

Prendendo (= se prendete) questa scorciatoia, arriverete prima.
By taking (= if you take) this shortcut, you will arrive sooner.

Avendo fatto (= dopo che/quando avevamo fatto) la spesa, siamo tornati a casa.
Having done (= after doing/after we had done) the shopping, we went home.

Parlando (= quando si parla) con lui, ci si accorge del suo accento straniero.
When speaking (= when you speak) to him, you notice his foreign accent.

- In all the above examples where the gerund is used, the subjects of both clauses must be the same. When the gerund does not refer to the subject of the main sentence, then it is advisable to use a subordinate clause introduced by the appropriate conjunction. For example:

L'ho vista mentre camminava nel parco.
I saw her walking in the park.

In this sentence the 'walking' refers to 'her' and the gerund cannot be used. Compare that with the following sentence:

L'ho vista camminando nel parco

where 'walking' refers to the subject 'I'.

- After verbs of perception such as 'to see' and 'to hear', it is also possible to use the infinitive:

L'ho vista camminare nel parco.
I saw her walking in the park.

Ho sentito arrivare i miei amici.
I heard my friends arriving.

- The gerund can also be preceded by *pure*, usually shortened to *pur*, when the meaning being conveyed is 'although . . .ing':

Pur essendo molto dotata, non le piace studiare.
Although being (= although she is) very gifted, she doesn't like studying.

METTETEVI A PUNTO!

1 *Funziona o no!*

Rileggi attentamente i consigli dati sotto la formazione dei participi passati irregolari. Poi prova a formare il participio passato dei seguenti verbi. Il primo è già fatto:

Infinitivo	Participio passato	Infinitivo	Participio passato
resistere	**resistito**	capovolgere	. . . . . .
introdurre	. . . . . .	scoprire	. . . . . .
pretendere	. . . . . .	togliere	. . . . . .
proteggere	. . . . . .	insistere	. . . . . .
ridere	. . . . . .	estrarre	. . . . . .
includere	. . . . . .	sconfiggere	. . . . . .
comporre	. . . . . .	tacere	. . . . . .
commuovere	. . . . . .		

2 *L'infortunio di Elena!*

Completa questo brano con il participio passato del verbo tra parentesi, concordandolo quando necessario. Vedi quanti participi passati sai formare senza consultare l'elenco dei verbi o il dizionario. Un punto per ogni forma corretta! Questa è già una sfida. La seconda sfida è quella di cercare di imparare a memoria i participi passati che hai sbagliato e riprovare l'esercizio fra qualche giorno!

Elena e la sua amica Paola hanno (1) . . . (chiudere) tutte le porte di casa e sono (2) . . . (correre) alla fermata dell'autobus. Elena è (3) . . . (cadere) e si è (4) . . . (rompere) un braccio così hanno (5) . . . (perdere) l'autobus. All'inizio Paola si è (6) . . . (mettere) a ridere, ma poi si è (7) . . . (accorgere) della gravità dell'incidente e ha subito (8) . . . (smettere). Per fortuna, un passante ha (9) . . . (vedere) quello che era (10) . . . (succedere) così si è (11) . . . (offrire) di accompagnarle al pronto soccorso più vicino. Non appena sono (12) . . . (giungere) al pronto soccorso, il medico di turno ha (13) . . . (decidere) di fare la radiografia al braccio. Dopo averla (14) . . . (analizzare), il medico si è (15) . . . (rivolgere) a un'infermiera che ha (16) . . . (condurre) Elena in un altro reparto per l'applicazione del gesso. Fortunatamente Elena non ha (17) . . . (soffrire) molto e Paola ha (18) . . . (chiedere) al medico per quanto tempo avrebbe (19) . . . (dovere) tenere il gesso. Il medico ha (20) . . . (rispondere): circa quaranta giorni.

3 *Bisogna pensarci tre volte non due!*

Vuoi assicurarti di aver capito la differenza fra l'uso del participio presente, il participio passato e il gerundio. Speriamo che la scelta multipla che stai per fare servirà a chiarire qualsiasi dubbio.

1 I risultati del sondaggio sono molto . . .
   a incoraggiando   **b** incoraggianti   **c** incoraggiati
2 . . . quello che hanno da dire, l'insegnante può aiutare molto gli studenti.
   a ascoltante   **b** ascoltando   **c** ascoltato
3 Secondo me, è una situazione molto . . . per chi abita in quella zona.
   a allarmante   **b** allarmato   **c** allarmando
4 La borsa . . . davanti alla mia porta, è stata consegnata alla polizia.
   a trovante   **b** trovando   **c** trovata
5 Alla fine di questo mese ci sarà un vertice a New York per tutti i paesi . . . all'ONU.
   a appartenuti   **b** appartenendo   **c** appartenenti
6 Gli studenti . . . allo scambio devono accettare di ospitare uno studente italiano.
   a partecipando   **b** partecipanti   **c** partecipati
7 Tutti i cittadini . . . diritto di voto sono costretti a compilare questo modulo.
   a aventi   **b** avendo   **c** avuti
8 La sua condizione è . . .
   a migliorando   **b** migliorante   **c** migliorata

4 *Per farla breve*

Il tuo professore vuole insegnarvi ad accorciare le frasi poiché, scrivendo i vostri temi, dovete variare il vostro stile. Dopotutto, la varietà dà sapore alla vita, non è vero? Per accorciare la frase in neretto, bisogna utilizzare il participio passato o presente oppure il gerundio.

Esempio:

I ragazzi **che aderiscono** a questa Associazione ambientalista stanno organizzando una manifestazione.
I ragazzi, **aderenti** a questa Associazione, **ecc.**

1 **Mentre passeggiavamo** nel bosco, abbiamo visto un lupo.
2 **Quando avete fatto i biglietti**, potete andare a prendere un caffè.

3 **Dopo essere arrivata** a casa, è andata subito a letto.
4 **Siccome non sono** pieni di soldi non possono permettersi di andare in vacanza tutti gli anni.
5 Prima di andare alla riunione bisogna leggere attentamente tutti i documenti **che riguardano** le proposte **che ha fatto** il Ministro della Sanità.
6 **Se vi alzate** più presto, potete prepararvi con calma.
7 I passeggeri **che viaggiano** sul rapido devono pagare un supplemento.
8 Ascolto quasi ogni giorno la cassetta **che mi hanno mandato** i miei amici italiani.

Adesso fate il contrario, cioè trasformate le seguenti frasi in neretto, usando *mentre, poiché, se, dopo, quando.*

Esempio: **Fatta la colazione**, mi sono preparato per uscire.
Dopo aver fatto colazione, mi sono preparato per uscire.

1 **Uscito di casa**, sono andato subito in tabaccheria per comprare il giornale e un biglietto per l'autobus.
2 **Non avendo spiccioli**, ho dovuto dare al tabaccaio un biglietto da diecimila.
3 **Aspettando** l'arrivo dell'autobus, mi sono messo a leggere il giornale.
4 **Sceso** dall'autobus, mi sono diretto verso l'ufficio.
5 I miei colleghi erano già arrivati **volendomi** fare una bella sorpresa per il mio compleanno.
6 **Aperto il pacco**, non potevo credere ai miei occhi.

5 *Prendiamo due piccioni con una fava*

Molti sostantivi derivano dai participi passati del verbo. Completa ogni frase scegliendo l'infinito adeguato e formandone il sostantivo.

offrire proporre scomparire sorridere difendere
scrivere sconfiggere malintendere vedere spingere

1 La . . . della ragazza ha sconvolto tutta la famiglia.
2 La nostra camera ha una bella . . . sul lago.
3 Questo ragazzo ha un bel . . .
4 L'esame orale non mi preoccupa ma lo . . . mi fa proprio paura.
5 L'ho comprata al supermercato. È stata una . . . speciale.
6 Questo . . . è successo perché io non mi sono spiegato bene.
7 Dopo questa . . . la mia squadra è l'ultima in classifica.
8 Devo dire che la tua . . . mi interessa molto.
9 Non avevo voglia di andare all'università ma i miei amici mi hanno dato una . . .
10 Non faccio il judo per attaccare ma per la mia . . . personale.

6 *Come facciamo!*

La classe si divide in gruppi. Uno studente pone un problema e tocca agli altri proporre delle soluzioni, utilizzando il gerundio.

Esempio:

– **Come faccio a proteggere la casa dai ladri?**
– **Chiudendo tutte le porte a chiave quando esci.**
– **Avvisando i tuoi vicini quando vai in vacanza.**
– **Lasciando qualche luce accesa.**
– **Installando un allarme, ecc.**

Ecco alcune altre situazioni da risolvere:

– trovare un lavoro
– mantenersi in forma e in buona salute
– passare tutti gli esami alla fine dell'anno
– racimolare abbastanza soldi per andare negli Stati Uniti con gli amici
– sensibilizzare il pubblico ai problemi dell'inquinamento

7 *Creando ci si diverte!*

In italiano c'è una espressione che dice 'sbagliando, s'impara'. Scrivi tutte le frasi che puoi in cinque minuti di tempo, iniziando ogni frase con un gerundio. Confronta i tuoi esempi con quelli di alcuni altri compagni:

Esempi:
Leggendo i libri di storia si impara molto.
Ascoltando il telegiornale ci si tiene aggiornati.

8 *La giornata abbreviata!*

La tua giornata inizia così: <u>Fatta la colazione</u>, sono uscito/a di casa. <u>Uscito/a di casa</u>, ho camminato fino al centro della città.

Continua a raccontare la tua giornata a un compagno di classe, usando quando possibile il participio passato. Finita la tua giornata, il tuo compagno deve raccontarti la sua.

30 THE PASSIVE
IL PASSIVO

MECCANISMI

A passive verb is one where the subject suffers or undergoes the action. In the sentence 'My sister sent the postcard', the verb is active, as the subject, 'my sister', performed the action of sending 'the postcard', which is the direct object. However, it is perfectly good English, and equally correct in Italian, to turn the sentence round and say 'The postcard was sent by my sister'. The verb is now passive, the subject is now what underwent the action of sending, ie 'the postcard' and 'my sister' becomes what is known as the 'agent'.

Active	*Passive*
Mia sorella ha spedito la cartolina.	*La cartolina è stata spedita da mia sorella.*
My sister sent the postcard.	The postcard was sent by my sister.
Il professore correggerà gli esercizi.	*Gli esercizi saranno corretti dal professore.*
The teacher will correct the exercises.	The exercises will be corrected by the teacher.
L'idraulico ripara la lavatrice.	*La lavatrice è riparata dall'idraulico.*
The plumber repairs the washing machine.	The washing machine is repaired by the plumber.

You can see that the passive in English is made up of the relevant tense of 'to be' (is/was/will be, etc) and the past participle of the verb denoting the action in question. You do exactly the same in Italian, using the relevant tense of *essere* (or another verb, see below) plus the past participle, but remember that in Italian, in addition, you must make the past participle(s) agree with the subject (hence *stata spedita, corretti, riparata* in the above examples).

It is not always necessary to express an agent:

L'appartamento è stato svaligiato.
The flat has been burgled (who by is not expressed).

Verbs other than *essere* to express the passive

a *Venire* is often used in place of *essere* but only in simple tenses. It is possible to use either *venire* or *essere* without changing the meaning of the sentence.

Le loro opere furono/vennero ammirate da tutti.
Their works were admired by everyone.

Generally speaking, *venire* tends to emphasise more the carrying out of the action whereas *essere* puts more emphasis on the state.

La scala mobile verrà riparata domani.
The escalator will be repaired tomorrow. (Action)

I pantaloni sono stirati.
The trousers are ironed. (State)

b *Andare* can be used in place of *essere* with verbs such as *perdere*, *smarrire* and *sprecare*.

Tutti i miei documenti sono andati (= sono stati) smarriti.
All my documents have been lost.

Tanti soldi vanno (= sono) sprecati.
So much money is wasted.

Andare can also replace *essere*, in the simple tenses only, to convey the meaning of 'obligation/necessity'. In this type of construction *andare* is taking the place of the relevant tense of *dovere* + *essere*.

Va ricordato (= deve essere ricordato) che la legge non è stata varata.
It must be remembered that the law has not been passed.

Tutti questi commenti andranno presi (= dovranno essere presi) in considerazione.
All these comments will have to be taken into consideration.

c *Rimanere* and *restare* are frequently used instead of *essere* when the following past participle describes a state, such as *stupito, deluso, sconvolto, chiuso, aperto.*

Siamo rimasti molto stupiti quando abbiamo saputo la notizia.
We were very amazed when we heard the news.

Il museo resterà chiuso tutto il mese di giugno per lavori di restauro.
The museum will remain closed the whole of June for restoration work.

d Note that the modal verbs – see Chapter 26 – do not have a passive form. The accompanying infinitive must therefore be put into the passive.

Il contratto deve essere firmato entro stasera.
The contract must be signed by this evening.

Le spese di viaggio potrebbero essere rimborsate.
The travel expenses could be reimbursed.

Alternatives to the passive

The passive is used quite widely in the written language, particularly in newspaper reporting, whereas in the spoken language a number of alternative constructions to the passive are often preferred.

a *Si*

This is used to convey the idea of 'one' and is used very much more than its English equivalent. One begins to sound very stilted in English if one uses it to excess, doesn't one?! This is not the case in Italian, where *si* simply has the effect of 'depersonalising' the action, rather as the passive does in English.

Non si saprà mai la verità.
The truth will never be known.

Come si scrive?
How is it written?

Si dice che i nostri vicini siano pieni di soldi.
It is said that our neighbours are rolling in money.

Si has a variety of other meanings, such as 'we', 'you', 'they', 'people':

Cosa si fa stasera?	What are we doing this evening?
Non si sa mai come reagiranno.	You never know how they will react.

b The *si passivante*

A very common way of avoiding the passive in Italian is to use the passive *si* – *si* + the third person singular or plural of the verb. In this type of construction the agent, that is, who the action is done by, cannot be expressed.

Non si riparerà la macchina entro la fine della settimana.
The car will not be repaired by the end of the week.

Dove si vendono questi libri?	Where are these books sold?
Si è sprecato molto tempo.	A lot of time has been wasted.

This is the 'impersonal' use of the reflexive, and can be used only with inanimate objects. To do so with a person or animal would risk conveying the wrong meaning: eg *si è ucciso* means 'he killed himself' and *not* 'he was killed'.

• Note that a plural verb must be used after *si* when the noun that follows is plural. The second example above could be thought of as, literally, 'Where do these books sell themselves?'.

- Note that in the above example the verb *sprecare* which would use the auxiliary *avere* in an active sentence – *hanno sprecato molto tempo*, uses *essere* in this type of construction with *si*.

c **Make the verb active**

Great care has to be taken when trying to get across the equivalent of English expressions such as 'I was given', 'we were told', where the indirect object becomes the subject of the passive verb. This construction, particularly prevalent with verbs such as *domandare, chiedere, dare, dire, spedire,* all of which take an indirect object, needs to be avoided. The most common way of doing so is to make the verb active and use the third person plural.

Ci hanno detto di aspettare.
We were told to wait.

Mi hanno chiesto di denunciare il furto alla polizia.
I was asked to report the theft to the police.

If you need to express who or what the action was done by, you can use the passive or make the verb active.

Generalmente, questa decisione è presa dal preside della scuola.
Generally, this decision is taken by the headmaster of the school.

If you turn this round to:

Generalmente, il preside della scuola prende questa decisione

then you lose the emphasis on *il preside*.

This can be retained by saying:

Generalmente, è il preside della scuola che prende questa decisione.

Using the passive in past tenses

When using past tenses, it is often important to distinguish between the use of the passive and the imperfect of *essere* + a past participle used as an adjective to describe a state.

La fabbrica è stata/fu chiusa la settimana scorsa.
The factory was closed (that is, the action was performed) last week.
(= passive)

Quando siamo passati davanti alla fabbrica, era chiusa.
When we passed the factory, it was closed (it was in a closed state).
(= active)

Questo quadro è stato/fu dipinto all'inizio dell'ultimo secolo.
This picture was painted (the artist painted it – action) at the beginning of the last century. (= passive)

Tutti gli ospiti erano vestiti bene.
All the guests were well dressed (describes the state). (= active)

METTETEVI A PUNTO!

1 *Ma sta' tranquillo*

Dividi un appartamento con qualcuno che si preoccupa sempre per una cosa o l'altra. Rispondi a tutte le sue domande come nell'esempio:

Hai spento la luce? – Sì, la luce è spenta.

a Hai prenotato i biglietti?
b Hai aggiustato il frigorifero?
c Hai imbucato le cartoline?
d Hai fatto la spesa?
e Hai pulito il bagno?
f Hai pagato la bolletta del gas?
g Hai stirato i miei pantaloni?
h Hai svuotato la pattumiera?

Adesso trasforma le frasi come nell'esempio:

Hai spento la luce? – Sì, la luce è stata spenta.

2 *Attivo o passivo?*

Completa le frasi con la forma attiva o passiva dei verbi tra parentesi a seconda del senso.

1 A che ora . . . le banche? (chiudere)
2 Mi dispiace, signora, ma mio figlio . . . un ramo del suo albero con il pallone. (spezzare)
3 Hai scritto tu la poesia? – No, . . . da un mio collega. (scrivere)
4 Quando sono entrato nella stanza, tutti gli ospiti . . . tra di loro (parlare).
5 Il traffico sull'autostrada . . . in seguito a uno scontro frontale fra un pullman e una vettura. (bloccare) Gli occupanti della vettura sono rimasti gravemente feriti e . . . all'ospedale. (trasportare)
6 Tu farai tutti i preparativi? – No, . . . dai miei genitori. (fare)

7 Non sono riuscito a capire niente perché tutto . . . in inglese. (scrivere)
8 Chi aveva organizzato quella gita? – . . . da un'agenzia di viaggi. (organizzare)
9 Chi . . . questa lettera? – Non sono stato io. (aprire)
10 Secondo te, la nostra ditta avrebbe compiuto questo sondaggio. – No, secondo me, . . . da un'agenzia privata. (condurre)

3 Trasformazione

Trasforma le seguenti frasi come negli esempi:

Si organizzano partite amichevoli.
Sono organizzate partite amichevoli.

Si dovrebbe demolire quella casa.
Dovrebbe essere demolita quella casa.

1 Si dovrebbe rifare tutto il lavoro.
2 Si terranno corsi di recupero.
3 La segretaria potrebbe mandare un fax.
4 Si deve riformare la scuola.
5 Non si accettano le carte di credito.
6 Non si dovrebbe criticare la direzione.
7 Si sono moltiplicati i problemi.
8 Si può respingere la proposta.

4 Riconoscimento

Leggi le seguenti brevi notizie e sottolinea a matita tutti gli esempi del passivo o del si passivante.

a Rubati reperti archeologici a Castelporziano.
Un furto di reperti archeologici considerati di grande valore è stato compiuto qualche giorno fa nella tenuta presidenziale di Castelporziano. Sarebbero state portate via una testa di marmo di epoca romana e una piccola statua, dello stesso periodo, raffigurante una Venere. Il Quirinale si limita a confermare il furto. Le indagini sono condotte dai carabinieri del nucleo tutela patrimonio artistico. Il Castello, che sorge al centro di uno dei più grandi parchi italiani, era stato acquistato nel 1872 dallo Stato.

Corriere della sera, 10.95

b Ambiente: summit di 800 bambini
Ottocento bambini di 85 paesi del mondo sono riuniti a Eastbourne, in Inghilterra, per discutere insieme del futuro del pianeta. La prima Conferenza internazionale dei bambini sull'ambiente è sponsorizzata dalla British Airways e organizzata dal Programma ambientale dell''Onu' 'Unep'.

c Deodorante spray come una bomba

Una bomboletta di deodorante spray che era stata dimenticata su un impianto stereo si è surriscaldata fino a esplodere in un'abitazione di Chippenham in Inghilterra. Finestre divelte, soffitto sfondato, mobilio distrutto: i danni ammontano a trenta milioni di lire. Per fortuna non si segnalano feriti.

d Venerdì l'Italia divisa in due a Orvieto

Tremila persone di Orvieto dovranno lasciare le loro case per una intera giornata, le scuole saranno chiuse, l'autostrada del Sole, la ferrovia direttissima e la 'linea lenta' nel tratto orvietano resteranno bloccate per dieci ore, con gravi ripercussioni sul traffico ferroviario e stradale di tutta l'Italia centrale. Accadrà dopodomani per consentire agli artificieri di neutralizzare una bomba di aereo della seconda guerra mondiale.

Gazzettino, 25.10.95

METTETEVI IN MOTO!

5 *Cosa fare?*

Ecco diverse situazioni. In gruppi cercate di suggerire tutte le cose che si fanno o si possono fare in ciascuna delle situazioni. Potete utilizzare *si* o qualsiasi forma del passivo.

Esempio:

- **In albergo.**
  Si servono i clienti.
  Si accolgono i clienti.
  Le camere vengono pulite ogni giorno.
  La prima colazione è servita a partire dalle 07.00.
  Le chiavi devono essere lasciate in portineria.

- All'aeroporto/in un ristorante/a scuola/a casa quando ci sono bambini in giro/in un parco nazionale.

6 *La mia immagine del mondo ideale*

Se potessi vivere in un mondo ideale! Scrivi un elenco di tutte le cose che sarebbero fatte o dovrebbero essere fatte, per esempio:

La monarchia sarebbe abolita.
I centri delle città dovrebbero essere chiusi al traffico.
Tutte le armi nucleari verrebbero smantellate.
Sarebbero create più piste ciclabili.

Adesso confronta il tuo elenco con quello di due o tre altri compagni di classe e cerca di giustificare le tue idee.

7 *Esito*

Lavorate in coppia. Diverse cose sono accadute. Cercate di suggerire le conseguenze di ogni avvenimento. Potete scrivere tutte le possibilità.

Esempio:

Un anziano è caduto e si è fatto male.

È stato soccorso da un passante.
È stato trasportato all'ospedale.
È stato portato a casa.

1 Tre giovani hanno rapinato una banca.
2 Una petroliera è affondata vicino alla costa.
3 Stanotte c'è stato un temporale: forti raffiche di vento, inondazioni . . .
4 Il Cancelliere dello Scacchiere sta per presentare il suo ultimo bilancio al Parlamento.

8 *Una campagna elettorale*

Tu e i tuoi colleghi siete consiglieri municipali da alcuni anni. Fra poco saranno indette le elezioni locali. Volete essere rieletti e vi riunite una sera per preparare il vostro programma. Scrivete tutto ciò che è stato fatto finora e quello che sarà/verrà fatto una volta rieletti.

9 *Storia della mia scuola/università*

Scrivete una descrizione della vostra scuola/università per il giornalino della scuola/università italiana con la quale è stato organizzato un gemellaggio. Cercate di utilizzare il maggior numero possibile di forme passive o si passivanti nella vostra descrizione. Potreste iniziare in questo modo: **La scuola/università è stata fondata nel . . . Si chiama . . .**

10 *Un'illusione ottica!*

Sei seduto nel soggiorno e ti metti a pensare a tutti i lavori che si devono fare all'interno ed all'esterno della casa:

All'esterno della casa due vetri sono rotti, l'erba è alta un metro, i fiori sono morti, i muri e tutto il legno sono sporchi, il giardino è pieno di immondizie; all'interno della casa c'è polvere dappertutto, i piatti sono ammucchiati nel lavandino, la radio non funziona, non c'è riscaldamento centrale, le tende sono sporche, le camere di sopra sono in disordine. Poi ci sono tutti i vestiti da stirare. Il colmo è che bisogna ancora pagare tutte le bollette.

Ti addormenti e quando ti risvegli due ore più tardi i tuoi sogni sono stati realizzati. Tutto è stato trasformato. Che cosa è stato fatto?

Esempio:

I due vetri rotti sono stati sostituiti, . . .

31 IMPERSONAL VERBS
I VERBI IMPERSONALI

MECCANISMI

Impersonal verbs are verbs which do not have a personal subject, such as I, you, we. The subject corresponds to 'it' or 'there' in English.

Ci sono molti problemi.
There are lots of problems.

È meglio non dirle niente.
It's better not to tell her anything.

The weather

Most expressions which describe the weather are impersonal. Many of them use *fare* or *essere*.

Fa freddo	It's cold
Fa caldo	It's hot
Fa bello	It's nice/fine
Fa brutto	It's bad/awful
È nuvoloso	It's cloudy
È umido	It's damp
C'è il sole	It's sunny
C'è la nebbia	It's foggy
Piove	It rains, It's raining
Nevica	It snows, It's snowing
Tuona	It thunders, It's thundering
Tira vento	It's windy

Time of day (see also Chapter 46)

Che ore sono?	What time is it?
È l'una	It's one o'clock
Erano le sette	It was seven o'clock

Other common impersonal verbs

C'è/ci sono	There is, there are
Accade/avviene/succede (che)	It happens (that)
Basta	It is enough/sufficient
Bisogna/occorre	It is necessary to (see also Chapters 26 + 33)
Capita (che)	It happens (that)
Conviene	It is fitting, a good idea
Importa	It matters
Interessa	It interests
Manca	We need, there's . . . missing
Pare/sembra (che)	It seems (that)
Si tratta di	It is a question of
Spetta/tocca	It is up to, the duty of
Ci vuole	It takes, requires

Non c'è niente da fare qui.
There's nothing to do here.

Conviene prendere l'autobus.
It's better to take the bus.

Tocca a te rispondere al telefono.
It's your turn to answer the phone.

Ci vuole almeno un'ora per arrivarci.
It takes at least an hour to get there.

- With the exception of *si tratta di* and *bisogna,* the above verbs can be used in the third person singular and plural, and they are often accompanied by an indirect object:

Ti conviene andare in macchina.
It's better for you to/You'd do better to go by car.

Ci vogliono due ore per arrivarci.
It takes two hours to get there.

Gli importa molto che tu ci sia.
It matters a lot to him that you should be there.

- See also Chapter 33 for impersonal expressions that are followed by the subjunctive after *che*.

Other impersonal expressions with essere

Essere + adjective/adverb + infinitive, or *che* + subjunctive (see Chapter 32) are considered as being impersonal because they are introduced by 'it'.

Non è necessario prenotare un tavolo.
It's not necessary to book a table.

Sarebbe meglio aspettare.
It would be better to wait.

È vietato fumare.
It's forbidden to smoke (No smoking).

È possibile che la linea sia occupata.
It's possible that the line is engaged.

È ora di partire.
It's time to leave.

METTETEVI A PUNTO!

1 *Com'è il tempo oggi?*

Abbina ogni espressione del tempo della colonna B con una frase adeguata della colonna A.

A

1 Le strade sono allagate.
2 La visibilità è ridotta a 30 metri.
3 Cielo coperto sulle regioni settentrionali.
4 Le temperature sono scese sotto zero.
5 Mi raccomando, non uscire senza il cappotto.
6 La neve si scioglie.
7 Sarà consigliabile sedersi all'ombra.
8 Nevicate sulla Valle d'Aosta e sulle Alpi orientali.
9 Con questo tempo si respira a fatica.

10 Mi piace vivere qui perché, anche d'inverno, la temperatura non scende mai
     sotto i 10 gradi.

B

a Sgela.
b È afoso.
c È nuvoloso.
d Piove a catinelle.
e È mite.
f C'è la nebbia.
g Fa freddo.
h Fa caldo.
i Gela.
j Nevica.

2 *Qui bisogna essere impersonali!*

Due amici vanno a teatro. Completa il loro dialogo con un verbo adeguato tra
quelli elencati qui sotto.

> succedere convenire bastare importare volerci (×2) toccare mancare
> trattarsi bisognare parere

– Quanto (1) . . . ancora per arrivare a teatro?
– Secondo me (2) . . . almeno dieci minuti.
– Sbrighiamoci allora, (3) . . . solo dieci minuti all'inizio dello spettacolo e
(4) . . . ancora comprare i biglietti. Mi (5) . . . che siamo arrivati. Giorgio, ti (6) . . .
parcheggiare la macchina lì, proprio davanti al teatro.
– La commedia che andiamo a vedere, di che cosa (7) . . . ?
– Mi dispiace ma ho dimenticato.
– Non (8) . . . Dammi dei soldi per il biglietto d'ingresso.
– Cinquemila lire non (9) . . . per un posto in galleria!
– Mi devi scusare ma ho dimenticato il mio portafoglio a casa.
– Non ti preoccupare, queste cose (10) . . .
– A proposito, – a chi (11) . . . comprare il gelato durante l'intervallo?

3 *Non andare in giro con la testa nelle nuvole!*

Hai appena trascorso una settimana in Italia. Purtroppo, il tempo è stato meno bello del previsto rispetto al periodo dell'anno. Scrivi una lettera al (alla) tuo/a corrispondente nella quale spieghi come il tuo programma è stato determinato in gran parte dalle variazioni climatiche.

Esempio:

Il primo giorno avevo intenzione di andare alla spiaggia ma faceva troppo freddo e il cielo era tutto coperto. Per fortuna, nel pomeriggio si è rasserenato . . .

4 *Il bollettino meteorologico per domani*

Prova a scrivere il bollettino meteorologico per domani per la Gran Bretagna. Faresti meglio a riferirti alla pagina riguardante le previsioni del tempo sul giornale italiano nella quale troverai molte espressioni utili.

5 *Tutto funziona con perfetta regolarità*

Lavorate in coppia. Uno studente descrive una serie di attività svolte durante una giornata tipica di una persona che conosce bene. L'altro deve dire che ora è o deve essere. Le ore sbagliate possono essere corrette da chi descrive la giornata.

Esempio:

- Mio fratello si alza.
- Allora, sono le sette e mezza.
- No, sono le sette e quaranta. Fa colazione.
- Quindi, sono le otto passate.
- Hai ragione. Esce di casa, ecc.

Adesso tocca all'altro descrivere la giornata di una persona che conosce.

Se preferite, potete descrivere una serie di attività quotidiane, quali:

- Il lattaio consegna il latte.
- Allora sono le tre e mezza di notte.
- No sono le quattro o le quattro e un quarto. Arriva il postino.
- Quindi sono le otto passate.
- Esatto! Il sole tramonta ecc.

6 *Dammi qualche consiglio*

Lavorate in gruppi. Ognuno a vicenda pone un problema che gli altri cercano di risolvere, dando qualche consiglio che inizia con un verbo impersonale.

Esempio:

– Ho la febbre e stasera devo andare a lavorare.
– Allora, ti conviene tornare subito a casa.
– Sarebbe meglio stare a casa se hai la febbre.
– Basta prendere qualche pastiglia e domani ti sentirai meglio.
– Non ti preoccupare, si tratta di un virus che c'è in giro, ma non è niente di grave.
– Secondo me, bisogna andare subito a letto.

7 *Se vuoi realizzare una ambizione, bisogna faticare un po'*

Ognuno deve pensare a qualcosa che vorrebbe fare e gli altri devono suggerire come realizzarla, utilizzando espressioni impersonali come nell'esempio:

– Vorrei imparare a suonare bene la chitarra.
– Allora basta esercitarti due o tre ore ogni giorno.
– Ti conviene prendere lezioni private con un professore di musica.
– Se vuoi suonarla bene ci vuole senz'altro un sacco di pazienza.
– Sarebbe meglio iniziare subito.
– Se ti interessa, comprati subito una chitarra.
– Non c'è bisogno di comprare una chitarra troppo cara per iniziare.

32 THE SUBJUNCTIVE – INTRODUCTION

IL CONGIUNTIVO – INTRODUZIONE

MECCANISMI

The subjunctive itself is not a tense, but an alternative form of the verb which has to be used in certain circumstances. Grammar books often refer to it as the subjunctive mood, and it is true that it does often convey a particular mood of, for example, sadness, joy, anger, fear, doubt or uncertainty.

Exactly where and how to use the subjunctive will be explained little by little in the chapters which follow (Chapters 33 to 37). If you follow the explanations and do the exercises and activities which accompany them, you should be well on the way to acquiring a feeling or instinct for the subjunctive.

The subjunctive has four tenses: present, imperfect, perfect and pluperfect. All tenses are widely used both in spoken and written Italian.

Present subjunctive

The present subjunctive of regular verbs in *-are, -ere,* and *-ire* is formed by adding the appropriate endings for each group to the stem of the infinitive. You would do well to refer back to the explanations and lists in Chapter 14 on the present indicative. (The 'indicative' is the jargon word for the 'normal' present, of which you now have considerable experience.)

a Regular verbs

parlare	*credere*	*servire*	*capire*
parli	creda	serva	capisca
parli	creda	serva	capisca
parli	creda	serva	capisca
parliamo	crediamo	serviamo	capiamo
parliate	crediate	serviate	capiate
parlino	credano	servano	capiscano

Verbs of the *capire* type have the same endings as *servire* and the formation is the same as for the present indicative, that is, *-isc* is inserted between the stem and the ending in the first, second and third person singular and the third person plural.

As the endings of the first three persons are identical, the subject pronouns – *io*, *tu* etc – are often used if the person to whom one is referring is not clear.

Voglio che me lo spieghi un'altra volta.
I want you to explain it to me once more.

Può darsi che tu abbia ragione.
Maybe you are right.

Sarà meglio che vadano in aereo.
It will be better for them to go by plane.

È importante che paghiate la bolletta del gas.
It's important that you pay the gas bill.

b Irregular verbs
There are a number of frequently used verbs that are irregular, that is, their formation does not follow the predictable pattern of the regular verbs under section **a** above. All these verbs are conjugated in full in the Verb Table, pages 362–81.

The perfect subjunctive

This tense is made up of the present subjunctive of *essere* or *avere* and the past participle. You should refer to Chapter 16 for detailed information on which verbs take *essere* or *avere*. The rules governing the agreement of the past participle are the same as those for all compound tenses (see Chapter 16).

verbs taking *avere* *parlare*	verbs taking *essere* *andare*	reflexive verbs *alzarsi*
abbia parlato	sia andato/a	mi sia alzato/a
abbia parlato	sia andato/a	ti sia alzato/a
abbia parlato	sia andato/a	si sia alzato/a
abbiamo parlato	siamo andati/e	ci siamo alzati/e
abbiate parlato	siate andati/e	vi siate alzati/e
abbiano parlato	siano andati/e	si siano alzati/e

Speriamo che abbiate capito tutto.
We hope that you have understood everything.

Pare che siano già partiti.
It seems that they have already left.

Credo che il gestore del ristorante si sia trasferito a Milano.
I believe the manager of the restaurant has moved to Milan.

The imperfect subjunctive

To obtain the stem, remove the ending of the infinitive, ie *-are, -ere* or *-ire*. The only difference in the endings of the imperfect subjunctive is that each conjugation retains the characteristic vowel of the infinitive – *a, e* or *i*.

parlare	*credere*	*servire*
parlassi	credessi	servissi
parlassi	credessi	servissi
parlasse	credesse	servisse
parlassimo	credessimo	servissimo
parlaste	credeste	serviste
parlassero	credessero	servissero

The imperfect subjunctive of verbs of the *capire* type is formed in the same way as for *servire*.

The one completely irregular verb is *essere*:

fossi   fossi   fosse   fossimo   foste   fossero

There are some verbs that have stem changes and a few others use *-ere* endings when you would expect those of the *-are* group.
bere: bevessi   *dare:*   dessi
dire: dicessi   *stare:*   stessi
fare: facessi

Note also verbs ending in *-durre* and *-arre*:
tradurre: traducessi
trarre: traessi

Non volevamo che partissero così presto.
We didn't want them to leave so soon.

Non mi aspettavo che tu mi telefonassi a quell'ora.
I wasn't expecting you to ring me at that time.

Avevano l'impressione che andassimo ai laghi.
They had the feeling that we were going to the lakes.

The pluperfect subjunctive

This is formed with the imperfect subjunctive of *essere* or *avere* and the past participle.

verbs taking *avere* *parlare*	verbs taking *essere* *andare*	reflexive verbs *alzarsi*
avessi parlato	fossi andato/a	mi fossi alzato/a
avessi parlato	fossi andato/a	ti fossi alzato/a
avesse parlato	fosse andato/a	si fosse alzato/a
avessimo parlato	fossimo andati/e	ci fossimo alzati/e
aveste parlato	foste andati/e	vi foste alzati/e
avessero parlato	fossero andati/e	si fossero alzati/e

Se avessimo saputo che non stavano bene non saremmo venuti.
If we had known that they were not well we wouldn't have come.

Era meglio che mia figlia si fosse iscritta alla Facoltà di Medicina.
It was better that my daughter had enrolled in the Faculty of Medicine.

Pensavo che fossero arrivati prima di noi.
I thought that they had arrived before us.

Sequence of tenses

On many occasions, the correct tense of the subjunctive to use becomes obvious from the context, as you'll observe from the examples in this chapter and subsequent chapters on the subjunctive.

General guidelines:
Use the present or perfect subjunctive when the verb in the main clause is present, imperative or future.

Use the imperfect or pluperfect subjunctive when the verb in the main clause is imperfect, perfect, past definite, present conditional or past conditional indicative.

Note also that where the future or conditional is used in the subordinate clause in English, then the same future or conditional tense can be used after certain constructions in Italian; in these cases, there is no obligation to use the subjunctive:

Mi auguro che tutto andrà bene. (future)
or
Mi auguro che tutto vada bene. (subjunctive)
I hope that everything will go well.

Credo che sarebbe impossibile. (conditional)
I think it would be impossible.

The meaning of the subjunctive

Some students are disconcerted by subjunctive forms and ask what they mean. A subjunctive does not change the basic meaning of the verb. As explained above, it is more a question of feeling, mood or nuance than a complete shift of meaning. Here are a few more examples of sentences containing subjunctives – and some encouragement from the authors:

Siamo contentissimi che abbiate comprato questo libro.
We are very pleased that you have bought this book.

Speriamo che facciate molti progressi e che impariate a scrivere e parlare bene l'italiano.
We hope that you make lots of progress and that you learn to write and speak Italian well.

Spieghiamo qui il congiuntivo perché lo comprendiate e lo utilizziate in modo corretto.
We are explaining the subjunctive here so that you can understand it and use it correctly.

Benché sembri una parte difficile della lingua, non bisogna averne paura. Basta che lo studiate bene per averne padronanza.
Although it seems a difficult part of the language, you needn't be afraid of it. It's enough for you to study it well to master it.

Per ulteriori informazioni, suggeriamo che leggiate e studiate con cura i seguenti capitoli.
For further information, we suggest that you read and study the following chapters carefully.

33 THE SUBJUNCTIVE: INFLUENCE

IL CONGIUNTIVO: INFLUENZA

MECCANISMI

The subjunctive is used after verbs and other expressions which influence somebody or something to carry out or not carry out an action. These expressions include those of wanting, requiring, ordering, suggesting, urgency, necessity and also preventing and avoiding.

- Where there are two verbs, the subjects of the main verb and the dependent verb must be different.

Compare:

Voglio fare la spesa.	I want to do the shopping (I both want and do: dependent verb in the infinitive).
Voglio che tu faccia la spesa.	I want you to do the shopping (**I** want, **you** do: dependent verb in subjunctive).
Stasera i miei genitori preferiscono stare a casa.	This evening my parents prefer to stay at home. (**They** prefer, **they** stay.)
Stasera i miei genitori preferiscono che io stia a casa.	This evening my parents prefer me to stay at home. (**They** prefer, **I** stay.)

The subjunctive after verbs of wanting, requiring etc

Some of the verbs which are used with the subjunctive in this way are:

aspettare che	to wait for . . . to
aspettarsi che	to expect that
attendere che	to wait for . . . to
augurarsi che	to wish, hope that
comandare* che	to order
desiderare che	to want
impedire* che	to prevent that
insistere che	to insist that
lasciare* che	to let, allow
ordinare* che	to order
permettere* che	to allow, permit
piacere che	to like sb/sth to
preferire che	to prefer that, prefer sb/sth to
proibire* che	to prohibit, forbid that
sperare che	to hope that
suggerire* che	to suggest that
volere che	to want

I miei genitori insistono sempre che io torni a casa prima di mezzanotte.
My parents always insist on me returning home before midnight.

Non mi aspettavo che l'autista frenasse così bruscamente.
I wasn't expecting the driver to brake so suddenly.

Aspettiamo che arrivino gli altri.
We are waiting for the others to arrive.

Suggerisco che fissiate un altro appuntamento per domani.
I suggest that you fix another appointment for tomorrow.

Il professore non permette che gli studenti si addormentino durante la lezione.
The teacher does not allow the students to fall asleep during the lesson.

Se Marco è arrabbiato, lascia che si sfoghi.
If Marco is angry, allow him to let off steam.

*The verbs above marked with an asterisk are also frequently used with an infinitive, even if the subjects of the two verbs are different:

Il professore non permette agli studenti di addormentarsi durante la lezione.
The teacher does not allow the students to fall asleep during the lesson.

Se Marco è arrabbiato, lascialo sfogarsi.
If Marco is angry, allow him to let off steam.

Suggerisco di fissare un altro appuntamento per domani.
I suggest you fix another appointment for tomorrow.

The above constructions are often preferable to the ones followed by the subjunctive.

Impersonal expressions indicating necessity, importance etc

basta che	it is enough that
è bene che	it is a good thing that
bisogna che	it is necessary that
è essenziale che	it is essential that
importa che	it matters/is important that
è importante che	it is important that
è indispensabile che	it is indispensable that
è meglio che	it is better that
è necessario che	it is necessary that
occorre che	it is necessary that
è ora che	it is time that
pare che	it seems that
è peggio che	it is worse that
è un peccato che	it is a pity that
sembra che	it seems that
è urgente che	it is urgent that

È importante che impariate ad usare il congiuntivo.
It is important that you learn to use the subjunctive.

Sembra che il costo della vita sia aumentato.
It seems that the cost of living has increased.

È un peccato che non facciano qualcosa per ovviare alla difficoltà.
It's a pity that they don't do something to get around the difficulty.

Note that many of these impersonal expressions will be followed by the infinitive in Italian if they are followed immediately by the infinitive in English.

Mi sembra di averla già vista da qualche parte.
I seem to have already seen her somewhere.

È importante rendersi conto dei vari problemi.
It is important to realise the various problems.

È un peccato non dire niente agli altri.
It's a pity not to say anything to the others.

Che + subjunctive

A wish or desire which takes the form of an exclamation may also be expressed by simply using *che* followed by the present subjunctive. It is the equivalent of the English 'let' something happen.

Che lei dica quello che pensa.
Let her say what she thinks.

Che facciano come vogliono loro.
Let them do what they like.

METTETEVI A PUNTO!

1 *Una vita da cane!*

Un cane di razza racconta la sua esperienza di vita. Completa le frasi con la forma adeguata del congiuntivo presente.

«Dove abito io sembra che le cose (1) . . . (andare) di male in peggio. I miei padroni non vogliono che io (2) . . . (uscire) dopo le nove di sera. Preferiscono che (3) . . . (stare) a casa con loro a guardare i documentari sull'addestramento dei cani. Basta che la cagna che abita di fronte (4) . . . (venire) a trovarmi e si arrabbiano subito. Capisco benissimo che è importante che mi (5) . . . (tenere) al guinzaglio quando mi portano fuori anche se a volte mi sembra che (6) . . . (essere) un po'esagerato. È ora che mi (7) . . . (dare) un po' di libertà. È importante che loro mi (8) . . . (spiegare) le regole da seguire ma non è necessario che me le (9) . . . (ripetere) ogni giorno. In fin dei conti sono gentili perché non si aspettano che (10) . . . (contribuire) alle spese del mio vitto e alloggio. Spero tanto che, diventando maggiorenne, le cose (11) . . . (cambiare) perché non ne posso più con questa vita da cane!»

2 *Una buona notizia*

Cathy risponde alla lettera della sua corrispondente italiana. Le comunica una buona notizia e le chiede di fare alcune cose. I verbi al congiuntivo sono stati tolti e scritti in ordine sparso qui sotto. Bisogna reinserirli.

venga	sia	continui	scriva	abbia fatto	mandi
ti sia divertita		abbia	dia	faccia	compili

Cara Daniela

ho ricevuto oggi la tua lettera nella quale mi hai parlato della tua ultima vacanza. Spero tanto che (1) . . . Mi sembra che (2) . . . un bel giro.

L'anno prossimo voglio che tu (3) . . . a trovarmi in Inghilterra. Adesso che mi sono comprata un appartamento posso ospitare gli amici. I miei genitori ne sono anche molto contenti e preferiscono che io (4) . . . più indipendenza e non vogliono che (5) . . . ad affittare un appartamento. Per loro, sono soldi sprecati.

Allora quando decidi di venire basta che mi (6) . . . un colpo di telefono o che mi (7) . . . due righe. La prossima volta ti suggerisco di prendere il treno da Londra, è molto più veloce.

A proposito, se tuo fratello vuole fare il corso di inglese quest'estate, è importante che mi (8) . . . sapere qualcosa. Inoltre occorre che (9) . . . il modulo di iscrizione e che lo (10) . . . a me oppure direttamente alla scuola. Spero che tutto questo (11) . . . chiaro.

Ci risentiamo presto

Ciao, Cathy

3 Un'altra decisione da prendere

Il tuo/la tua insegnante d'italiano vuole assicurarsi che tu abbia capito tutte le regole spiegate in questo capitolo e quindi ti chiede di tradurre le seguenti frasi in italiano. Non sarà sempre necessario usare il congiuntivo. Questa è la decisione che devi prendere.

1 It's a pity that your nephew doesn't speak French.
2 It's better that they leave before midday.
3 I seem to have got the wrong number.
4 Let her choose the subjects she wants to study.
5 We don't want them to arrive too early.
6 We hope that all goes well.
7 We hope to go and see them this summer.
8 If you (pl.) want to pass the exam you must revise everything.
9 It's better to buy a return ticket.
10 I am waiting for them to come back from the station.

THE SUBJUNCTIVE: INFLUENCE

AZIONE GRAMMATICA!

METTETEVI IN MOTO!

4 *Piacere o dispiacere*

Fai un elenco dei vizi o delle abitudini che ti danno fastidio, per esempio, a scuola, per la strada, nei negozi ecc. Se possibile, introduci ogni idea usando un verbo o una espressione che richiede il congiuntivo per spiegare il perché del tuo dispiacere. Può darsi che il tuo compagno non sia d'accordo con te.

Esempio:

– **Non mi piace che il nostro insegnante d'italiano ci dia sempre un sacco di compiti da fare. È importante che facciamo qualcosa, ma ogni sera!!**
– **Non sono d'accordo, è meglio che ci faccia studiare tanto perché vuole che tutti gli studenti superino gli esami finali.**

5 *Organizzare uno scambio culturale*

La vostra scuola (o città) fa uno scambio culturale con una scuola italiana che propone di venire da voi per due settimane a giugno. La scuola italiana desidera ricevere una sollecita risposta riguardo al periodo della visita e al programma che si svolgerà durante queste due settimane. In gruppi dovete mettervi d'accordo sul periodo della visita e su un eventuale programma di attività. Cercate di usare il maggior numero possibile di espressioni che richiedono il congiuntivo.

Esempio:

– **Personalmente, non voglio che vengano a giugno perché saremo troppo impegnati con gli esami.**
– **Sono d'accordo con te, sarebbe meglio che venissero a Pasqua.**
– **Io suggerisco che il periodo migliore sia qualche settimana prima di Pasqua.**
– **Riguardo al programma, è importante che visitino il parco nazionale. Bisogna che qualcuno li accompagni. Suggerisco che due o tre studenti della nostra classe vadano con loro ...**

6 *Una vita migliore!*

Lavorate in coppia. Utilizzando espressioni che richiedono il congiuntivo, scrivete un elenco di proposte per migliorare:

a La sicurezza nelle grandi città di notte.

b La sicurezza stradale.
c Il trattamento degli animali trasportati.
d Il sistema della pubblica istruzione.
e La vita dei meno abbienti.

Esempio:

1 È essenziale che tutte le strade siano bene illuminate.
2 Bisogna che tutti i negozi installino la videocamera.

Confrontate il vostro elenco con quello di un' altra coppia, discutendo le eventuali differenze.

34 THE SUBJUNCTIVE: EMOTIONAL AND MENTAL REACTIONS

IL CONGIUNTIVO: LE REAZIONI EMOTIVE E MENTALI

 MECCANISMI

The subjunctive is used after expressions indicating an emotional or mental reaction to the event in the dependent clause.

Emotional reactions

The subjunctive is used after verbs and other expressions of joy, sadness, anger, sorrow, fear and other emotions:

Siamo contenti che tua figlia sia riuscita a trovare un lavoro.
We are pleased that your daughter has managed to find a job.

È triste che ci siano più di due milioni di disoccupati.
It's sad that there are more than two million unemployed.

• Remember that the subjects of the two clauses must be different, otherwise you use an infinitive:

Siamo contenti di rivederti.
We are pleased to see you again.

Here are some examples of 'emotion' phrases which take the subjunctive:

avere paura che	to be afraid that
dispiacere (mi dispiace, etc) che	to regret, be sorry that
essere arrabbiato che	to be annoyed that
essere contento/felice che	to be pleased/happy that
essere deluso che	to be disappointed that
essere scandalizzato che	to be shocked/outraged that

essere sconvolto che	to be upset that
essere sorpreso/stupito che	to be surprised that
essere spiacente che	to be sorry that
essere triste che	to be sad that
meravigliarsi che	to be amazed that
rincrescere (mi rincresce, etc) che	to regret that
stupirsi che	to be surprised that
temere che	to fear that

Mental reactions and value judgements

Closely related to all these emotional reactions are all 'value judgements' – reactions of indignation, incredulity, justification, approval, disapproval or concern.

È una vergogna che il Comune non faccia nulla per risolvere il problema del traffico nel centro della città.
It's a disgrace that the Local Authority is doing nothing to solve the traffic problem in the centre of the town.

È incredibile che continuino a chiudere un occhio sull'inquinamento provocato dai gas di scarico.
It's incredible that they continue to turn a blind eye to the pollution caused by the exhaust fumes.

Sono scandalizzato che nessuno abbia la voglia di bandire le auto dal centro.
I am outraged that no one has the will to ban cars from the centre.

È ridicolo che si debba respirare questa aria velenosa.
It's ridiculous that one has to breathe in this poisonous air.

Here are some examples of 'judgements' that require the subjunctive, but there are many more:

accettare che	to accept that
piacere che	to like . . . ing
è assurdo che	it's absurd that
è giusto che	it's right that
è incredibile che	it's incredible that
è indegno che	it's unworthy that
è ingiusto che	it's unfair that
è un peccato che	it's a pity that
è ridicolo che	it's ridiculous that
è uno scandalo che	it's a disgrace that
è scandaloso che	it's scandalous/outrageous that

è una vergogna che	it's a shame/disgrace that
è vergognoso che	it's shameful that
non (mi) importa che	I don't mind (sb) ... ing

- Note that the reaction can be expressed in the form of a verb, a noun or an adjective, followed by *che*:

che vergogna che	what a disgrace that
è un'assurdità che	it's an absurdity that

È un'assurdità che i bambini debbano crescere in una zona così inquinata.
It's an absurdity that the children have to grow up in such a polluted area.

METTETEVI A PUNTO!

1 *Una lettera al giornale*

Una donna scrive una lettera al giornale nella quale dà sfogo ai suoi sentimenti. Bisogna volgere al congiuntivo presente tutti i verbi tra parentesi.

Cari lettori

Abito con mio marito e i miei due figli in un quartiere residenziale vicino al centro. In questo momento mi sento giù di morale perché mio marito ha perso il suo posto di lavoro due mesi fa e adesso non riesce a trovare più nulla. È una vergogna che il tasso di disoccupazione ... (rimanere) così alto. Non c'è da meravigliarsi che i problemi sociali ... (continuare) ad aumentare. Per molti, la mia famiglia inclusa, ho paura che le cose ... (andare) di male in peggio. Secondo me, non è giusto che alcuni ... (percepire) un salario elevatissimo mentre tanti altri hanno difficoltà a sbarcare il lunario.

Sono contenta che gli abitanti del quartiere ... (volere) organizzare una manifestazione in piazza la settimana prossima. È ridicolo che i nostri consiglieri municipali ... (dire) che l'attuale situazione economica non ha niente a che fare con la politica del governo. Non accetto che non si ... (potere) fare nulla. È triste che tanti giovani come noi non ... (avere) migliori prospettive per il futuro.

Sono spiacente che la mia lettera ... (essere) piena di ira e disperazione ma avevo proprio voglia di sfogarmi.

Antonella

2 *Ma dai, fai almeno uno sforzo*

Il tuo amico fa tante cose che non riesci ad accettare. Esprimendo il tuo sdegno/la tua incredulità ecc., cerca di fargli capire che non può andare avanti così. Utilizza l'espressione tra parentesi. Ogni espressione richiede il congiuntivo.

Esempio:

Non fa mai i suoi compiti. (è un peccato)
È un peccato che tu non faccia mai i tuoi compiti.

1 Non si alza mai prima delle undici. (è una vergogna)
2 Non vuole mai studiare. (è incredibile)
3 Non fa niente per aiutare i suoi genitori. (mi meraviglio)
4 Guarda la televisione tutte le sere per quattro ore di fila. (è assurdo)
5 Non mangia mai la verdura o la frutta fresca. (è un peccato che)
6 Non ha voglia di andare all'università alla fine dell'anno. (mi dispiace)
7 Non dà mai una mano a sua sorella minore quando ha bisogno di aiuto con i suoi compiti. (sono sorpreso)
8 Non risponde mai alle telefonate dei suoi amici. (sono deluso)

METTETEVI IN MOTO!

3 *È uno scandalo!*

Le autorità della vostra regione hanno già pubblicato i loro progetti per i prossimi dieci anni, e tu e i tuoi compagni dovete esprimere le vostre reazioni a questi progetti. Bisogna quindi approvarli o disapprovarli utilizzando frasi che richiedono il congiuntivo.

Esempio:

• chiudere una delle scuole materne

– **Personalmente, è incredibile che abbiano preso una decisione del genere quando, al giorno d'oggi, ci sono sempre più mamme che lavorano.**
– **Sono sorpreso che vogliano fare una cosa del genere.**
– **A mio parere, sono contento che chiudano una delle scuole perché quell'altra è più moderna, ben attrezzata ed è abbastanza grande per accogliere tutti i bambini.**

Il consiglio regionale propone anche di:

- permettere la costruzione di un altro grande supermercato a cinque chilometri dal centro
- far costruire un centro sportivo in un paesino di mille abitanti
- demolire una fila di case per allargare una strada molto trafficata
- aumentare le tariffe dei parcheggi nel centro della città
- creare un altro campo da golf per attirare più turisti nella zona
- aumentare le tasse comunali per finanziare questi progetti

4 *Ma come si possono realizzare cose del genere!*

Pensa a delle notizie che hai letto sul giornale oppure che hai sentito alla televisione o alla radio che ti fanno proprio arrabbiare. Scrivi un breve elenco di queste notizie ed esprimi le tue reazioni – come nell'esercizio precedente. Confronta le tue notizie e reazioni con quelle di alcuni altri compagni di classe. Sarebbe forse meglio che ti preparassi a casa prima di presentare il lavoro in classe.

5 *Che disperazione!*

Leggi la seguente lettera al giornale. Discuti il contenuto con i tuoi compagni ed esprimi le tue reazioni, utilizzando espressioni che richiedono il congiuntivo, per esempio, *è triste che, mi dispiace che, è una vergogna che, è ingiusto che*, ecc.

Chi vuole, può scrivere una risposta alla lettera, cercando di utilizzare il maggior numero possibile di espressioni emotive, seguite dal congiuntivo.

Io lascio il mio paese natio. È la prima volta che scrivo a un giornale, ma ho proprio bisogno di sfogarmi con qualcuno, anche se mi vergogno moltissimo a confidare ad altri i miei problemi. Sono un giovane di ventidue anni, 'vittima' della crisi economica che sta attraversando il paese grazie agli errori di chi ci ha governato fino a ora. Anch'io, come tanti altri, non riesco a trovare un lavoro, nemmeno il più umile. La disperazione mi ha portato a fare una delle cose che ho sempre criticato e odiato: chiedere le raccomandazioni. Comunque, non ho ottenuto nulla.

Adesso non so più che cosa fare. Litigo in continuazione con i miei genitori e non esco quasi mai di casa. Anche il rapporto con la mia ragazza è peggiorato: fino a quando sarà disposta a sopportare? Sto pensando seriamente, perciò, alla possibilità di andare a cercare fortuna all'estero, perché qui non c'è più nulla in cui sperare. Che cosa mi consiglia?

Quando ero un bambino, i grandi mi dicevano di godere la mia bella età, perché la vita mi avrebbe riservato dolori. Ci sono arrivato.

35 THE SUBJUNCTIVE: DOUBT, DISBELIEF AND POSSIBILITY

IL CONGIUNTIVO: IL DUBBIO, L'INCREDULITÀ E LA POSSIBILITÀ

 MECCANISMI

The subjunctive is used in various situations where there is an element of doubt, disbelief or possibility.

Doubt and uncertainty

dire (si dice/dicono) che	to say (one says/they say) that
dubitare che	to doubt that/whether
essere incerto che	to be uncertain that
non essere sicuro/certo che	not to be sure that

Non sono sicuro che la prima colazione sia inclusa nel prezzo.
I'm not sure that breakfast is included in the price.

Dubito che vengano a quest'ora.
I doubt whether they are coming at this hour.

Dicono che suo fratello non stia molto bene.
They say that his brother is not very well.

• Note that <u>positive</u> statements of certainty take the indicative:

So che abitano nella casa di fronte.
I know they live in the house opposite.

Sono sicuro/certo che la prima colazione è inclusa nel prezzo.
I am sure/certain that breakfast is included in the price.

È vero che suo fratello non sta bene.
It's true that his brother is not well.

È un fatto che il gestore del ristorante è stato licenziato.
It's a fact that the manager of the restaurant has been sacked.

Belief, disbelief and denial

The subjunctive is also used after verbs expressing thought and denial. This can be regarded as a further extension of doubt.

Penso che tutto sia andato bene.
I think that everything has gone well.

Non crediamo che sia possibile spostare la data dell'esame.
We don't believe it's possible to change the date of the exam.

L'insegnante ritiene che gli studenti non lavorino abbastanza.
The teacher thinks that the students do not work enough.

I genitori negavano che il loro figlio avesse commesso il reato.
The parents denied that their son had committed the crime.

- In spoken Italian there is a growing tendency to use the indicative after *pensare, credere* and *ritenere*, although it is more correct, and particularly in the written language, to use the subjunctive.
- As usual, if the subjects of the two verbs are the same, the infinitive is used:

Riteniamo di aver sbagliato.
We think we were wrong.

Non pensano di andarci quest'anno.
They're not thinking of going there this year.

Possibility

Possibility is still closely linked to doubt: it might happen or it might not!

The following 'possibility' phrases take the subjunctive:

è impossibile che	it's impossible that
è poco probabile che	it's unlikely that
è possibile che	it's possible that
è probabile che	it's probable/likely that
può darsi che	it may be that

- *Può darsi che* and *è possibile che* provide one of the ways of expressing 'may' or 'might' in Italian, particularly when they are emphasised:

Può darsi che non vengano.
Maybe they are not coming.

Può darsi che abbiano cambiato idea per via del maltempo.
They might have changed their mind because of the bad weather.

1 *Certezza o incertezza!*

Il trasloco dei signori Rossi. Completa le frasi con la forma adeguata dei verbi tra parentesi, tenendo presenti le regole spiegate precedentemente sull'uso del modo indicativo e congiuntivo.

1 So che ai nostri vicini non . . . vivere in questa città. (piacere). Credo che per loro . . . troppo caotica. (essere).
2 Si dice infatti che . . . in un paesino vicino a Cuneo. (trasferirsi). È probabile che . . . già la prossima settimana. (traslocare).
3 Può darsi che io . . . andare ad aiutarli a caricare i mobili sul camion. (dovere) Non penso che . . . molta mobilia, la loro casa è molto piccola. (avere). Speriamo che . . . bel tempo il giorno del trasloco altrimenti i mobili si potrebbero rovinare. (fare)
4 Sono sicuro che mi . . . in quanto sono molto amico con il loro figlio minore. (mancare) Oltretutto, dubito che io . . . andare a trovarlo molto spesso perché penso che Cuneo . . . a duecento chilometri da qui. (potere/trovarsi). È vero, però, che il treno . . . molto comodo e so che in meno di due ore . . . alla stazione di Cuneo. (essere/arrivare)

2 *Illusioni create dall'alcol*

Due amici sono appena usciti dal bar e si dirigono verso la fermata dell'autobus. Può darsi che abbiano bevuto un po' troppo poiché la conversazione che si svolge è piuttosto bizzarra. Malgrado il loro stato di ebbrezza, usano molte espressioni che richiedono il congiuntivo. Completa il loro dialogo, scegliendo il verbo adeguato tra quelli indicati qui sotto e volgendolo al congiuntivo.

> essere (×2) risparmiare valere chiudere costare rimanere volere avere circolare

– Enrico, perché quel signore sta correndo dietro all'autobus?
– Può darsi che (1) . . . risparmiare dei soldi. Penso che un biglietto per una corsa (2) . . . 1300 lire.
– Credo che tu (3) . . . ragione, Enrico ma perché non corre dietro a un tassì, dicono che si (4) . . . molto di più?
– Che furbo che sei! A proposito, quella luce lassù, pensi che (5) . . . la luna o il sole?

– Non lo so, non sono di queste parti. Comunque, è molto probabile che
(6) . . . un lampione perché a quest'ora il sole e la luna sono già andati a nanna.
– Non credo che (7) . . . la pena aspettare l'autobus. È poco probabile che i
mezzi pubblici (8) . . . alle piccole ore della mattina. Torniamo al bar. Penso che
(9) . . . aperto tutta la notte.
– Sei sicuro che non (10) . . . alle tre?
– Andiamo a vedere.
– È lontano?
– No, è a due passi!

METTETEVI IN MOTO!

3 *Quante possibilità!*

Per ogni frase qui sotto bisogna pensare a tutte le possibilità come nell'esempio.
Sarebbe meglio lavorare in coppia, scrivere le varie possibilità e poi confrontare
le vostre idee con quelle di un'altra coppia.

Esempio: **Perché Maria non viene al cinema con noi?**
Può darsi che sia a corto di denaro.
Penso che abbia già visto il film.
Non credo che le piaccia il film che danno.
È probabile che abbia qualche altro impegno.

1 Il mio amico non fa mai i suoi compiti d'italiano.
2 I miei vicini hanno venduto la loro macchina.
3 Perché molti studenti sono assenti oggi?
4 Il mio amico ha deciso di dimettersi all'età di 53 anni.
5 La mia corrispondente italiana doveva venire a trovarmi a Pasqua ma nella
   sua ultima lettera mi ha detto che adesso non può venire.
6 Come mai il fratello di Silvia si alza così tardi?

4 *Ma che strano!*

Un tuo amico si comporta in modo insolito. Lavorando in coppia ed
utilizzando verbi ed espressioni di dubbio ecc., cercate di indovinare il perché
del suo comportamento.

Non si alza mai prima delle undici di mattina, il che vale anche per il fine
settimana. Ogni giorno scrive un sacco di lettere. Ogni sera è attaccato al
telefono per delle ore. È una persona robusta e normalmente è molto vivace,
allegra e spiritosa ma ultimamente sembra molto giù di corda, magrolino,

nervoso. Esce quasi tutte le sere ma va a spasso da solo. Da più di un mese non va in giro con i suoi amici, i quali cominciano a preoccuparsi per lui e non riescono a capire cosa gli stia succedendo.

5 *Un po' di conoscenza generale*

Lavorate in coppia. **Studente A** è molto sicuro di sé ed è convinto di avere sempre ragione quando dice qualcosa. Utilizzando espressioni di certezza, bisogna fare delle affermazioni come negli esempi:

Sono sicuro che le banche aprono alle nove.
È un fatto che il ristorante italiano è chiuso il lunedì.
So che gli esami iniziano ai primi di giugno.
È vero che molti giovani hanno lasciato questa zona per cercare lavoro altrove.

Facendo questa attività, lo studente A può riferirsi a qualsiasi argomento.

Studente B. Non condivide la certezza del suo compagno. Utilizzando espressioni di dubbio, come negli esempi, vuole mostrare la sua incertezza:

È possibile che alcune banche aprano alle nove ma credo che la maggioranza apra alle nove e mezza.
Non credo che tu abbia ragione, è possibile che il ristorante italiano sia chiuso la domenica ma il lunedì!
È probabile che molti esami inizino a giugno ma non tutti.

Dopo cinque minuti sarebbe una buona idea cambiare ruolo.

36 THE SUBJUNCTIVE: AFTER CONJUNCTIONS

IL CONGIUNTIVO: DOPO LE CONGIUNZIONI

MECCANISMI

The subjunctive is used after a number of subordinating conjunctions. A conjunction is a word such as 'and', 'although', 'unless', which joins two clauses. A subordinating conjunction is one that joins a subordinate clause to the main sentence, that is, it cannot exist by itself, for example: 'although we got there early' needs a main clause to say what did or didn't happen to make a complete sentence.

Purpose

affinché *in maniera che* *in modo che* *perché*	in order that, so that

Te lo spiegherò un'altra volta perché tutto sia chiaro.
I shall explain it to you once again so that everything is clear.

Il nostro insegnante è disposto a ripassare tutto, in modo che gli studenti che sono stati assenti non siano svantaggiati.
Our teacher is willing to go over everything so that the students who have been absent are not disadvantaged.

• Note that when the clause indicates purpose, *in modo che* and *in maniera che* take the subjunctive; but if the clause denotes result, they take the indicative.

Compare the following two examples:

Il conducente del pullman si fermava ogni tanto in modo che i gitanti potessero fare delle foto.
The coach driver would stop occasionally so that (= in order that) the people on the trip could take some photos.

Il conducente del pullman si fermava ogni tanto in modo che i gitanti potevano fare delle foto.
The coach driver would stop occasionally, so (= therefore) the people on the trip were able to take some photos.

Condition

a condizione che	on condition that, provided that
a meno che (non)	unless
a patto che	on condition that
purché	provided that, on condition that
salvo che (non)	unless, provided that

A meno che non faccia troppo freddo, vado a fare il bagno ogni mattina.
Unless it's too cold, I go for a swim every morning.

Ti posso prestare i soldi purché tu me li restituisca entro il fine settimana.
I can lend you the money provided that you give it to me back by the weekend.

Time

prima che	before
finché non	until

Finché non abbiano preso la decisione, non possiamo fare nulla.
Until they have taken the decision, we can do nothing.

Speriamo che facciano qualcosa prima che sia troppo tardi.
Let's hope that they do something before it's too late.

• *Finché* takes the indicative when it means 'as long as/while'.

Finché c'è vita c'è speranza.
While there's life there's hope.

Rimarrò in questa casa finché vivrò.
I shall stay in this house as long as I live.

• The indicative is used with the following conjunctions of time:

appena	as soon as
dopo che	after
mentre	while
quando	when
una volta che	once

Mentre finisci di lavare i piatti vado a prepararmi.
While you finish washing up I'll go and get ready.

Appena saprò i risultati dei miei esami, ti darò un colpo di telefono.
As soon as I know the results of my exams. I shall give you a ring.

- The future is normally required after conjunctions of time when the verb in the main sentence is also future.

Concession

benché	although
malgrado (che)	despite the fact that
non è che	it's not that
nonostante (che)	despite the fact that
sebbene	although
seppure	even if, even though

Nonostante facesse un freddo da morire, siamo andati a vedere la partita di calcio.
Despite the fact that it was bitterly cold, we went to see the football match.

Non è che sia pigro, è solo che quando sbrigo le faccende domestiche gli piace fare da osservatore.
It's not that he's lazy, it's just that when I'm doing the housework he likes to act as an observer.

Benché il concerto sia gratuito, non ho voglia di andare.
Although the concert is free, I don't feel like going.

- *Che* is often omitted after *nonostante* and *malgrado*.

Note also the following expressions that are followed by a subjunctive because they always introduce a hypothesis:

ammettiamo che	let's assume that
mettiamo che	let's suppose that
poniamo che	let's suppose that
supponiamo che	let's suppose that

Ammettiamo che l'aereo parta in orario.
Let's assume that the plane leaves on time.

Fear

per paura che	for fear that, lest, in case . . . not

Sarebbe meglio tornare presto per paura che abbiano chiuso la porta a chiave.
It would be better to go back early in case they have locked the door.

Other conjunctions requiring the subjunctive

caso mai	should, in the event that
nel caso che	in the event that
qualora	in case, if
senza che	without

Sono riuscito a sostituire il vaso rotto senza che i miei genitori se ne accorgessero.
I managed to replace the broken vase without my parents noticing.

Caso mai tu cambiassi idea, posso venire a prenderti.
Should you change your mind, I can come and fetch you.

Subjunctive or infinitive?

When the subject of both verbs is the same, the following prepositional forms are used with the infinitive:

per	in order to
al fine di	in order to
allo scopo di	in order to
in modo da	so as to
in maniera da	so as to
prima di	before
per paura di	for fear of
senza	without

Stamattina sono corso alla fermata per paura di perdere la corriera.
This morning I ran to the bus-stop for fear of missing the bus.

Dovete mangiare qualcosa prima di partire.
You must eat something before leaving.

Per capire i giochi di parole bisogna ascoltare molto attentamente.
In order to understand the puns you have to listen very carefully.

Se ne sono andati senza dire niente.
They went off without saying anything.

• Remember that *dopo* is followed by the perfect infinitive (see Chapter 25, page 169):

Dopo aver disfatto le valigie, siamo andati a prendere qualcosa da bere.
After unpacking, we went to get something to drink.

AZIONE GRAMMATICA!

1 *Il pro e il contro*

Vuoi organizzare una festa a casa tua, alla quale pensi di invitare una quindicina di amici. I tuoi genitori non sono del tutto convinti. Qui sotto sono elencati i loro dubbi e le loro preoccupazioni. Collega una frase nella colonna A con una frase nella colonna B.

A	B
1 Io vi farò dei tramezzini	a perché la nonna che dorme nella camera di sopra non venga disturbata.
2 Gli invitati non devono bere l'alcol	b finché tua sorella non abbia finito i suoi compiti.
3 Bisognerà abbassare il volume dell'impianto hi-fi	c per paura che qualcuno lo sporchi con le scarpe.
4 Dovete rimettere tutto in ordine voi	d in modo che siano al corrente di quello che volete fare.
5 Sarà meglio levare il tappeto	e purché tu e i tuoi amici vi occupiate di tutto il resto.
6 Dobbiamo parlare con i vicini	f nel caso che spostiate i mobili.
7 I tuoi amici non possono arrivare	g a condizione che finisca prima di mezzanotte.
8 Ti lasceremo organizzare la festa a casa nostra	h a meno che non abbiano compiuto diciotto anni.

2 *Collegamenti*

Utilizzando la congiunzione tra parentesi, bisogna collegare le due frasi. Attenzione! A volte sarà necessario omettere un connettivo, per esempio *altrimenti*, o alcune parole.

1 Giorgio intende uscire. I suoi genitori non lo sanno. (senza che)
2 Piove a catinelle, ma rifiuta di prendere l'ombrello. (benché)
3 'Prendi pure la mia macchina, ma solo se mi fai il pieno di benzina' ha detto suo fratello. (a condizione che)
4 Ti conviene affrettarti, altrimenti mamma e papà arrivano a casa. (prima che)
5 Se il tempo continua a peggiorare, cosa puoi fare? (ammettiamo che)
6 Le strade sono sdrucciolevoli. Mi raccomando, non andare troppo forte. (caso mai)

7 Mi hai fatto tantissime raccomandazioni, ma riuscirò a ricordarmele tutte lo stesso. (nonostante)
8 Se non vuoi darmi altri consigli, finalmente posso andarmene! (a meno che)

METTETEVI IN MOTO!

3 *Va bene, a condizione che ...*

Lavorate in coppia. **Studente A:** Hai sempre voglia di andare da qualche parte o di fare qualcosa. Devi dire quello che vorresti fare stasera, questo fine settimana, durante le vacanze, ecc.

Studente B deve assumere il ruolo di un parente/genitore che vuole imporre certe condizioni. Bisogna utilizzare *a condizione che, purché, a meno che (non)*.

Esempio:

– **Stasera vorrei andare a fare un giro sulla mia moto.**
– **Va bene, puoi andare a condizione che non torni troppo tardi/puoi andare a meno che le strade non siano troppo scivolose dopo la nevicata.**

4 *Come evitare gli incidenti in casa*

Quando siamo a casa ci sono sempre certi oggetti, prodotti o apparecchi che possono diventare una minaccia alla vita se non stiamo attenti. Quando ci sono bambini in giro, i pericoli tendono a moltiplicarsi perché non si rendono conto dei rischi che stanno dietro a queste cose. Qui sotto c'è un elenco di azioni che si possono prendere per non rischiare un incidente. Bisogna suggerire il motivo di ogni azione. Utilizzate *perché/per, affinché/al fine di* ecc. nelle vostre risposte.

Esempio:

Bisogna mettere i detersivi e i prodotti per la casa sotto chiave.

– **Perché i bambini non li possano toccare.**
– **Al fine di evitare una situazione pericolosa.**

a Bisogna mettere le medicine fuori dalla portata dei bambini.
b Quando fai bollire l'acqua, sposta la pentola sul fornello più lontano.
c Bisogna usare prese di corrente sicure.
d Non lasciare un bambino da solo nella vasca mentre fa il bagno.
e Non permettergli di usare oggetti elettrici (il phon, ecc.).
f Bisogna evitare che possa prendere coltelli e forbici.

In gruppi fate un elenco di altre azioni che si possono prendere e suggerite modi per evitare un incidente. Questa volta non limitatevi ai bambini ma pensate anche agli adulti.

5 *Nonostante le circostanze*

Malgrado la situazione, certe persone reagiscono diversamente da quello che ci si aspetterebbe, forse perché sono disposte a lanciare una sfida. Descrivi ogni situazione utilizzando *benché* o *sebbene*.

Esempio:

a Benché Marco sia molto bravo a scuola, non fa mai i suoi compiti.

a Marco è molto bravo a scuola.
b Maria si è comprata una macchina sportiva.
c Gianni ha viaggiato in aereo.
d Mio zio ha un cane e due gatti.
e Elena ha bevuto mezzo litro di vino.
f Paolo compra spesso dei compact disc.
g Mia sorella non mangia mai la carne.
h Daniela va a letto sempre molto tardi.

Tu hai mai fatto (o farai) delle cose simili? Pensaci un po' e poi scrivi un elenco di tutti gli esempi che ti vengono in mente. Non devono essere tutti veri, puoi anche crearne, per esempio:

Benché l'acqua fosse gelida, ho fatto il bagno nel fiume. Sebbene io abbia un esame importante domani, stasera vado in discoteca.

Confronta il tuo elenco con quello di un compagno di classe.

IL CONGIUNTIVO: ALTRI USI IMPORTANTI

MECCANISMI

After certain types of antecedent

The subjunctive is used in relative clauses when the antecedent is indefinite, negative or superlative. The antecedent is the person who, the thing which, the place where, etc.

a Indefinite antecedent

The antecedent is 'indefinite' if it is not a specific person, thing or concept, even though it may be required to have certain attributes:
'We're looking for an interpreter who can speak Swedish': the antecedent, 'interpreter', is indefinite because any interpreter will do, as long as he/she meets the requirements of speaking Swedish. On the other hand, in the sentence 'We're looking for that interpreter who speaks Swedish', the interpreter is a definite known one.

Cerchiamo un interprete che sappia parlare svedese.
(Indefinite: subjunctive.)

Cerchiamo quell'interprete che sa parlare svedese.
(Definite: indicative.)

This construction tends to be used after verbs of wanting, needing, looking for, dreaming of, etc. It is, in fact, a further instance of uncertainty, dictating the need for a subjunctive.

Some more examples to compare indefinite with definite:

Vogliono prendere il treno che parte prima delle otto.
They want to take the train that leaves before eight.
(Indicative: a definite known train.)

Vogliono prendere un treno che parta prima delle otto.
They want to take a train that leaves before eight.

(Indefinite: *any* train, provided it meets the time requirements, therefore the verb is subjunctive.)

La ditta ha bisogno di un direttore che abbia rispetto per il personale.
The firm needs a manager who respects the staff.
(*Any* manager who can meet this requirement, so subjunctive.)

Gianni è un direttore che ha rispetto per il personale.
Gianni is a manager who respects the staff.
(Definite: it is known he respects the staff, so indicative.)

b Negative antecedent
The subjunctive is also required when the antecedent clause is negative, that is, the antecedent does not exist. This is also an extension of uncertainty and denial of fact.

Non conosciamo nessuno che sia in grado di aiutarci.
We don't know anyone who is able to help us. (No one exists as far as the speakers are concerned.)

Non c'è niente che si possa dire per fargli cambiare idea.
There is nothing that can be said to get him to change his mind. (As far as the speaker is concerned, there is no point in anyone saying anything else.)

c Superlative antecedent
The subjunctive is also used after an antecedent qualified by a superlative (see Chapter 7) or *l'ultimo, il primo, il solo, l'unico*.

È il film più divertente che io abbia mai visto.
It's the most entertaining film I've ever seen.

Questa è l'unica famiglia che non sia disposta ad ospitare uno studente.
This is the only family that is not willing to put up a student.

* Note: in contemporary spoken Italian the indicative is often used after a superlative rather than the subjunctive.

Equivalents of English words ending in '-ever'

There are various ways of getting across these expressions, depending on the context. However, here are a few examples as general guidelines.

a Whatever, wherever

qualunque (cosa)	whatever (pronoun)
qualsiasi cosa	whatever (pronoun)
qualsiasi/qualunque	whatever (adjective)
quale che	whatever (adjective)
dovunque	wherever

Qualunque sia la ragione, non mi importa.
Whatever the reason may be doesn't matter to me.

Qualsiasi cosa compriate, va bene.
Whatever you buy would be fine.

Qualsiasi posto di lavoro gli venga offerto, Alessandro lo rifiuta.
Whatever job he gets offered, Alessandro refuses it.

Dovunque andiate, non dimenticate di portare con voi questo libro!
Wherever you go, don't forget to take this book with you!

- Note: *quale che* is used with *essere* + noun, in which case the plural form *quali* must be used with a plural noun.

Quali che siano le condizioni di pagamento, saremo costretti ad accettarle.
Whatever the conditions of payment may be, we shall be forced to accept them.

- The Italian equivalent of 'whenever', meaning 'every time that' is *ogni volta che* or *tutte le volte che* and takes the indicative:

Ogni volta che prendo in mano questo libro mi viene una gran voglia di studiare!
Whenever (= every time that) I pick up this book I get a great urge to study!

When it means 'at whatever time' simply use *quando*:

Puoi tornare a casa quando vuoi.
You can come back home whenever you want.

b Whoever
In the sense of 'whatever person':

Chiunque compri questo libro, farà un piccolo contributo alla mia pensione.
Whoever buys this book will be making a small contribution to my pension.

c However
Do not confuse the equivalents of 'however' in this section with the adverbs *però, comunque, tuttavia, nondimeno* in the sense of 'however/nevertheless'.

comunque	however
in qualunque/qualsiasi modo	however (= in whatever way)
per quanto + aggettivo + verbo	however + adj. + verb

Comunque vadano le cose, non avremo rimpianti.
However things may go, we shall have no regrets.

In qualunque modo cerchino di risolvere l'attuale crisi economica, non cambierà nulla.
However (= in whatever way) they try to solve the present economic crisis, it will not change anything.

Per quanto dotata sia in matematica, Manuela non si vanta mai delle sue capacità.
However gifted she may be in maths, Manuela never boasts about her ability.

AZIONE GRAMMATICA!

'Whether ... or ...'

Where two alternative actions are expressed in this way, the verbs are in the subjunctive, preceded by *che*:

Che piova o che nevichi, andiamo a vedere la partita.
Whether it's raining or snowing, we are going to see the match.

Che siate stanchi o no, tocca a voi lavare i piatti prima di andare a letto.
Whether you are tired or not, it's your turn to wash the dishes before going to bed.

METTETEVI A PUNTO!

1 *Cercasi ... !*

Nelle due conversazioni che seguono si cerca qualcuno che sia in grado di fare qualcosa. Volgi ogni verbo tra parentesi al congiuntivo presente.

a
– Cosa stai facendo Mariella?
– Sto leggendo questa inserzione sul giornale.
– Di che cosa si tratta?
– Una ditta cerca un assistente alla direzione personale che non . . . (avere) più di trent'anni, che . . . (essere) laureato in discipline economiche o giuridiche, che . . . (vivere) in Milano o immediate vicinanze, che . . . (sapere) parlare bene l'inglese o il francese e così via.
– Pensi di fare domanda per questo lavoro?
– Non mi sono ancora decisa.

b
– Ti ricordi che la settimana prossima arriverà quel gruppo di inglesi?
– A dire la verità, non ne so niente. Perché, c'è qualche problema?
– Sì, sono nei pasticci perché devo ancora trovare delle famiglie che . . . (potere) ospitare otto componenti della comitiva. A parte questo, ho bisogno di uno studente che . . . (conoscere) abbastanza bene la zona, che . . . (parlare) benino l'inglese, e che . . . (volere) fare da guida durante il loro soggiorno. Inoltre, vorrei trovare qualcuno che . . . (occuparsi) del programma.
– Da dove vengono i soldi per finanziare questo programma?
– È la solita storia, devo sempre cercare persone che . . . (fare) volontariamente questi compiti. Non conosci mica una ditta che . . . (sponsorizzare) questi scambi culturali in cambio di pubblicità?
– Questa mi pare una buona idea. Chiederò un po' in giro.

2 *Cercate e troverete!*

Dopo aver cercato un bel po' di tempo si è riusciti a trovare varie persone che sono in grado di eseguire certe delle mansioni sopraccitate. Scegliendo un verbo adeguato fra quelli scritti in basso, bisogna completare le frasi con il presente indicativo o congiuntivo. Attenzione!

> amare tagliare permettere avere (×3) offrire dare essere (×2)
> conoscere annaffiare mancare occuparsi cavarsela sapere fare

1 Io e i miei genitori siamo dovuti andare via per un paio di settimane per cui abbiamo cercato qualcuno che . . . da mangiare ai gatti, che . . . del giardino – cioè che . . . l'erba, . . . i fiori – e che . . . dei lavoretti in casa.

2 Alla fine abbiamo chiesto alla figlia dei nostri vicini, la quale . . . i gatti e . . . una passione per il giardino e i fiori, di occuparsi di queste cose. Purtroppo lei non ha nessun amico che . . . capace di fare questi lavoretti in casa.

3 – Tu conosci una ragazza che . . . tutti i requisiti per fare domanda per questo posto di lavoro?
   – Ho un'amica che . . . parecchi anni di esperienza di fare l'assistente ma non conosco nessuno che . . . parlare sia francese che inglese.

4 Questo è un programma che . . . di creatività, di immaginazione. Quando vengono gli inglesi, voglio avere un programma che gli . . . una scelta di attività e che gli . . . di approfondire la loro conoscenza della nostra lingua e cultura.

5 Mario è uno studente che . . . molto bene in inglese e . . . la zona molto meglio dei suoi contemporanei. È così dotato che non c'è niente che non . . . capace di fare!

3 *Bisogna pensarci due volte!*

Completa le frasi scegliendo la congiunzione adeguata fra quelle scritte in basso e volgendo ogni verbo tra parentesi al congiuntivo presente.

> dovunque qualunque cosa per quanto in qualunque modo
> comunque che . . . che chiunque qualunque

1 . . . . . . (accettare) l'invito o . . . lo . . . (rifiutare) non mi importa per niente.
2 . . . bravi . . . (essere) in italiano, dovreste dedicare più tempo alla lettura.
3 . . . . . . (andare) in vacanza, non dimenticare di mandarmi una cartolina.
4 . . . . . . (venire) con me in macchina, deve contribuire al costo della benzina.
5 . . . strada . . . (prendere), non eviterete gli ingorghi provocati dai lavori in corso sulla tangenziale.

6 ... io ... (dire), mio figlio non vuole ascoltare.

7 ...... (stare) le cose fra di loro, nessuno è disposto a prendere una decisione.

8 ... io ... (cercare) di aiutarli, non cambia nulla.

METTETEVI IN MOTO!

4 *Magari!*

Pensa ad alcune cose che ti danno fastidio, per esempio, fare i lavori domestici, fare i compiti ecc. Ogni studente deve esprimere un modo per eliminare questo fastidio.

Esempi:

Ho bisogno di un aspirapolvere che sia completamente automatico, che vada su e giù per le scale, che pulisca dappertutto insomma.

Non mi piace per niente il mio orario scolastico. Ci vuole un orario che sia più flessibile e che risponda meglio ai bisogni degli studenti.

Abbiamo bisogno di una aula che sia meglio attrezzata.

Confronta le tue idee con quelle di alcuni compagni di classe.

5 *Il mio partner ideale*

Come sarebbe il tuo/la tua partner ideale? Descrivilo/la come nell'esempio:

Voglio trovare una ragazza che sia simpatica, gentile e modesta come me, che abbia un ottimo senso dell'umorismo, che mi faccia ridere, a cui piaccia viaggiare, che abbia più o meno gli stessi interessi. Non accetto nessuno che sia egoista, ecc.

Ognuno può appendere il suo annuncio alla parete dell'aula, nella speranza che qualcuno risponda ad esso!

6 *Convincere qualcuno*

Bisogna convincere un tuo compagno a comprare qualcosa, sottolineando e esagerando i benefici dell'oggetto o dell'utensile che vuoi vendere ed utilizzando delle frasi che richiedono il congiuntivo.

Esempio:

Questa è la lavatrice più compatta che esista.

È l'unica lavatrice che sia capace di lavare otto chili in una sola volta.
È l'ultima che si possa comprare a questo prezzo irrisorio, perché domani i prezzi aumenteranno.
È la sola lavatrice che abbia una fama mondiale.

7 *Predizione*

Immagina che un tuo compagno di classe ti abbia chiesto di predire il suo futuro. Prova a farlo ma cerca di dire cose positive, utilizzando le varie espressioni che hai incontrato in questo capitolo.

Esempio:

Qualunque cosa tu faccia nella vita, avrai successo.
Dovunque tu vada in vacanza, ti divertirai e farai amicizia.
Comunque sia difficile prendere certe decisioni, non devi averne paura.
Qualsiasi decisione tu prenda, l'esito sarà positivo.
Che tu prosegua con i tuoi studie o che decida di smettere, avrai sempre dei bei ricordi di quello che hai fatto.
Non c'è niente che tu non sia capace di fare.
Per quanto gentile tu sia, non devi lasciare che gli altri approfittino della tua gentilezza.

Adesso tocca al tuo compagno predire il tuo futuro.

38 NEGATIVES
ESPRESSIONI NEGATIVE

MECCANISMI

Making verbs negative

The verb is made negative by placing *non* immediately before it.

Questo è possibile.	>	*Questo non è possibile.*
This is possible.	>	This isn't possible.

Hanno capito.	>	*Non hanno capito.*
They have understood.	>	They haven't understood.

Non can only be separated from the verb by object pronouns:

L'abbiamo venduto.	>	*Non l'abbiamo venduto.*
We've sold it.	>	We haven't sold it.

Other negative expressions

Other negative expressions generally require *non* before the verb.

a *no*   no

Ti piace questa foto? – No, non mi piace.
Do you like this photo? – No, I don't like it.

b *non . . . mai*   never, not ever

Non faccio mai colazione la mattina.
I never have breakfast in the morning.

* *mai* can also be used without *non*, meaning 'ever':

Hai mai sentito parlare di questo scrittore?
Have you ever heard of this writer?

c *non . . . niente/nulla*   nothing, not anything

Non ci hanno dato niente/nulla.
They have given us nothing.

d *non . . . nessuno*   nobody, not anybody, not . . . any, no

Non c'è nessuno in ufficio.
There's nobody in the office.

Non ho nessuna difficoltà a capirlo.
I have no difficulty in understanding him.

e *non . . . alcuno*   not . . . any, no

I miei figli non hanno alcun interesse per le scienze.
My children have no interest in science.

Note that *non . . . nessuno/alcuno*, meaning 'not . . . any, no' can only be used in the singular and has forms like the indefinite article *un* (see Chapter 3).

f *non . . . più*   no longer, not any more

Purtroppo, non li vediamo più.
Unfortunately, we don't see them any more.

g *non . . . affatto/per niente,*   not . . . at all
   non . . . mica

I miei amici non capiscono affatto perché ho preso questa decisione.
My friends don't understand at all why I have taken this decision.

h *non . . . da nessuna parte*   nowhere, not anywhere

Da quando è stato licenziato, Giorgio non va da nessuna parte.
Since he was sacked, Giorgio doesn't go anywhere.

i *non . . . né . . . né*   neither . . . nor

Non ho comprato né il dizionario né il libro di testo.
I've bought neither the dictionary nor the textbook.

j *non . . . neanche/nemmeno/neppure*   not even

Non le abbiamo nemmeno scritto.
We haven't even written to her.

Don't confuse the positive *anche*, 'also', with the negative *neanche/nemmeno*, 'neither, not either'.

Andate in città? Allora, vengo anch'io.
Are you going to town? Right, I'll come too.

Non andate alla festa? Allora, non ci vado nemmeno io.
Aren't you going to the party? Well, I won't go either.

k *non . . . che*   only

Che precedes the word to which 'only' refers:

Non abbiamo che cinque minuti di pausa fra le lezioni.
We only have five minutes break between lessons.

Non . . . che is in fact a positive expression which is used far less commonly than *solo, solamente* or *soltanto*.

Abbiamo solo cinque minuti di pausa fra le lezioni.

• Note the use of *non . . . che* in the following type of construction with *fare + altro*:

Non fanno altro che criticare il governo.
They do nothing but criticise the government.

Negative expressions preceding the verb

When a negative precedes a verb, *non* is omitted:

Nessuno mi ha avvisato del pericolo.
No-one warned me of the danger.

Nessuno dei quadri mi ha colpito.
None of the pictures impressed me.

Niente può scoraggiarli.
Nothing can discourage them.

Mai in vita mia sono stato così deluso.
Never in my life have I been so disappointed.

Nemmeno quest'anno andrò a trovarla.
Not even this year shall I go and see her.

Né mio fratello né mia sorella sanno dove vado in vacanza.
Neither my brother nor my sister know where I am going on holiday.

Position of negative words

In many cases the position of the negative word occurs naturally, but note the following points:

a In the compound tenses, *mai, più, affatto, mica, neanche, neppure, nemmeno* can either precede or follow the past participle whereas *niente, nulla, nessuno, per niente, da nessuna parte* always come after the past participle.

Non ti ho nemmeno ringraziato/non ti ho ringraziato nemmeno per la tua ospitalità.
I haven't even thanked you for your hospitality.

Non mi hanno mai dato/non mi hanno dato mai un passaggio.
They never gave me a lift.

Ultimamente non siamo stati da nessuna parte, non abbiamo visto nessuno e non abbiamo fatto nulla di interessante.
Lately, we've been nowhere, we've seen no-one and we've done nothing interesting.

b With an infinitive or an imperative, *non* comes before and the second half of the negative expression comes after the verb:

Mi hanno consigliato di non dire niente.
They advised me not to say anything.

Non lo ripetere mai a nessuno.
Never repeat it to anyone.

c Order of negative words
It is perfectly in order in Italian to have two or more negatives in one sentence. The following combinations are possible:

non ... mai da nessuna parte   *non ... mai niente/nulla*
non ... mai più   *non ... più niente/nulla*
non... mai nessuno   *non ... più nessuno.*

Non mi dici mai niente.
You never tell me anything.

Non ho più nessuno di cui posso fidarmi.
I no longer have anyone I can trust.

Non faremo mai più niente per aiutarli.
We shall never do anything again to help them.

Negatives without a verb

Most of these negatives can stand alone without a verb, in which case *non* is not required:

Chi vuole prestarmi cinquanta sterline? – Nessuno.
Who wants to lend me £50? – Nobody.

Che cosa avete mangiato a pranzo? – Niente.
What did you eat for lunch? – Nothing.

Ti è piaciuto il corso? – Per niente/nient'affatto.
Did you like the course? – Not at all/not in the least.

Dove andiamo? – Da nessuna parte.
Where are we going? – Nowhere.

Ti piacerebbe fare il professore? – Mai. – Nemmeno a me.
Would you like to be a teacher? – Never. – Neither would I.

Vuoi qualcosa da bere? – No, grazie.
Do you want something to drink? – No thanks.

- Note also the use of *non* with another word:

Come hanno reagito? – Non molto bene.
How did they react? – Not very well.

Senza + infinitive + negative object

With *senza*, meaning 'without', *non* is not required.

Se ne sono andati senza dire niente.
They went off without saying anything.

A further observation about non

Non has no negative meaning when it occurs after certain expressions requiring the subjunctive (see Chapter 36, sections 2 + 3):

Oggi pomeriggio abbiamo in programma un torneo di pallavolo a meno che non si metta a piovere.
This afternoon we have a volleyball tournament planned unless it starts raining.

METTETEVI A PUNTO!

1 Risposte negative

Un(a) tuo/a amico/a ti fa sempre un sacco di domande ogni volta che lo/la vedi. L'amico/a ti farà le domande nella colonna A e tu risponderai scegliendo una parola o espressione adeguata nella colonna B.

A	B
1 Dove vai a Pasqua?	a Mai.
2 Cos'hai fatto ieri sera?	b Neanche per sogno.
3 Hai mandato quella lettera?	c Nessuno.
4 Ti è piaciuto il film?	d No, né l'uno né l'altro.
5 Chi ti ha comprato quella giacca?	e Non ancora.
6 Hai giocato a pallacanestro?	f Da nessuna parte.
7 Faresti il bagno in quell'acqua sporca?	g Niente.
8 Ti hanno detto qualcosa Marco o Gianni?	h Per niente.

(vertical text, left margin) **AZIONE GRAMMATICA!**

2 Un'altra negazione

Lavorate in coppia e, a vicenda, l'uno fa la domanda e l'altro completa la risposta con una espressione negativa adeguata, come nell'esempio:

Tu prendi qualcosa per il mal di mare? – No, non prendo niente.

1 Prendi ancora qualcosa da bere? – No, grazie, non prendo . . .
2 Avete visto gli altri dopo quella baruffa? – No, non abbiamo visto . . .
3 Andrete un'altra volta a quel ristorante dopo quello che vi hanno fatto pagare? – No, non ci andremo . . .
4 I tuoi vanno da qualche parte quest'estate? – No, non vanno . . .
5 Tu bevi l'alcol se devi guidare la macchina? – No, non bevo . . .
6 Sono venuti spesso a trovarti i tuoi amici quando eri in ospedale? – No, non è venuto . . .

3 Neghiamolo due volte!

Siccome volete mettere in rilievo le vostre risposte alle domande dell'esercizio precedente, utilizzate una doppia espressione negativa, come nell'esempio:

Prendi qualcosa per il mal di mare? – No, non prendo mai niente.

Adesso, lavorando in coppia, ripetete l'Esercizio 2.

4 Mica male, insomma!

Una persona parla della sua esperienza di aver studiato l'italiano. Riempi gli spazi scegliendo la parola o espressione negativa adeguata. Attenzione! Sarà possibile usare la stessa parola o espressione più di una volta.

niente   non   nessun(o/a)   no   non . . . altro che   non . . . né . . . né
non . . . per niente   non . . . niente   non . . . nemmeno   non . . . più
non . . . mai   non . . . nessuno

– Quando hai iniziato a studiare l'italiano?
– (1) . . . mi ricordo esattamente, parecchi anni fa.
– È difficile da imparare?
– (2) . . . lingua è facile da imparare. Il nostro professore ci ha parlato sempre in italiano e all'inizio (3) . . . capivo (3) . . . una parola. Infatti nella mia classe (4) . . . c'era (4) . . . che sia riuscito a seguire la lezione. Quando siamo usciti dall'aula dopo due ore di 'tortura' (5) . . . ha detto (6) . . .

Dopo questa lezione pensavo di (7) . . . tornare (7) . . ., dato che (8) . . . mi piaceva (8) . . . il suo modo di insegnare. In passato ero abituato a scrivere e ad avere tutto spiegato in inglese ma durante quella prima lezione (9) . . . abbiamo fatto (9) . . . parlare. Dopo averci pensato e ripensato, ho deciso di andare avanti perché (10) . . . avevo (10) . . . abbandonato (10) . . . corso in vita mia. In fin dei conti sono un tipo tenace e (11) . . . mi scoraggia.

– Hai fatto bene ad andare avanti perché ormai lo parli benissimo. Quante volte sei stato in Italia?

– A dire il vero, (12) . . . ci sono (12) . . . andato (12) . . . una volta.

– Ma come mai lo parli così bene? Avrai senz'altro studiato altre lingue, il francese o il latino?

– (13) . . ., (14) . . . ho studiato (14) . . . il francese (14) . . . il latino. A proposito, perché (15) . . . vieni tu a settembre, ci sarà un nuovo corso per principianti?

– (16) . . ., grazie, (17) . . . ho (17) . . . voglia di imparare una lingua straniera e poi (18) . . . conosco (18) . . .! Imparare una lingua (19) . . . mi dice proprio (19) . . .

METTETEVI IN MOTO!

5 *Rimpianti, dispiaceri …*

Hai qualche rimpianto? Ci sono delle cose che ti dispiacciono, ecc.? Seguendo i modelli, scrivi almeno dieci frasi, ognuna delle quali deve contenere una espressione negativa. Puoi riferirti a qualsiasi argomento – cibo, vacanze, trasporto, studi e così via.

Esempi:

Non ho mai viaggiato in aereo.
Non mi piace per niente fare i lavori domestici.
Non vado mai da nessuna parte durante le vacanze.
Non bevo più l'acqua dal rubinetto.
Non ho mai mangiato né la carne né il pesce.

Adesso confronta le tue frasi con quelle di un compagno di classe, discutendo in modo più dettagliato le idee espresse.

Esempi:

Non ho mai viaggiato in aereo, però quest'estate …
Non mi piace per niente fare i lavori domestici ma, purtroppo, ogni tanto devo fare uno sforzo e …

6 *Aiuto!*

Sei disperato/a perché il tuo amico (o la tua amica) è diventato pigro, pignolo, antipatico, demoralizzato, ecc. Scrivi una lettera nella quale metti in rilievo tutti i lati negativi, utilizzando il maggior numero possibile di espressioni negative. Se vuoi, puoi iniziare la lettera nella seguente maniera:

Cari lettori,
Ho bisogno di qualche consiglio perché il mio migliore amico non vuole più uscire con me. Non mi telefona mai. Non capisco proprio perché . . .

Ogni membro della classe può appendere la sua lettera alla parete dell'aula in modo che venga letta dagli altri. Chi sa, forse qualcuno risponderà alla tua lettera!

7 *Un problema sociale*

Lavorate in coppia. Bisogna pensare a un problema qualsiasi che influisce sulla zona in cui vivete o, se preferite, che colpisce il paese in genere. Naturalmente siete molto critici nei confronti di coloro che sono responsabili del problema e quello che dite (o scrivete) sarà pieno di espressioni negative!

Esempio:

– **Nessuno fa mai nulla per riparare le strade che sono piene di buchi. Non si può guidare sulla strada principale della nostra città senza soffrire il mal di mare.**
– **Sono perfettamente d'accordo. E poi le autorità locali non fanno niente per tenere pulite le nostre spiagge. Sono sempre coperte di alghe, carte . . .**

Potete confrontare il vostro 'problema' con quello di un'altra coppia, discutendo i vari punti di vista e contraddicendo le opinioni che non condividete.

8 *È vietato usare solo no!*

Lavorate a gruppi di quattro. A vicenda, bisogna fare una domanda a un membro del gruppo che deve rispondere utilizzando una espressione negativa adeguata, tranne che semplicemente *no/non*. Se lo studente interrogato risponde *no/non*, toccherà a un altro studente rispondere alla domanda. Naturalmente, l'obiettivo di questa attività è di utilizzare una varietà di espressioni negative.

39 IF ...
SE ...

MECCANISMI

Conditional sentences containing 'if' clauses are fairly straightforward in Italian if you follow the guidelines set out below. Although the *'se'* clause is put first in the examples to highlight it, it may of course follow the main clause.

1 With a totally open possibility: use *se* + the present, future or perfect tense (never the present subjunctive). This is usually combined with a main verb in the present, future or imperative:

Se piove/pioverà, andremo lo stesso.
If it rains, we shall go all the same.

Se non ti dispiace, preferisco stare a casa.
If you don't mind, I prefer to stay at home.

Se cambi idea, dammi un colpo di telefono.
If you change your mind, give me a ring.

Se hanno già prenotato una camera, non c'è problema.
If they have already booked a room, there's no problem.

2 Where English uses 'if' + the simple past, with the main verb in the conditional, to express a rather more hypothetical or remote condition, in Italian, you use *se* + the imperfect subjunctive, also with the main verb in the conditional:

Se piovesse, andremmo lo stesso.
If it rained, we would go all the same.

Se fossi in te, non ci andrei.
If I were you, I wouldn't go.

3 If the statement is contrary to what actually happened, you use *se* + the pluperfect subjunctive, with the main verb in the conditional or conditional perfect. Take care with the auxiliary verbs!

Se avessero perso l'ultimo treno, saremmo andati a prenderli.
If they had missed the last train, we would have gone to fetch them.

Se il treno non fosse arrivato in orario, sarebbero ancora alla stazione.
If the train hadn't arrived on time, they would still be at the station.

- In spoken Italian it is fairly common to use the imperfect indicative in both clauses (instead of the pluperfect subjunctive and conditional perfect):

Se perdevano l'ultimo treno, andavamo a prenderli.

- A strong wish can be expressed by *magari* + the imperfect or pluperfect subjunctive.

Magari fosse vero!
If only it were true!

Magari me l'avessero detto prima!
I wish they had told me before!

4 'What if . . . ?' is rendered by *e se* + the present indicative, imperfect or pluperfect subjunctive, according to the sense:

E se perdono l'ultimo treno?
What if they miss the last train?

E se perdessero l'ultimo treno?
What if they missed the last train?

E se avessero perso l'ultimo treno?
What if they had missed the last train?

5 *Come se* is used to express 'as if' and is followed by the imperfect or pluperfect subjunctive.

Tutti mi guardano come se fossi pazzo.
They are all looking at me as if I were mad.

Tutti mi guardavano come se fossi arrivato da un altro pianeta.
Everyone was looking at me as if I had arrived from another planet.

6 When 'if' means 'whether' in indirect questions after verbs such as *sapere* to know, *domandare/chiedere* to ask, *domandarsi/chiedersi* to wonder, it can be followed by any indicative tense that makes sense or the appropriate tense of the subjunctive.

Non sappiamo se vengano o no.
We don't know if/whether they are coming or not.

Mi chiedo se verranno con noi.
I am wondering whether they will come with us.

Ci domandiamo se siano già arrivati.
We are wondering whether they have already arrived.

Mi domandavo se avessero/avrebbero capito la mia spiegazione.
I was wondering if they had/would have understood my explanation.

1 *Che tempo bisogna usare?*

Uno scambio di opinioni tra la maestra e i suoi alunni. Completa le frasi con il tempo adeguato dei verbi tra parentesi.

1 Ragazzi, se non . . . (finire) questo esercizio in fretta, lo farete per compito.
2 Mi dispiace, ma non ho ancora finito di correggere i compiti della settimana scorsa. Se me li . . . (consegnare) in tempo, li avrei già corretti.
3 E tu, Marco, se non . . . (addormentarsi) quando spiegavo questa regola, non avrei bisogno di spiegartela un'altra volta.
4 Ma se solo la lezione . . . (essere) un po' più interessante, riuscirei a tenere gli occhi aperti.
5 Penso proprio che se (voi) non . . . (mettersi) a studiare seriamente, rimarrete tutti bocciati alla fine di quest'anno.
6 Ma signora maestra, se Lei non ci . . . (dare) così tanti compiti potremmo essere più riposati quando arriviamo a scuola.
7 Se . . . (fare) ogni giorno alcuni esercizi di questo genere, tutti i vostri problemi sarebbero risolti.
8 Se tu, Andrea, . . . (volere) partecipare alla gita scolastica a Torino, sarà meglio che mi porti l'autorizzazione dei tuoi genitori.

2 *Trasformazione*

Trasforma le seguenti frasi come negli esempi:

Non andiamo all'estero perché non abbiamo abbastanza soldi.
– **Se avessimo abbastanza soldi andremmo all'estero.**

Non ho fatto gli esercizi perché sono stato assente.
– **Se fossi stato presente, li avrei fatti.**

1 Non fanno colazione perché non hanno fame.
2 Non ho comprato la macchina perché non mi piaceva il colore.
3 Non vado con loro perché non ho la macchina.
4 Non mi può dare una mano perché non è bravo in matematica.
5 Non abbiamo affittato l'appartamento perché l'affitto era troppo alto.
6 Ho perso il suo indirizzo e quindi non gli ho scritto.
7 Non leggo questo libro perché non mi piacciono i gialli.
8 Giulia ha trascorso un anno in Inghilterra e adesso parla correntemente l'inglese.

AZIONE GRAMMATICA!

3 *Traduzione*

1 What if they have gone out?
2 We can go and see them tomorrow if they are not there.
3 I wonder if they have managed to sell the car.
4 If I were you, I wouldn't say anything.
5 My sister would have bought it if they had asked her.
6 If only they had said something!
7 If my friends had enough money they would buy a sports car.

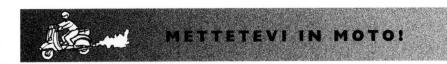

4 *Un'indagine*

Bisogna intervistare almeno quattro o cinque membri della classe e annotare brevemente le loro riposte.

Cosa faresti se . . .

– vincessi molti soldi alla lotteria?
– perdessi il lavoro?
– avessi problemi con la grammatica?
– i vicini facessero rumore fino a notte inoltrata?
– il professore fosse assente?
– ti mancassero i soldi per poter andare in vacanza quest'anno?
– non riuscissi a passare tutti gli esami?
– non potessi frequentare tutte le lezioni?
– volessi mantenerti in forma?
– volessi migliorare il tuo italiano scritto/orale?

Scrivi una relazione in base alle loro risposte. Puoi iniziare la tua relazione in questo modo:

Molti hanno detto che se vincessero alla lotteria . . . Tre su quattro hanno risposto che se perdessero il lavoro . . .

5 *Magari!*

Scrivi cinque desideri seguendo il modello:

Magari sapessi parlare correntemente l'italiano.

Fatto questo, bisogna spiegare il perché di ogni desiderio, per esempio:

Se sapessi parlare correntemente l'italiano, non avrei bisogno di frequentare queste lezioni.

Confronta i tuoi desideri ed eventuali motivi con quelli di alcuni altri compagni di classe.

6 *Rimpianti*

Scrivi cinque frasi, ciascuna delle quali descrive qualcosa che non hai fatto nella vita finora, per esempio:

Non ho imparato a guidare la macchina.

Fatto questo, bisogna dire cosa avresti fatto se la situazione fosse stata differente, per esempio:

Se avessi imparato a guidare la macchina, avrei viaggiato molto di più.

Potresti anche scrivere cinque cose che sei contento di aver fatto e spiegare quello che sarebbe successo se non avessi fatto queste cose, per esempio:

Sono andato all'università.
Se non fossi andato all'università, avrei iniziato a lavorare all'età di diciotto anni.

Confronta i tuoi rimpianti ecc. con quelli di altri membri della classe.

40 HOW LONG FOR?
DA QUANTO TEMPO?

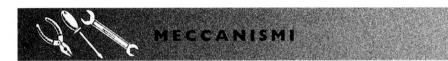 **MECCANISMI**

When you want to say in Italian how long an activity went on or has been going on, you need to take a number of factors into consideration.

1 Actions which have been going on and are still in progress need the present tense in one of the following structures:

Lavoro qui da sei mesi.
Sono sei mesi che lavoro qui.
È da sei mesi che lavoro qui.
I've been working here for six months.

These are all ways of saying the same thing. Note that in the second structure the verb is plural – *sono sei mesi*, whereas in the third structure the third person singular *è* is used. The important thing to remember is that Italian uses the **present** tense, where English uses a past tense. Here are a few more examples:

Mia sorella studia l'italiano da quasi un anno.
È da quasi un anno/è quasi un anno che mia sorella studia l'italiano.
My sister has been studying Italian for almost a year.

I nostri amici vivono in Portogallo da più di cinque anni.
È da più di cinque anni/sono più di cinque anni che i nostri amici vivono in Portogallo.
Our friends have been living in Portugal for more than five years.

• If you ask 'How long has something been going on . . . ?' you would say:

Da quanto tempo lavori qui?
Quanto tempo è che lavori qui?
How long have you been working here?

• If the action had been going on for a period of time, and was still going on at the time of reference, you use the above construction with the **imperfect** in Italian. Note that the verb *essere* used to introduce the other two structures also goes into the imperfect:

Lavoravo lì da sei mesi quando mi è capitata quella cosa molto strana.
Erano sei mesi/era da sei mesi che lavoravo lì quando mi è capitata quella cosa molto strana.
I had been working there for six months when that very strange thing happened to me.

Mia sorella studiava l'italiano da quasi un anno quando ha deciso di fare uno scambio culturale.
Era quasi un anno/era da quasi un anno che mia sorella studiava l'italiano quando ha deciso di fare uno scambio culturale.
My sister had been studying Italian for almost a year when she decided to do an exchange.

- The question form would be:

Da quanto tempo/quanto tempo era che lavoravi lì quando ti è capitata quella cosa molto strana?
How long had you been working there when that very strange thing happened to you?

- You can also use *da* meaning 'since' + a particular date, or *da quando* + a particular occasion, if this involves a clause. The same tense rules apply if the action is or was still going on or the situation up to the present time still remains unchanged.

Non li vediamo da settembre. We haven't seen them since September.

Abbiamo la stessa macchina da quando ci siamo sposati.
We have had the same car since we got married.

2 If the action in the past is completed, you use the perfect or past definite with *per*:

Mia sorella ha studiato/studiò l'italiano per quasi un anno.
My sister studied Italian for almost a year. (She has now finished).

Ieri sera ho guardato la televisione per tre ore di fila.
Yesterday evening I watched television for three hours in a row.

- After certain verbs closely associated with time, the completed timespan can come directly after the verb with no preposition.

Ho lavorato tutta l'estate in una fabbrica.
I worked (for) the whole summer in a factory.

Abbiamo vissuto due anni a Firenze.
We lived two years in Florence.

- *Per* is also used to convey an intended period of time in the future.

Saremo in Italia per due settimane.
We shall be in Italy for two weeks.

1 *Un breve periodo nella mia vita*

Un signore parla di un breve periodo nella sua vita. Volgi i verbi tra parentesi al tempo adeguato.

Ormai io . . . (vivere) in questa regione dal 1992. Prima di traslocare . . . (vivere) per quattordici anni a Milano. Mi sono trasferito qui per motivi di salute. . . . (lavorare) a Milano da dieci anni quando ho avuto un infarto. Per fortuna, non è stato grave ma per sei mesi non . . . (potere) condurre una vita normale. Il mio dottore mi ha consigliato di smettere di fumare. Questo è stato proprio difficile dato che . . . (fumare) da quando avevo quindici anni. . . . (riprendere) il mio lavoro come insegnante di lingue per altri sei mesi e poi ho deciso di andare in pensione.

Adesso lavoro a casa e da settembre, chi ha bisogno di fare ripetizioni in francese o italiano, . . . (venire) da me . . . (sperare) di poter lavorare così per parecchi anni. Adesso che ho più tempo disponibile, posso riprendere una attività sportiva che non . . . (praticare) da dodici anni – il golf. . . . (essere) appassionato di questo sport da quando ho iniziato a insegnare e lo . . . (praticare) già da dieci anni quando ho deciso di smettere.

2 *Un incontro inaspettato*

Un italiano trascorre le vacanze in Inghilterra e incontra per caso uno studente di italiano che ha conosciuto un paio di anni fa. Completa la loro conversazione con la parola/espressione adeguata.

da quanto tempo da quando da per quanto tempo per

– . . . ti fermi questa volta?
– Non mi sono ancora deciso, ma probabilmente mi fermerò . . . almeno tre settimane.
– E sei arrivato quando?
– Sono arrivato sabato scorso.
– Ah, sei qui già . . . una settimana. Poverino, . . . sei arrivato non ha fatto altro che piovere.
– A proposito, come sta Maria?
– Non ne ho la più pallida idea. Non ci vediamo . . . più di un anno. . . . è andata a vivere a Londra non ho più notizie di lei. Ha lavorato in una agenzia

di viaggi ... parecchi anni e mi diceva spesso che voleva cambiare mestiere. Peccato che non siamo rimasti in contatto.
- ... studi l'italiano?
- ... sette, otto anni.
- Complimenti perché lo parli molto bene!

3 *Preparazione per lo scambio culturale*

Fra qualche settimana arriverà un gruppo di studenti italiani con cui fate uno scambio culturale. Il vostro professore ha suggerito una serie di domande da porre ai vari membri di questo gruppo, le quali serviranno a rompere il ghiaccio al primo incontro. Però, bisogna tradurre queste domande in italiano.

1 How long have you been studying English?
2 How long have you been attending your present school?
3 How long have you lived in Bologna?
4 How long have you been coming to England?
5 How long had you been studying English before coming to England the first time?
6 How long did it take you to get here?
7 How long did you stay last time?
8 How long will you stay this time?
9 How long have you known your English friends?
10 How long have you been writing to each other?

METTETEVI IN MOTO!

4 *Role-play*

Studente A: ospiti uno studente italiano e gli rivolgi le domande dell'esercizio 3 sopra, le quali sono state tradotte in italiano.

Studente B: tu fai la parte dello studente italiano e devi rispondere alle domande del tuo ospite (studente A).

5 *Un'intervista*

Devi intervistare un altro membro della classe al fine di scoprire da quanto tempo fa determinate cose. Bisogna annotare le sue risposte per poter scrivere una breve biografia della sua vita. Se conosci bene la persona che intervisti, puoi basare le domande sulle sue attività predilette, per esempio:

– Da quanto tempo suoni la chitarra?
– La suono da più di cinque anni.
– Sono molti anni che studi l'italiano?
– No, sono solo sei mesi che lo studio.

Se non conosci bene le abitudini o le attività predilette della persona che intervisti, puoi fare domande come negli esempi:

– Dove abiti?
– Suoni uno strumento?
– Pratichi dello sport?
– Sei vegetariano?
– Fumi?

. . . prima di fare domande relative alla durata dell'attività ecc.:

– Da quanto tempo giochi a calcio?
– È da molto che sei vegetariano?

6 *Un'altra biografia*

Scrivi una breve biografia della tua vita o della vita di un personaggio che pensi di conoscere bene, concentrandoti soprattutto sulla durata delle abitudini o attività alle quali ti riferisci.

41 PREPOSITIONS
LE PREPOSIZIONI

MECCANISMI

Prepositions tell you where somebody or something is in relation to somebody or something else in space or time: 'with', 'in front of', 'before', 'after', etc.

Below are the most common prepositions in Italian. Pay close attention to these notes about their use, since they can convey a number of different meanings according to the context in which they are used and often do not correspond exactly with their apparent English counterparts.

Remember that the simple prepositions *a, da, di, in* and *su* combine with the definite article to form one word, *al, alla, allo* etc (see Chapter 3, page 24).

a – 'to, at'

Abbiamo regalato una collana a Luisa.
We gave a necklace to Luisa.

Ti vedrò al municipio alle dieci.
I shall see you at the town hall at eleven o'clock.

• It is used to mean 'at' where this is not expressed in English:

Il nostro stabilimento si trova a cinque chilometri dal centro.
Our factory is five kilometres from the centre.

• It also means 'in' or 'on' when there is no particular emphasis on being 'inside' or 'on top of':

Oggi mangiamo all'aperto, all'ombra però, perché al sole fa troppo caldo.
Today we are eating outdoors (in the open), in the shade however, because in the sun it's too hot.

Stasera non c'è niente di interessante alla televisione. Cosa c'è alla radio?
This evening there is nothing interesting on the television. What's on the radio?

• It means 'to', 'at' or 'in' a town or city:

Ci sarà subito una coincidenza a Pisa e arriveremo a Firenze alle otto di sera.
There will be a connection straightaway at Pisa and we shall arrive in Florence
at 8 p.m.

- It is used to describe manner or means:

a piedi; a cavallo; fatto a mano; una barca a vela
on foot; on horseback; made by hand; a sailing boat

imparare a memoria; parlare ad alta voce; ai ferri
to learn by heart; to speak in a loud voice; grilled

- After verbs involving separation, it can mean 'from': *rubare qualcosa a qualcuno* etc (see Chapter 28).
- It is used to link verbs, nouns and adjectives to an infinitive (see Chapters 27 and 28).

in – 'to, in, by'

- It is used to convey 'to' or 'in' a place:

andare in città, andare in Svizzera; abitare in campagna
to go to town; to go to Switzerland; to live in the country

- It expresses 'by' when talking about means of transport:

andare in aereo/treno/macchina/bicicletta
to go by plane/train/car/bike

- It is used with many expressions of time:

in aprile; in autunno/primavera; arrivare in anticipo/ritardo/orario
in April; in autumn/spring; to arrive early/late/on time

Note also that it indicates the time-span required to perform an action:

Ho scritto la lettera in un quarto d'ora.
I wrote the letter in a quarter of an hour.

di – 'of, from'

Di means 'of' and is used to indicate possession, specification and definition:

Questo è l'appartamento di mio cugino. Dalla terrazza c'è una bellissima vista del lago e delle montagne. Mio cugino è professore di storia.
This is my cousin's flat. From the terrace there is a most beautiful view of the lake and the mountains. My cousin is a history teacher.

- It indicates origin 'from' in some instances:

Siamo di Roma; la gente del Nord
We are from Rome; the people from the North

For certain phrases meaning 'from . . . to . . .' use *di . . . in . . .*:

di tanto in tanto; di giorno in giorno; andare di male in peggio
from time to time; from day to day; to go from bad to worse

- It is used after *qualcosa, niente* when followed by an adjective:

qualcosa di speciale	something special
niente di interessante	nothing interesting

- It is used in a number of adverbial expressions of manner:

vestire di nero	to dress in black
essere di buon/cattivo umore	to be in a good/bad mood
entrare di corsa	to run inside
bere d'un fiato	to drink in one gulp

- It is used to convey what something is made of or contains:

una medaglia d'oro	a gold medal
una sciarpa di seta	a silk scarf
una bottiglia di acqua	a bottle of water
una bombola di gas	a gas cylinder

Remember also that it combines with the definite article to express the partitive 'some, any, of the' (see Chapter 3, page 24):

Ho comprato dei regali	I've bought some presents
un membro della squadra	a member of the team

da – 'from, by'

Some of the most common uses are to convey:

- origin or movement from, by, to, or through a place:

venire da Pescara	to come from Pescara
uscire dal ristorante	to go out of the restaurant
andare dal medico	to go to the doctor's
uscire dalla finestra	to go out through the window

- 'from, by' after passives (see Chapter 30, page 211):

Quest'uomo è ammirato da tutti.
This man is admired by everyone.

- purpose:

un abito da sera	an evening dress
gli occhiali da sole	sun glasses
la stanza da bagno	bathroom
una tazza da tè	a tea-cup

- time, age (see Chapter 40 for use of verb tenses):

Non ci vediamo da parecchi anni.	We haven't seen each other for several years.
L'ho conosciuto da studente.	I knew him as (when he was) a student.

- price, value:

scarpe da centomila lire in su	shoes from 100,000 lire
una carta telefonica da diecimila	a 10,000 lire phone card

- manner, worthy of:

comportarsi da gentiluomo	to behave like a gentleman
trattare da amico	to treat as a friend
una cena da re	a dinner worthy of a king

- description:

la ragazza dai capelli neri	the girl with black hair
una persona dal cuore d'oro	a person with a heart of gold

- after adverbs such as *molto*, *troppo*, *tanto*, *poco*, and the indefinite pronouns *qualcosa* and *niente*, before a following infinitive:

Non ho niente da dire.	I have nothing to say.
Vuoi qualcosa da mangiare?	Do you want something to eat?

su – 'on, about, concerning'

Ho messo i tuoi occhiali sulla sedia.
I put your glasses on the chair.

Devo informarmi sull'orario dei treni.
I must find out about the train times.

Oggi abbiamo una lezione sul sistema scolastico.
Today we have a lesson about/on the school system.

- It also means 'by, near':

Abitano in un paesino sul mare.
They live in a little village by the sea.

- It is used to express approximation:

pesare sugli ottanta chili	to weigh around 80 kilos
una donna sui settant'anni/sulla settantina	a woman of about seventy
costerà sulle quindicimila lire	it will cost around 15,000 lire

- It also means 'out of' in the following type of expression:

Questa prova scritta vale otto su dieci.
This written test is worth eight out of ten.

per – '*for, through*'

One of its main functions is to indicate destination or intention:

Questi orecchini sono per lei.
These earrings are for her.

Sono partiti per le montagne dove si fermeranno per un mese. Passeranno per Torino.
They have set off for the mountains where they will stay for a month. They will go through Turin.

• It is also used to express 'because/out of, by means of':

Per il caldo, abbiamo deciso di stare all'ombra.
Because of the heat, we decided to stay in the shade.

Ho voluto saperlo per curiosità.
I wanted to know it out of curiosity.

È meglio che mi comunichi i dettagli per fax piuttosto che per telefono.
It's better that you let me have the details by fax rather than by phone.

• It is also used in mathematical calculations:

quattro per quattro	four times four
dividere per cinque	to divide by five

• For the use of *per* + infinitive for 'in order to', see Chapter 27, page 190.

con – '*with*'

Vengono con noi.	They are coming with us.
Ho un appuntamento con lo specialista.	I have an appointment with the specialist.

It is also used to express:

• means:

Sono arrivati con l'aereo/il treno/il pullman.
They arrived by plane/train/coach.

• description:

la ragazza con i capelli ricci   the girl with the curly hair

• manner:

agire con calma	to act calmly
rivalutare la situazione con prudenza	to reassess the situation wisely

• despite, in view of, with:

Con tutti i soldi che hanno, sono sempre infelici.
Despite all the money they have, they are always unhappy.

Con questo tempo umido ho dolori dappertutto.
With this damp weather I have aches and pains everywhere.

tra/fra – 'between, in/within, among, of'

Arriveremo fra le due e le quattro del pomeriggio.
We shall arrive between two and four in the afternoon.

Lo spettacolo inizierà fra un'ora.
The show will start in an hour's time.

È una discussione tra colleghi.
It's a discussion among colleagues.

Alcuni tra i miei compagni di classe pensano di protestare.
Some of my classmates are thinking of protesting.

Other prepositions

accanto a	next to, beside
a causa di	because of, on account of
a favore di	in favour of
ad eccezione di	with the exception of
a seconda di	according to
attraverso	across
circa	about, regarding
*contro**	against
davanti a	in front of
*dentro**	inside
*dietro**	behind
di fronte a	opposite, facing
dopo	after
durante	during
eccetto	except
fino/sino a	up to, until
fuori di	outside, out
in cima a	at the top of
in fondo a	at the end/bottom of
in mezzo a	in the middle of
in testa a	at the head of
intorno a	around

invece di	instead of
lontano da	far from
lungo	along
malgrado	in spite of
mediante	by means of
nel mezzo di	in the middle of
nonostante	in spite of
per mezzo di	by means of
per via di	by means of, because of
prima di	before
*presso**	near, with
quanto a	as for
riguardo a	regarding
rispetto a	regarding, compared to
salvo	except, barring
secondo	according to
*senza**	without
*sopra**	above, upon
*sotto**	under, beneath
tramite	through, by means of
tranne	except
*verso**	towards, around
vicino a	near

- The simple prepositions marked with an asterisk above require another preposition *di* before a disjunctive pronoun (*me*, *te*, etc (see Chapter 10 page 78).

METTETEVI A PUNTO!

1 *Una scelta multipla!*

Cancella le forme errate, come nell'esempio:

I miei amici sono ~~dal~~ *dil* ~~per~~ Cuneo.

1 Oggi ho rotto due bicchieri *per/di/da* vino.
2 Cosa vuoi *per/a/da* bere?
3 Comprami due francobolli *di/da/per* 800 lire.
4 Per quel tema che ho fatto il professore mi ha dato 9 *di/per/su* 10.
5 Stasera andiamo a cena *da/con/a* zia Gina. Mi ha detto che ci preparerà una bella spaghettata.

6 Di' a mia sorella che ho fatto un salto ai negozi e tornerò *in/per/fra* una mezz'ora.

7 Quanto tempo ci è voluto *a/per/da* fare i tuoi compiti? – Non molto, ho fatto tutto *in/tra/per* un'ora.

8 Che cosa hai fatto *a/da/di* bello a Pasqua?

9 Devo telefonare alla mia amica perché non ci sentiamo *da/per/in* più di un mese.

10 È meglio mandare la lettera *per/con/in* via aerea.

2 Sant'Elena, arriva la tv. Come reagiscono i bimbi?

Ecco un articolo di giornale riguardante l'impatto della televisione sui bambini di Sant'Elena. Molte preposizioni utilizzate nell'articolo sono state tolte. Bisogna riempire gli spazi scegliendo una delle seguenti preposizioni: *contro, per, da, secondo, di, fra, fino a, a, con, senza, dopo, in mezzo a*. Attenzione! Sarà possibile usare alcune preposizioni più di una volta.

LONDRA – (1) ... oggi i bambini di Sant'Elena hanno vissuto felici e sani (2) ... televisione, ma dal mese prossimo anche nell'isoletta britannica (3) ... Atlantico del Sud, dove morì Napoleone, comincerà il bombardamento (4) ... cartoni animati, sceneggiati e film.
Come reagiranno i bambini? Quale impatto avrà la televisione sul loro comportamento? A queste domande dovrà rispondere una équipe (5) ... studiosi che (6) ... tre anni, a partire da settembre, controllerà i piccoli isolani. I risultati saranno posti a confronto con uno studio condotto dallo psicologo Tony Charlton dal quale è emerso che i ragazzi di Sant'Elena – 5.500 abitanti – sono (7) ... i più equilibrati del mondo. La ricerca ha dimostrato che soltanto il 7 per cento dei bambini di Sant'Elena (8) ... i 3 e i 14 anni ha problemi (9) ... comportamento, (10) ... il 12 per cento di quelli che vivono (11) ... Londra. Nella fascia d'età compresa fra i 9 ed i 12 poi, la percentuale scende addirittura al 3,4, il che (12) ... gli esperti costituisce un record mondiale.
Nell'isola, dove nel 1815 (13) ... la sconfitta di Waterloo fu confinato Napoleone, ancora oggi non esistono né un cinema, né una pista di atterraggio. I collegamenti (14) ... il resto del mondo sono assicurati (15) ... un traghetto che arriva ogni 6 settimane.

Corriere della sera, 11.6.94

 METTETEVI IN MOTO!

3 La zona in cui abito

Scrivi una lettera a un/una amico/a italiano/a in cui descrivi il più dettagliatamente possibile la zona in cui abiti, utilizzando naturalmente una grande varietà di preposizioni.

Esempio:

Abito a Scarborough, una città turistica sul mare. La mia casa si trova a tre chilometri dal centro e quindi è facilmente raggiungibile a piedi. Comunque, quando devo fare la spesa, vado in centro in macchina o con l'autobus. È più comodo prendere l'autobus e c'è una fermata in fondo alla mia strada. Arrivo in centro dopo una decina di minuti. La mia casa è situata in cima a una collina e di fronte a un bellissimo parco ... ecc.

4 *Che bravi che siete!*

Lavorate in coppia e parlate a vicenda dei vostri studi o del vostro mestiere, facendo uno sforzo per usare in modo adeguato le seguenti preposizioni – e tutte le altre che potete: *malgrado, circa, fino a, intorno a, rispetto a, a causa di, tranne, prima di*:

Esempio:

Malgrado le mie difficoltà con la grammatica, devo dire che, rispetto all'anno scorso, le cose vanno molto meglio. Però, faccio circa tre ore di lavoro ogni sera. Ieri sera per esempio, ho cominciato intorno alle sette e ho studiato fino a mezzanotte e raramente finisco prima delle undici tranne il venerdì sera quando mi piace rilassarmi seduto davanti alla televisione con un bicchierino di vino ...

Forse sarebbe meglio scrivere degli appunti prima di iniziare a parlare.

5 *Dov'è ...?*

Lavorate in coppia e fate uno schizzo del vostro soggiorno, scrivendo accanto un elenco dei vari mobili ecc., per esempio, il tavolo, le poltrone, il televisore, la lampada, la scrivania, lo specchio, i quadri, le piante ecc. Bisogna indicare sullo schizzo la posizione delle porte e delle finestre. Adesso, a vicenda, bisogna fare domande per scoprire la posizione dei mobili ecc.

Esempio:

A: Allora, il tavolo è in mezzo alla stanza?
B: No, non è lì.
A: È sotto questa finestra?
B: Non esattamente.

Ogni volta che il tuo compagno riesce a scoprire la posizione di un 'mobile' può indicarlo sullo schizzo con una X e la lettera iniziale della parola.

42 RELATIVE PRONOUNS
I PRONOMI RELATIVI

MECCANISMI

A relative pronoun or adjective is one which joins two clauses in order to give more information about a noun or a pronoun, in phrases such as the flat in which I live, the woman who helped with the enquiries, the person whose daughter is in my class, the one that didn't turn up. 'Who', 'whom', 'which', 'that', 'whose', and also the conjunctions 'where' and 'when' can be used as relatives.

It is important to differentiate between *relative* pronouns, which are link words, and *interrogative* pronouns, which ask questions. In English, words such as 'who', 'what' and 'which' have both a relative and an interrogative function, and the same is true of *chi* and *che* in Italian. Note, however, that *quale* is an interrogative pronoun and *il quale* is a relative pronoun. The function of these words as interrogative pronouns is dealt with in Chapter 43 on questions.

Remember: relative pronouns do not ask questions.

Che

- *Che* is used meaning 'who', 'whom', 'which' and 'that' and it acts as both a subject and object. *Che* is invariable.

La signora che mi ha servito era molto cortese.
The lady who served me was very courteous.

La ragazza che abbiamo appena incontrato è la mia migliore amica.
The girl (who(m)/that) we just met is my best friend.

I biglietti che mi avete dato non sono più validi.
The tickets (which/that) you gave me are no longer valid.

Note that in English the relative pronouns 'who', 'whom', 'which', 'that' are often omitted. You cannot do this in Italian.

Cui

When the relative pronoun follows a preposition you must use *cui* (or the appropriate form of *il quale*, see below), never *che*. *Cui* is invariable.

L'articolo a cui mi riferisco mette in rilievo l'attuale crisi economica.
The article I am referring to emphasises the present economic crisis.

La casa in cui abitiamo è molto spaziosa.
The house we live in is very spacious.

- In English you can end the clause with the preposition: 'the article I am referring to', 'the house we live in'. You cannot do this in Italian: the preposition must always precede the relative pronoun as in the above examples.
- The preposition *a* is the only one that can be omitted before *cui*:

L'articolo (a) cui mi riferisco mette in rilievo l'attuale crisi economica.

Il cui, la cui, etc

Cui placed between the definite article and the noun is used to convey 'whose', 'of whom', 'of which'. In the following examples *cui* conveys the same meaning as *del quale, della quale, dei quali, delle quali*.

Non mi ricordo il nome di quel pittore locale i cui quadri (= i quadri del quale) sono diventati così famosi.
I can't remember the name of that local painter whose pictures have become so famous.

Questa è l'Associazione ai cui soci (= ai soci della quale) ho scritto diverse volte.
This is the Association whose members I have written to several times.

- Note the following expressions:

il motivo/la ragione per cui	the reason why
il momento/il giorno in cui	the moment/day when
per cui	and so, so (that)

Questa è la ragione per cui ho deciso di studiare l'italiano.
This is the reason I decided to study Italian.

Il giorno in cui siamo arrivati, faceva un caldo da morire.
The day we arrived, it was boiling hot.

Io non mi intendo di computer, per cui è meglio che tu lo faccia.
I have no understanding of computers, so it's better that you do it.

- In spoken Italian it has become quite common to replace *in cui* 'when' by *che*:

Il giorno che siamo arrivati faceva un caldo da morire.

Il quale/la quale/i quali/le quali

One of the most common uses of this form is after a preposition and it can, therefore, be a direct substitute for *per cui, in cui, a cui* etc.

I paesini per i quali (per cui) siamo passati erano incantevoli.
The little villages we passed through were charming.

La famiglia alla quale (a cui) abbiamo spedito la cartolina è stata molto ospitale.
The family we sent the postcard to was very hospitable.

Questo è il film del quale (di cui) ci hai parlato.
This is the film you spoke to us about.

Le case nelle quali (in cui) abitano risalgono all'inizio del secolo.
The houses in which they live date back to the beginning of the century.

- When using *il quale* etc care has to be taken to use the appropriate form, ie masculine singular/plural, feminine singular/plural, as in the above examples.
- *Il quale* etc is rarely used as a subject or object, except in the following instances:

a to avoid ambiguity:

Sono andato a trovare il fratello di mia madre, il quale non sta molto bene.
I went to see my mother's brother, who is not very well.

The use of the masculine form *il quale* makes it obvious that it is the brother who is unwell, not the mother.

b to avoid the repetition of *che*:

Ho detto che Roberto, il quale (che) lavora nello stesso ufficio, è stato promosso.
I said that Roberto, who works in the same office, has been promoted.

- The adverb *dove* assumes the value of a relative pronoun in the following type of construction:

Questa è la città dove (nella quale) siamo nati.
This is the town where we were born.

Quello che, quel che, ciò che

These forms mean 'what', in the sense of 'that which'. They all refer to things and not to persons. It does not matter which form you use.

Quello che dicono gli altri non mi interessa.
What the others say doesn't interest me.

Scrivetemi un riassunto di ciò che è accaduto.
Write me a summary of what happened.

Quello che le dà fastidio è l'atteggiamento di suo figlio nei confronti degli altri.
What annoys her is her son's attitude towards others.

- When referring back to an idea or sentence, not a particular noun, use the neuter pronoun *il che*:

Ho fatto del mio meglio per spiegare tutte queste regole in modo chiaro, il che non è stato sempre facile.
I have done my best to explain all these rules clearly, which has not always been easy.

- *Quello che* 'the one who' also refers to people:

Quello che era seduto di fronte a noi, sono sicuro di averlo già visto da qualche parte.
The one who was sitting opposite us, I'm sure I've already seen him somewhere.

- To convey 'all that', 'everything' place *tutto* before *quello che* etc:

Scrivetemi un riassunto di tutto ciò che è accaduto.
Write me a summary of everything that happened.

Chi

Chi is used to convey a whole range of meanings such as 'he/she who', 'the one(s) who', 'people who', 'those who', 'anyone who'. The verb after *chi* must always be in the singular.

Chi non studia questo capitolo verrà punito.
Those who do not study this chapter will be punished.

Il nostro professore dà sempre un bel voto a chi lo merita.
Our teacher always gives a good mark to the ones who deserve it.

Se vuoi sapere com'è il libro, è meglio chiedere a chi l'ha letto.
If you want to know what the book is like, it's better to ask someone who has read it.

Chi arriva dopo mezzanotte troverà la porta chiusa.
Whoever arrives after midnight will find the door closed.

- 'Those who' can also be expressed by *quelli che* and the more formal *coloro che*, both of which take a plural verb:

Quelli/coloro che non studiano questo capitolo verranno puniti.

- 'All those who' can be conveyed by placing *tutti* in front of *quelli che* and *coloro che*:

Tutti quelli che vogliono partecipare allo scambio culturale devono versare un deposito di cinquanta sterline.

All those who want to take part in the exchange must pay a deposit of fifty pounds.

- *Chi . . . chi* is also used to mean 'the one(s) . . . the other(s) or 'some . . . others':

Nel bar c'era chi giocava a carte, chi guardava la televisione.
In the bar there were some playing cards and others watching television.

Chi vuole fare una cosa, chi un' altra.
One wants to do one thing, one (the other) another.

METTETEVI A PUNTO!

1 *Un momento di riflessione*

Dopo aver studiato attentamente le regole riguardanti l'uso dei pronomi relativi, è ora di mettere in pratica quello che hai imparato. Cancella la forma errata nelle seguenti frasi.

1 Ci conviene prendere il treno *chi/che* parte un po' prima.
2 Fammi vedere la borsa *chi/che* hai comprato.
3 La ragazza di *chi/cui* parlo è *quella/quello* che ti ha dato un passaggio in macchina.
4 Mi dispiace ma *che/quello che* dite non è vero.
5 Possiamo rimborsare *cui/chi* ha pagato troppo.
6 Bisogna chiedere qualche consiglio a *cui/chi* ha più esperienza in questo campo.
7 La nonna del tuo vicino, *il quale/la quale* è malata, ha appena compiuto novant'anni.
8 Se non sbaglio, è lo stesso anno in *che/cui* si sposò mia figlia.
9 Per fortuna, io posso mangiare *tutto quello che/tutto che* voglio.
10 Alla fine del corso gli studenti mi hanno invitato a pranzo in un ottimo ristorante italiano, *che/il che* mi ha fatto molto piacere.

2 *È tutto relativo, caro Watson!*

Per risolvere il mistero devi fare la parte di Sherlock Holmes, il famoso investigatore privato, ed abbinare una frase della colonna B con una frase adeguata della colonna A. Ogni frase della colonna B inizia con un pronome relativo e questo è il mistero da risolvere. Quale scegliere? Pensaci un po' prima di agire.

A	B
1 Quella ragazza, . . .	a . . . in cui la polizia ha condotto le indagini?
2 Vi ricordate l'episodio . . .	b . . . che hanno firmato stamattina.
3 Loro non sono testimoni . . .	c . . . con cui parlavo prima?
4 Non si sa ancora il motivo . . .	d . . . quello che ti ha rubato la borsa?
5 Non pensi che la polizia dovrebbe fare di più per rintracciare . . .	e . . . il che pone un problema per le nostre indagini.
6 Sei sicura che il signore seduto fuori è . . .	f . . . chi ha commesso questo reato?
7 Dicono che la zona . . .	g . . . per chi risolve questo mistero?
8 Qual è il paese . . .	h . . . il cui nome non mi viene in mente, è l'amica di Roberta?
9 Mi pare che Gianluca abbia lasciato il paese, . . .	i . . . di cui posso fidarmi.
10 Conosci la persona . . .	j . . . nella quale è accaduto l'episodio sia abbastanza tranquilla.
11 Non riesco a trovare quelle denunce . . .	k . . . al quale mi riferisco?
12 È vero che ci sarà una ricompensa . . .	l . . . per cui hanno preso questa decisione.

3 Progetti per l'estate

Un giovane si riferisce ai suoi progetti per l'estate. Usando un pronome relativo adeguato, trasforma ogni coppia di frasi per formarne una sola, come nell'esempio:

– **Vorrei accennare ai miei progetti per quest'estate. Non sono ancora stabiliti.**
– **Vorrei accennare ai miei progetti per quest'estate, *i quali* non sono ancora stabiliti./**
– **I miei progetti per quest'estate *ai quali* vorrei accennare non sono ancora stabiliti.**

1 I miei zii mi hanno dato dei soldi. Con questi soldi spero di andare in vacanza.
2 Ho fatto vari progetti per quest'estate. Sono veramente interessanti.
3 Un mio amico mi ha prestato una guida illustrata sull'Italia. Non l'ho ancora letta.
4 Sono andato all'agenzia di viaggi per chiedere ulteriori informazioni. Questa agenzia era chiusa.

5 Quella sera sono andato a trovare alcuni amici. Con questi amici spero di andare in vacanza.

6 Mi avevano telefonato per un motivo particolare. Il motivo non era molto chiaro.

7 Volevano accettare una offerta speciale. Io non mi fido di questa offerta.

8 Alla fine abbiamo deciso di rivedere i nostri progetti. Questa mi sembrava la soluzione migliore.

METTETEVI IN MOTO!

4 *Un sondaggio*

Completa ogni affermazione e poi intervista alcuni compagni di classe, annotando le loro risposte.

La ragione per cui ho deciso di studiare l'italiano è . . .
Quello che mi interessa di più durante le lezioni è . . .
Quello che non mi piace molto è . . .
La lezione durante la quale ho imparato molto/poco era . . . perché . . .
La città italiana in cui mi piacerebbe vivere è . . .
Il libro italiano che usiamo in classe . . .
Il giorno della settimana in cui posso dedicare più tempo al mio italiano è . . .
I problemi grammaticali ai quali vorrei trovare una soluzione sono . . .

Scegli una delle persone che hai intervistato e scrivi una breve relazione basata sulle sue risposte. Per esempio:

La ragione per cui John ha deciso di studiare l'italiano è che ha alcuni parenti italiani che va a trovare ogni tanto e con i quali vorrebbe parlare italiano.

5 *Definizioni*

a Lavorate in coppia. Cercate di scrivere una definizione per le parole indicate sotto. Se volete, potete scrivere più definizioni come nell'esempio. Confrontate le vostre definizioni con quelle di alcune altre coppie.

Il dizionario

Il libro *che* consulto se non capisco una parola.
Il libro *al quale/a cui* mi riferisco quando non riesco a capire qualcosa.
È il libro *in cui* cerco le parole che non capisco.

AZIONE GRAMMATICA!

> lo spazzolino da denti   il telefono   l'elenco telefonico   il medico   il
> supermercato   il libro di grammatica   la pentola   l'autobus   una piantina
> della città

b Se preferite, potete formare squadre di due o tre studenti ed improvvisare un gioco. A vicenda, una squadra deve suggerire una parola da definire. Tocca all'altra squadra proporre una definizione, la quale deve contenere un pronome relativo usato in modo corretto, come nella precedente attività. Ogni definizione corretta vale un punto.

6 *Creiamo ancora dei proverbi!*

In italiano ci sono vari proverbi che vengono introdotti da *chi*, per esempio:

Chi dorme non piglia pesci. *The early bird catches the worm (literal meaning = the one who sleeps does not catch the fish).*

Chi vivrà, vedrà. *Time will tell (literal meaning = the person who lives will see).*

Adesso tocca a voi creare i vostri 'proverbi'. Cercate di scrivere almeno dieci frasi basate su qualsiasi argomento – cibo, soldi, ambiente, casa, studi, ecc. Confrontate i vostri proverbi con quelli di altri compagni di classe.

Esempi:

Chi è diligente, passerà l'esame.
Chi usa sempre la macchina, inquina l'ambiente.

7 *Descrizioni*

Per fare questa attività, ognuno deve portare in classe una foto, nella quale ci sono parecchie persone, e descriverla ai compagni di classe, utilizzando dove necessario i pronomi relativi adeguati.

Esempio:

Questa è una foto che è stata fatta quando ero a scuola. Questa ragazza che sta in piedi è quella con cui giocavo sempre. Tutti quelli che sono seduti . . . Quel ragazzo che sorride, il cui nome non mi viene più in mente . . . Le persone con cui sono rimasto in contatto . . . Mi ricordo sempre il giorno in cui . . .

Chi vuole può fare una descrizione scritta di questa foto.

43 QUESTIONS – THE INTERROGATIVE

LE DOMANDE – LE FORME INTERROGATIVE

MECCANISMI

'Yes/no' questions

Questions requiring the answer 'yes' or 'no' can be put in the following ways.

1 You can keep the same word order as if you were making a statement:

Roberto sta a casa?
Is Roberto staying at home?

In spoken Italian, the sentence is given a questioning intonation by raising the voice at the end. In writing, the punctuation marks the difference.

2 You can invert (= turn round) the subject and the verb:

È partito il pullman?
Has the coach left?

This is very common when the subject is a pronoun:

L'hai fatto tu questo disegno?
Did *you* do this drawing?

The inversion puts greater emphasis on the subject pronoun (*tu* in this example).

Note the word order when you invert the verb and subject in a sentence containing *essere*:

La loro casa è grande?
È grande la loro casa?
Is their house big?

The adjective *grande* comes before the subject *la casa*.

Interrogative (question) words

Not all questions require 'yes/no' as an answer. You often need more specific information such as 'who?', 'what?', 'when?', 'where?'. In questions with a question word the word order is very much the same as in English.

a Who(m)?
Chi conveys both 'who' and 'whom'.

Chi è quella signora?
Who is that lady?

Chi hai incontrato?
Who(m) did you meet?

Chi is used after a number of prepositions to ask questions:

Con chi andate in vacanza?
Who are you going on holiday with?

A chi devo rispondere?
Who do I have to reply to?

Di chi parlate?
Who are you speaking about?

Note: in Italian you cannot put the preposition at the end as you can in English!

• 'Whose' in a question word with *essere* is *di chi*:

Di chi è questa sciarpa?
Whose scarf is this?

Take care not to confuse the interrogative pronoun *di chi* with the relative pronoun *cui* (see Chapter 42). This also applies to some of the other question words referred to in this Chapter.

b What?
Italian has three expressions, *che, che cosa* and *cosa*, the latter being more frequently used in the spoken language.

Che fai?
What are you doing?

Che cosa avete deciso di fare?
What have you decided to do?

As in the case of *chi, che/che cosa/cosa* can be used in combination with a number of prepositions:

A che cosa pensano?
What are they thinking about?

Di che si tratta?
What's it about?

c Which?

When you wish to clarify a choice, use *quale* (plural *quali*):

Quale autobus devo prendere per il centro, questo o quello?
Which bus must I get for the centre, this one or that one?

In the above example *quale* accompanies the noun *autobus* and therefore
functions as an adjective. It is also used as a pronoun:

Quale dei suoi fratelli è più ambizioso?
Which (one) of his brothers is more ambitious?

Quale shortens to *qual* before *essere*, in which case it can mean 'which' or 'what':

Qual è l'autobus per il centro?
Which is the bus for the centre?

Qual è il tuo numero di telefono?
What is your telephone number?

Qual è il prezzo di questo biglietto?
What is the price of this ticket?

Note that the *-e* is not replaced by an apostrophe.

d Other common question words

Quando?	When?
A che ora?	At what time?
Perché?	Why?
Come?	How? What . . . like?
Quanto/a/i/e?	How much/many?
Dove?	Where?
Che/che tipo di?	What? What kind of . . . ?

Quando partite?
When are you leaving?

A che ora servite il pranzo?
At what time do you serve lunch?

Perché non avete mangiato fuori?
Why didn't you eat out?

Com'è andato l'esame?
How did the exam go?

Com'era la famiglia?
What was the family like?

Quante cartoline hai spedito?
How many postcards have you sent?

Dove l'hai conosciuta?
Where did you meet her?

Che/che tipo di macchina hanno?
What (kind of) car do they have?

- In conversation, it is quite common to put some of the above question words at the end in order to achieve a specific emphasis:

Partite quando?	You are leaving when?
L'hai conosciuta dove?	You met her where?
Ne hai spedite quante?	You've sent how many?

METTETEVI A PUNTO!

1 *Conoscersi meglio*

Un gruppo di italiani con cui fate uno scambio culturale sta per assistere alla vostra lezione di italiano. Per conoscere meglio il gruppo, la vostra classe vuole preparare una serie di domande da fare. Volete essere sicuri di usare correttamente le parole interrogative, quindi bisogna completare le seguenti domande scegliendo la parola interrogativa adeguata.

di dove che cosa quanti quali come chi perché qual(e) quando

1 . . . ti chiami?
2 . . . è il tuo cognome?
3 . . . si scrive?
4 . . . anni hai?
5 . . . è il tuo compleanno?
6 . . . sei?
7 . . . è la zona in cui abiti?
8 . . . siete in famiglia?
9 . . . sono?
10 . . . hai scelto di studiare l'inglese?
11 . . . hai incominciato a studiarlo?
12 . . . materia ti piace di più a scuola?
13 . . . sono i tuoi passatempi preferiti?
14 . . . fai in genere durante le vacanze estive?
15 . . . sono i tuoi progetti per il futuro?

2 *Ma non ci posso credere*

Un compagno di classe ti racconta certe cose che ti sbalordiscono. Ogni volta che dice qualcosa tu reagisci mettendo la parola interrogativa alla fine della frase, come nell'esempio (non dimenticare di alzare la voce alla fine di ogni frase).

Ieri mi sono comprato una Ferrari.
Ti sei comprato <u>cosa</u>?

1 Stamattina mi sono alzato alle cinque.
2 Quest'estate io e i miei amici andiamo in Islanda.
3 Per il mio compleanno mia zia mi ha regalato una bicicletta.
4 Ieri sera mio fratello ha perso duecento sterline al Casino.
5 Abbiamo fatto tutta la strada a piedi.
6 Ho prestato la videocassetta a Barbara.
7 Stanno parlando degli esami.
8 Dei due film preferisco vedere quello comico.

3 *Ecco le risposte!*

Le seguenti risposte sono state date dai vari componenti del gruppo di italiani che ha appena fatto lo scambio culturale con la vostra classe. Scrivete le domande che sono state fatte per ottenere queste risposte. Pensate un po' all'ordine delle parole!

1 Siamo venuti in aereo.
2 Siamo arrivati qui verso le cinque del pomeriggio.
3 La mia materia preferita è l'inglese.
4 Sono venuta qui per perfezionare la lingua.
5 Mia sorella ha appena compiuto quindici anni.
6 Per il suo compleanno le ho comprato un compact disc.
7 Il nostro appartamento è molto spazioso.
8 È al quinto piano.
9 Si trova a due passi dal mare.
10 Per arrivare in centro ci vuole un quarto d'ora.
11 Abitiamo in questo appartamento da sei anni.
12 Frequento il liceo classico.
13 È l'ombrello del nostro professore.
14 Sto pensando alle mie vacanze.
15 Andrò in Austria.

METTETEVI IN MOTO!

4 *Voglio sapere tutto*

Un(a) amico/a ti racconta una cosa che ha fatto o intende fare – non importa quale sia l'argomento (sport, vacanze, studi, passatempi, ecc.) – ma tu, essendo molto curioso, vuoi sapere tutti i dettagli e quindi gli/le rivolgi parecchie domande.

Esempio:

- A Pasqua, sono andato/a in Italia.
- Dove sei andato?
- Sono andato a Venezia.
- Con chi? Com'era il tempo? Quanto ti sei fermato?

Finita la conversazione, bisogna cambiare ruolo.

5 *Rompiamo il ghiaccio*

Vuoi conoscere meglio gli altri membri della classe. Usando le domande dell'esercizio 1, *Mettetevi a punto!* che ritieni siano adeguate e aggiungendone altre, intervista almeno tre o quattro persone che non conosci molto bene.

6 *Cosa?*

Lavorate in coppia. Studente A racconta qualcosa che ha fatto o che gli è successo ultimamente. Studente B interviene spesso perché non sente bene quello che dice oppure ne rimane sorpreso.

Esempio:

- Sabato scorso sono andato a trovare un amico.
- Sei andato a trovare chi?
- Un amico. Vive in campagna.
- Vive dove?
- In campagna. Ci conosciamo da quando eravamo alla scuola elementare.
- Vi conoscete da quando? ecc.

Adesso bisogna cambiare ruolo.

7 *Scopriamo l'Italia*

Lavorate a gruppi di tre o quattro. Ogni gruppo deve preparare venti domande sull'Italia. Naturalmente bisogna sapere le risposte a queste domande. Lo scopo dell'attività è di conoscere meglio l'Italia e quindi le domande possono riferirsi a qualsiasi cosa, per esempio:

1 Qual è l'attuale popolazione dell'Italia?
2 Qual è la capitale d'Italia?
3 Chi ha dipinto la Cappella Sistina?
4 Come si chiama l'attuale primo ministro?

Finita la preparazione, rivolgete le vostre domande a un altro gruppo che, a turno, vi rivolgerà le sue. Un punto per ogni risposta corretta. La squadra vincente sarà premiata!

8 *Cercasi qualcuno con cui dividere l'appartamento*

Vuoi trovare qualcuno con cui dividere un appartamento. Naturalmente deve essere una persona con cui andrai bene d'accordo. Allora devi intervistare almeno tre o quattro persone allo scopo di scegliere la persona idonea. Sarà necessario quindi pensare bene alle domande che vuoi fare, le quali possono riferirsi a passatempi, abitudini, cibo, carattere, ecc. Presa la decisione, puoi comunicarla e giustificarla a quelli che hai intervistato.

9 *Indovina l'oggetto*

Lavorate in coppia. Studente A pensa a un oggetto. Studente B, facendo un massimo di venti domande, deve indovinare di che cosa si tratta. Studente A non deve fornire troppe informazioni relative all'oggetto e, secondo la domanda, può rispondere solo 'sì' o 'no'.

Esempio:

– Che forma ha questo oggetto?
– È rettangolare
– Di che colore è?
– Potrebbe essere di qualsiasi colore.
– È qualcosa che si mangia?
– Assolutamente no.

Adesso tocca a studente B pensare a un oggetto.

AZIONE GRAMMATICA!

44 EXCLAMATIONS

LE ESCLAMAZIONI

MECCANISMI

The following are common types of exclamations. You will notice that some of the words used are also used as interrogatives (see Chapter 43).

Che

This is the equivalent of 'what a . . . !' or 'what . . . !'. The indefinite article *un/una* etc is omitted.

Che bella casa!	What a beautiful house!
Che film meraviglioso!	What a wonderful film!
Che peccato!	What a pity!
Che barba!	What a bore!

Che can also be followed by an adjective and it conveys 'how . . . !'

Che bravo!	How good!
Che carino!	How cute!

The following type of construction introduced by *che* is even more emphatic:

Che bella casa che hai!	What a beautiful house you have!
Che mangione che sei!	What a big eater you are!
Che bravi che sono!	How good they are!
Che sciocco che sei!	How silly you are!

Come + verb (usually essere) + adjective/adverb

This means 'how . . . !'.

Come sei ambiziosa!	How ambitious you are!
Come parlate bene!	How well you speak!

'(Just) look how . . . !' is *Guarda (un po') come . . . !* + verb:

Guarda come nevica!   Look how it's snowing!
Guarda un po' come mangiano! Just look how they're eating!

Quanto

This means 'what a lot (of) . . . !'

Quanti sbagli!   What a lot of mistakes!
Quante storie!   What a lot of nonsense!
Quanto abbiamo speso!   What a lot we've spent!
Quanto tempo hanno sprecato! What a lot of time they've wasted!

METTETEVI A PUNTO!

1 *Una reazione esclamativa!*

Reagisci a ciascuna delle seguenti situazioni esprimendo una frase esclamativa.
Bisogna scegliere la frase esclamativa adeguata tra quelle indicate qui sotto.

> Che fregatura! Come sei bravo! Che pignolo che sei! Che freddo!
> Quanta gente! Che pigrone che sei! Che scemo! Che coincidenza!
> Che barba! Quanti regali!

1 Tutto il giorno non fai altro che stare seduto davanti a quel televisore. Non ti alzi mai prima delle undici, non muovi mai un dito per darmi una mano a fare i lavori domestici, insomma . . .
2 Di nuovo, il nostro professore ci fa scrivere questi esercizi, ci chiede di imparare un sacco di verbi, ci spiega in continuazione le regole grammaticali, ma . . .
3 Giorgio, mi sono accorto di aver fatto un piccolo sbaglio, ho lavato la macchina dei nostri vicini anziché la nostra!
4 Sai che a giugno sono andato a trascorrere un paio di giorni al mare e in spiaggia ho incontrato alcuni ex compagni di scuola che non vedevo da anni.
5 Per il mio compleanno, i miei genitori mi hanno comprato dei vestiti, mia sorella mi ha dato una collana e un paio di orecchini e mio fratello mi ha mandato un bellissimo braccialetto.
6 Mamma, ho messo in ordine la mia camera, ho lavato i piatti e ho pulito il bagno.

7 Quanto ti hanno fatto pagare per quella bicicletta? – Più di mezzo milione. – Ma scherzi! Ha una gomma bucata, è tutta arrugginita, i freni non funzionano ...

8 I miei amici volevano andare a vedere la prima visione di un film straniero ma c'era una coda lunga due chilometri e quindi ...

9 Posso accendere il riscaldamento centrale? Ogni volta che starnutisco, si formano dei ghiaccioli sul mio naso.

10 Non voglio troppo sugo sugli spaghetti ... Secondo me, hai messo troppo sale ... Questo pane mi sembra un po' stantio ... Questo coltello non è quello giusto per il pesce ...

METTETEVI IN MOTO!

2 *Reazioni ad esperienze personali*

a Lavorate in coppia. Studente A racconta una esperienza personale – ci si può riferire a qualsiasi argomento, lavoro, vacanze, studi, casa, ecc. – durante la quale esprime le sue reazioni, utilizzando una appropriata espressione esclamativa. Studente B ascolta questo racconto ma può anche reagire esprimendo una frase esclamativa quando è opportuno.

Esempio:

– Sai, sono appena tornato dall'Italia.
– Ma come sei abbronzato!
– Sì, ma che caldo che ha fatto, ogni giorno 28–30 gradi. Quanta gente in spiaggia! Durante il soggiorno abbiamo girato un bel po'. Ti dico, che posti stupendi, che paesaggio magnifico! E la gente, come era simpatica, gentile, ospitale!
– Che bello! Quanti bei ricordi avrai della tua vacanza!

Adesso tocca a studente B raccontare una sua esperienza.

b Scrivi brevemente alcune esperienze di questo genere, cercando di includere naturalmente una varietà di appropriate frasi esclamative.

3 *Come è bello essere positivi!*

Lavorate a gruppi di tre o quattro. Durante questa attività lo scopo è di dire a turno tutte le cose positive che potete in modo da rallegrarvi, per esempio:

– John, come sei elegante oggi!
– Grazie, come sei gentile!

– Marta, che bella maglia che hai!
– Mia sorella me l'ha regalata per il mio compleanno.
– Luisa, come parli bene l'italiano!
– Da quando ho partecipato allo scambio ho più fiducia, non ho più paura di parlare.
– Quante cose interessanti abbiamo fatto durante la lezione!
– Hai perfettamente ragione.
– Quanti esercizi abbiamo fatto oggi!
– Sì, ma è proprio quello che ci voleva.

EXCLAMATIONS

45 DIRECT AND INDIRECT SPEECH

IL DISCORSO DIRETTO E INDIRETTO

MECCANISMI

Direct speech

Direct speech is what people actually say – verbatim. Its use is identical in English and Italian, except that direct speech in Italian is indicated by long dashes (– *trattini*) or speech marks (« » *virgolette*), where English uses inverted commas (' ').

Elena mi disse: «Non posso aspettare che arrivino gli altri perché ho fretta.»
'I can't wait for the others to arrive because I'm in a hurry,' Elena told me.

L'amico rispose: «Ho capito benissimo che devi andare.»
'I understood very well that you have to go', replied the friend.

- Note that in the above examples the verbs – *disse* and *rispose* – precede the direct speech, but they could equally come after, in which case the position of subject and verb is inverted:

«Non posso aspettare che arrivino gli altri» mi disse Elena.

Indirect (or 'reported') speech

This is when quotation marks are not used, and what was said is, indeed, reported:

Elena mi disse che non poteva aspettare che arrivassero gli altri perché aveva fretta.
Elena told me (that) she couldn't wait for the others to arrive because she was in a hurry.

L'amico rispose che aveva capito benissimo che doveva andare.
The friend replied that he had understood very well that she had to go.

- There are three things to notice:

a what was said, stated, answered, etc is introduced by *che* in Italian; you cannot omit it as you can 'that' in English.

b the subject of the verb changes. The 'I' and 'you', *posso, ho, devi* in the examples in direct speech, become 'he/she' in reported speech, *poteva, aveva, doveva*. Similarly the plural forms 'we/you' would change to 'they'. This same rule would also apply, for example, to possessive pronouns and adjectives, so that *il mio* in direct speech would become *il suo* in reported speech.

c when the verb introducing the reported speech is in the past tense – *disse/ha detto, rispose/ha risposto* – then the verbs in the dependent sentences usually change from present tense *posso, arrivino*, to past *poteva, arrivassero* (imperfect in this case), and perfect *ho capito* to pluperfect *aveva capito*.

Other tense changes would be: past definite to pluperfect, future and conditional to conditional perfect:

Risposero: «fu impossibile.»
'It was impossible', they replied.

Risposero che era stato impossibile.
They replied that it had been impossible.

Dissero: «non lo faremo/faremmo mai.»
'We shall/would never do it', they said.

Dissero che non lo avrebbero mai fatto.
They said they would never do it.

If the verb of reporting, stating, etc is in the present or future, then the verbs in the dependent clauses retain the same tense:

Dice: «ci vado/andrò io.»
'I am going/shall go there' he says.

Dice che ci va/andrà lui.
He says that he is going/will go there.

- After verbs such as *dire, pregare, ordinare*, the imperative in direct speech is usually replaced by *di* + infinitive in reported speech:

Gianni mi ha detto: «di' agli altri di venire a trovarmi domani quando mi sentirò un po' meglio.»
'Tell the others to come and see me tomorrow when I shall feel a bit better', Gianni told me.

Gianni mi ha detto di dire agli altri di andare a trovarlo il giorno dopo quando si sarebbe sentito un po' meglio.
Gianni told me to tell the others to go and see him the day after when he would be feeling a bit better.

- Note also other changes that can result from the transformation from direct to indirect speech:

Direct speech	Indirect speech
questo	quello
qui/qua	lì/là
ora	allora
oggi	quel giorno
ieri	il giorno prima
domani	il giorno dopo
venire	andare

Indirect questions

These occur after verbs such as *sapere, chiedere, domandarsi*. Tense usage is much the same as in English, although verb and noun subject are sometimes inverted:

Sapete dove si trova il Duomo?
Do you know where the cathedral is?

Chiedile perché non ha imparato a guidare.
Ask her why she hasn't learned to drive.

Mi domandavo come fossero riusciti a pagare il conto.
I was wondering how they had managed to pay the bill.

(The 'direct' questions would have been: *Dove si trova il Duomo? Perché non hai imparato a guidare?* and *Come siete riusciti a pagare il conto?*)

- In indirect questions it is also possible to use the subjunctive and this is particularly common in the written language. In spoken Italian, however, there is an increasing tendency to use the indicative.
- 'What' in an indirect question is *quello/ciò che* – see Chapter 42 – although *cosa* is frequently used in the spoken language:

Non so quello che ti dà fastidio.
I don't know what is bothering you.

METTETEVI A PUNTO!

1 *Un colloquio*

Giorgio deve presentarsi a un colloquio per un posto di lavoro. Bisogna volgere il discorso diretto di Giorgio, della sua mamma e del datore di lavoro al discorso indiretto, completando le frasi.

1 «Domani mattina devo alzarmi alle sette.»
  Giorgio ha detto che ...
2 «Metti la cravatta e porta i tuoi certificati.»
  La sua mamma gli ha suggerito di ...
3 «Accetta di cominciare subito se ti offrono il lavoro.»
  Inoltre, gli ha detto di ...
4 «Preferirei cominciare a settembre, prima voglio andare in vacanza.»
  Giorgio ha risposto che ...
5 «Perché ha fatto domanda per questo lavoro?»
  Il datore di lavoro gli ha chiesto ...
6 «Sa parlare tedesco?»
  Nel corso dell'intervista gli ha domandato ...
7 «Che cosa ha studiato all'università? È disposto a viaggiare per motivi di
  lavoro?»
  Inoltre gli ha chiesto ...
8 «Come sarà la paga? Se mi offrisse il lavoro, potrei cominciare a settembre?»
  Giorgio ha voluto sapere ...
9 «Non posso dirle niente oggi perché domani devo intervistare due altri
  candidati. Le farò sapere la mia decisione alla fine di questa settimana.»

  Il datore di lavoro ha risposto che ...

2 *Alcune interviste*

Seguono brani di tre interviste tratte da alcune riviste. Nel primo brano un
attore parla di suo padre. Nel secondo, un' annunciatrice racconta le sue buone
abitudini alimentari e nel terzo, un' attrice parla del successo che ha avuto nei
suoi ultimi film.

Bisogna riscrivere i tre brani volgendo il discorso diretto in discorso indiretto.
Non dimenticare di fare tutti i cambiamenti necessari ai pronomi, forme
verbali, ecc.

a «Quando questa estate mio padre mi ha lasciato mi sono sentito orfano.
Sono stato molto male, anche perché, proprio nel dolore mi sono accorto di
quanto sia stata per me importante, determinante la figura paterna. Io e mio
padre siamo sempre andati d'accordo anche se a un certo punto ci fu un
problema serio tra noi: ci trovammo infatti a superare uno scoglio difficile, un
nodo cruciale nella mia via.»

Gente, 13.11.95

b «Penso che il mio segreto sia proprio nella dieta perché riesco a seguirla
sebbene io sia certamente una che sta a casa calma e tranquilla. Al mattino
quando mi sveglio, bevo una grossa spremuta di arancia. Mangio mele, muesli e
yogurt fatto in casa.

  «Se a metà mattina mi viene fame, mi fermo in qualche bar e mangio uno
yogurt. Oppure ho sempre qualche mela nella borsa. Ricorro anche spesso alle

spremute d'arancia. Il classico tramezzino non lo prendo mai. A mezzogiorno una insalata e un uovo, se mi trovo dove posso mangiare un piatto così. Alla Rai potrei andare in mensa, si mangia bene lì, ma il tempo non è sufficiente per mangiare e rimettersi in ordine prima di apparire sul video.»

c **Che sensazione prova?**

«Quando *Speed* uscì nelle sale americane mi trovavo in Europa. Non ho avuto molto tempo per pensarci su anche perché ho subito iniziato le riprese di *Un amore tutto suo*. Adesso ho la sensazione di vivere un momento magico della mia carriera, di poter fare le cose che ho sempre voluto fare. Non sarei mai riuscita a ottenere il ruolo in questo film se non fosse stato per il successo di *Speed*.»

Com'è cambiata la sua vita personale?

«Di privacy ne ho poca, in questi ultimi tempi. Certo non sono molto abituata a fare una vita pubblica: i miei amici sono sempre quelli di un tempo. Così come non sono cambiati i miei weekend. Continuo a fare gli stessi stupidi errori e a mangiare la stessa robaccia di prima. Sono soltanto un po' più occupata.»

Nei suoi ultimi due film, «Un amore tutto suo» e «The Net», lei è la protagonista. Sente una grande responsabilità nel dover sostenere un intero film?

«No, per niente, perché non sono la protagonista assoluta. Specie nel caso di *Un amore tutto suo* si tratta di un film corale, dove lavoro con un gruppo di attori che ha certo più esperienza di me. Attori che fanno commedia da anni e il cui talento comico è superiore al mio. Per questo mi sono così divertita durante le riprese. Il successo economico di un film non è lo scopo principale del mio lavoro: se cominciassi a pensare in quei termini sarei talmente terrorizzata che non saprei più quale progetto scegliere.»

Adesso che la sua vita viene continuamente vivisezionata dai media, come si difende?

«Cerco di essere più attenta e di evitare certi errori. Una volta, per esempio, ho divulgato tramite un giornalista il nome di un club di musica salsa dove vado spesso a ballare. Non lo farò mai più: è mancanza di rispetto per i proprietari del locale e per i frequentatori che vanno lì per ballare e non per essere circondati da paparazzi e curiosi.»

Grazia, 3.11.95

3 *Facciamo il contrario*

Barabara è andata in Italia a trovare la sua amica Roberta. Qui sotto è un riassunto di certe cose che sono state dette o chieste durante la sua visita. Volgi il discorso indiretto al discorso diretto.

Esempio:

1 «Posso telefonare ai miei per dire che sono arrivata sana e salva?»

1 Al mio arrivo ho chiesto alla famiglia se potevo telefonare ai miei per dire che ero arrivata sana e salva.
2 La nonna di Roberta mi ha detto di prendere la chiave quando volevo uscire.
3 I suoi genitori mi hanno chiesto perché avevo viaggiato in pullman. Hanno detto che l'aereo era molto comodo perché l'aeroporto si trovava a dieci chilometri da casa loro. Hanno aggiunto che se fossi arrivata in aereo sarebbero venuti a prendermi.
4 Ho risposto che l'aereo era troppo costoso e a parte quello, non mi piaceva viaggiare in aereo.
5 Roberta mi ha chiesto se sarebbe potuta venire a trovarmi dopo i suoi esami.
6 Ho domandato a Roberta se faceva sempre così caldo in estate e le ho spiegato che da loro, in Inghilterra, non aveva fatto altro che piovere in quegli ultimi due mesi.
7 Hanno voluto sapere se i miei stavano bene e se mia sorella si era sposata.
8 I genitori di Roberta mi hanno detto che si erano divertiti tanto durante il loro soggiorno in Inghilterra e avevano intenzione di tornarci l'anno dopo.

METTETEVI IN MOTO!

4 *Sottovoce*

Lavorate a gruppi di tre. Studente A bisbiglia qualcosa all'orecchio dello studente B. Studente C, essendo molto curioso, chiede a studente B di riferire quello che ha detto studente A. Cambiate spesso ruolo.

A: (*bisbiglia*) Esci stasera?
B: Che cosa ha detto?
C: Mi ha chiesto se uscivo stasera.

B: Ho lavorato in un bar tutta l'estate.
C: Che cosa ha detto?
A: Mi ha detto che aveva lavorato in un bar tutta l'estate.

5 *Autobiografia!*

Intervista un compagno di classe sugli avvenimenti più importanti della sua vita, annotando quello che dice. Poi cambiate ruolo. Alla conclusione delle due interviste, bisogna scrivere la biografia l'uno dell'altro, utilizzando frasi come *mi ha detto che, ha chiesto se, ha risposto che, ha aggiunto che, ha affermato che, ha scoperto che, si è reso/a conto che . . .*

6 *Una conversazione interessante*

Cerca di ricordarti di una conversazione interessante che hai avuto ultimamente. Forse vale la pena passare alcuni minuti a scrivere dei brevi appunti di questa conversazione prima di riferirla a un compagno di classe.

Esempio:

Stamattina ho incontrato per caso una ragazza che non vedevo da parecchi anni. Le ho chiesto se . . . Mi ha risposto che . . . Le ho spiegato che . . . Lei mi ha detto che . . .

Adesso tocca al tuo compagno riferirti la sua conversazione.

7 *Raccontami una barzelletta*

Lavorate in coppia e, a vicenda, raccontatevi una barzelletta.

Esempio:

– Allora c'è questo studente che arriva a scuola sempre in ritardo e quando il maestro gli chiede perché arriva in ritardo, lo studente gli dice che . . .

Adesso bisogna raccontare la barzelletta che hai sentito a un altro compagno di classe.

– Allora James mi ha raccontato una barzelletta riguardante uno studente che arrivava a scuola . . .

8 *Una giornata indimenticabile!*

Lavorate in coppia e parlate a vicenda di una giornata (o un episodio) particolarmente memorabile o divertente. Naturalmente potete rivolgere domande l'uno all'altro. Non è necessario che sia un monologo. Forse sarebbe meglio prendere degli appunti per non dimenticare dettagli importanti. Dopo, dovete riferire quello che avete sentito a un compagno di classe diverso.

46 TIME, DAYS, DATES
L'ORA, I GIORNI, LE DATE

MECCANISMI

You are probably familiar with how to tell the time and refer to days and dates by this stage, so this chapter will serve to revise these points and make some observations.

Time of day

a *Che ora è/che ore sono?* — What time is it/what's the time?
 Che ora fai, per favore? – What time do you make it, please?

In Italian, as in English, there is a conversational way and a more formal way – used for train and bus timetables etc – of telling the time.

Partiamo alle sette e un quarto/alle sette e mezza.
We are leaving at a quarter past seven/at half past seven.

Il pullman arriverà alle undici e quindici/alle undici e trenta.
The coach will arrive at eleven fifteen/eleven thirty. (*Un quarto, mezzo/a* are replaced by figures in 'formal' announcements.)

When telling the time, use *è* for *l'una, mezzogiorno* and *mezzanotte*; *sono* for the other hours.

È l'una.	It's one o'clock.
Sono le quattro.	It's four o'clock.
Sono le sei e cinque.	It's five past six.
Sono le due e un quarto.	It's a quarter past two.
Sono le due e quindici.	It's two fifteen.
Sono le otto e mezzo/mezza.	It's half past eight.
Sono le otto e trenta.	It's eight thirty.
Sono le nove e cinquanta.	It's nine fifty.
Sono le dieci meno dieci.	It's ten to ten.
Sono le undici meno un quarto.	It's a quarter to eleven.
È mezzogiorno.	It's midday.
È mezzanotte.	It's midnight.

- 'a.m.' and 'p.m.' are expressed by *di/della mattina, di/del pomeriggio, di sera, di notte.*

Siamo partiti di casa alle sette di mattina e siamo arrivati alla costa alle tre del pomeriggio.
We left home at 7 a.m. and we arrived at the coast at 3 p.m.

- Remember however that in timetables, opening hours of shops etc, on TV and radio, and even in ordinary conversation for clarity, the 24-hour clock is used:

Le banche chiudono alle quattordici e trenta.
The banks close at 14.30.

Comincerà alle ore zero e venti. It will start at 00.20.

b 'At' a time is *a, all'* or *alle* as appropriate and the question is *a che ora . . . ?*

A che ora chiudono i negozi? – Alle dodici e mezza.
At what time do the shops shut? – At 12.30.

A che ora hai finito di lavorare? – All'una.
At what time did you finish working? – At one o'clock.

Verso/circa/intorno a are often used to give an approximate time:

Ci vediamo verso/circa le nove davanti al cinema.
We'll see each other about nine in front of the cinema.

Sono arrivati da noi intorno alle otto di sera.
They arrived at our house around 8 p.m.

c 'In the morning/afternoon/evening', 'at night', when no time is expressed can be conveyed as follows: *di/alla mattina, di/nel pomeriggio, di/alla sera, di notte.*

Days of the week

lunedì	Monday
martedì	Tuesday
mercoledì	Wednesday
giovedì	Thursday
venerdì	Friday
sabato	Saturday
domenica	Sunday

- Days begin with a small letter, unless of course they start the sentence, and they are all masculine with the exception of *la domenica.*
- Note that there is no word for 'on' a day in Italian, and the definite article (*il/la*) is used to indicate 'every' Monday etc:

| *lunedì* | Monday/on Monday |
| *il lunedì* | on Mondays/every Monday |

The idea of 'every' can also be expressed as follows:

| *ogni domenica/tutte le domeniche* | every Sunday |

Months and dates

gennaio	January
febbraio	February
marzo	March
aprile	April
maggio	May
giugno	June
luglio	July
agosto	August
settembre	September
ottobre	October
novembre	November
dicembre	December

- Months are written with a small letter.
- Use *il primo* for 'the first' of the month, and thereafter the cardinal numbers *due, tre*, etc:

Il primo aprile/il 1° aprile	1st April
il ventotto (di) luglio/il 28 luglio	28th July
l'undici ottobre/l'11 ottobre	11th October

Note: *di* can follow the number but is not essential. The article is *l'* in front of numbers beginning with a vowel, ie *l'otto* and *l'undici*. The numbers *ventuno* and *trentuno* tend to drop the *o* with months beginning with a consonant, eg *il ventun dicembre*.

- You cannot put the number after the month, as in English (August 27th).
- There is no word for 'on' a date:

| *il 14 febbraio* | on the 14th February |

- 'In' a month can be expressed in the following ways:

| *in/a novembre* or *nel mese di novembre* | in November |

Years

Years are said in full using the cardinal numbers preceded by the definite article:

| *il 1966 (millenovecentosessantasei)* | 1966 |

This is often shortened in everyday speech to *nel '66*, if the century is known.

- 'In' a year is *in* + the definite article: *nel 1994*.
- When the complete date is written out, the article is omitted before the year:

Mia sorella è nata il 14 novembre, 1979.
My sister was born on the 14th November, 1979

- Note also the way of expressing decades:

Ho sempre preferito la musica degli anni '70 (settanta).
I have always preferred the music of the 70s.

Giornata, mattinata, serata

The long forms *giornata* day, *mattinata* morning, *serata* evening, are used to emphasise the duration of that period of time.

Abbiamo passato una serata meravigliosa dai nostri amici.
We spent a wonderful evening at our friends' house.

Time

- Don't confuse *il tempo* = the general concept of 'time':

Quanto tempo ci vuole per imparare una lingua?
How long (= how much time) does it take to learn a language?

with *il tempo* when it means 'weather':

Che tempo farà domani? What will the weather be like tomorrow?

- *Una volta* = a time, an occasion

una volta   due volte   molte volte   qualche volta   quante volte?
once   twice   many times   sometimes   how many times?

- *l'epoca* = period of history

all'epoca della prima guerra mondiale   at the time of the First World War

- 'to have a good time' is usually *divertirsi molto*.

TIME, DAYS, DATES

1 *Che ore sono, per favore?*

Lavorate in coppia e dite a vicenda le seguenti ore, prima in modo formale, poi in modo familiare, come negli esempi:

22.30 Sono le ventidue e trenta. Sono le otto e mezza di sera.

a 05.05 **b** 10.45 **c** 12.09 **d** 14.30 **e** 17.55 **f** 23.40 **g** 02.10
h 00.15 **i** 07.25 **j** 19.07 **k** 11.00 **l** 09.18 **m** 23.20 **n** 06.02

2 *Che data è oggi?*

Detta le date della prima colonna a un compagno di classe senza che le veda. Il tuo compagno le deve scrivere in cifre. Poi, tocca al tuo compagno dettarti le date della seconda colonna.

Esempio:

il 10/4/1980 – il dieci aprile millenovecentoottanta.

a	il 23/6/1965	**b**	l'11/5/1999
c	il 21/8/1850	**d**	il 1/1/1666
e	il 15/2/2006	**f**	il 19/12/1775
g	l'8/3/1941	**h**	il 28/7/2021
i	il 31/10/1313	**j**	il 4/4/1978
k	il 17/11/2000	**l**	il 2/9/1552

3 *Una giornata molto impegnata*

Questa settimana la tua agenda è piena di appuntamenti e attività diverse. Annota sull'agenda almeno quattro attività differenti per ogni giorno della settimana e indica l'ora precisa di ogni appuntamento/attività.

Esempio:

lunedì 09.00 dentista
    10.30 agenzia di viaggi ecc.

Adesso bisogna comunicare tutto quello che devi fare a un compagno di classe, per esempio:

Allora, lunedì alle nove devo andare dal dentista per fare un controllo, poi alle dieci e mezza bisogna andare all'agenzia di viaggi per ritirare i biglietti per l'aereo . . .

Ora tocca al tuo compagno raccontarti la sua agenda.

Se preferite, potete parlare in modo dettagliato di una sola giornata molto impegnata, oppure del vostro orario scolastico o lavorativo.

4 *Date significative*

Lavorate a gruppi di tre o quattro. Ognuno deve scrivere certi anni o date che hanno una determinata importanza nella sua vita. A vicenda bisogna comunicare il significato particolare dell'anno o della data.

Per esempio:

Mi ricordo benissimo il 15 agosto 1996 perché ho ricevuto i risultati dei miei esami. Per fortuna, sono riuscito a passarli tutti.

5 *Che cosa guardiamo?*

Parla con un compagno di classe dei tuoi programmi televisivi o radiofonici preferiti. Bisogna dire a che ora inizia ogni programma e il giorno della trasmissione.

6 *Informazioni varie!*

La vostra classe ha avuto l'idea di preparare un opuscolo pieno di informazioni per gli italiani che vengono a visitare la città. Questo opuscolo includerà molte informazioni relative all'orario di apertura e chiusura dei negozi, supermercati, banche, uffici postali, musei, bar, discoteche ecc.

Prima, lavorate a gruppi di tre o quattro e decidete sugli orari che ritenete siano più importanti ed utili. Se non siete sicuri di certi orari, avrete bisogno di fare un po' di ricerca prima di iniziare a scrivere l'opuscolo.

Esempio:

Quasi tutti i negozi aprono alle 09.00 e chiudono alle 17.30. Fanno tutti un orario continuato. Però, i grandi magazzini e supermercati rimangono aperti fino alle 20.00. Ormai parecchi negozi aprono anche la domenica. Per quanto riguarda i bar, la maggioranza rimane aperta tutto il giorno, cioè dalle 10.30 fino alle 23.00. Le banche aprono alle 09.30 e chiudono generalmente alle 15.30. Alcune banche aprono anche il sabato ma chiudono alle 12.00.

47 PREFIXES AND SUFFIXES

PREFISSI E SUFFISSI

MECCANISMI

Italian uses a considerable number of prefixes and suffixes. They serve to enrich the language either by modifying the words in some way or by giving them an entirely new meaning. This chapter introduces some of them.

Prefixes

Prefixes are added at the beginning of words, particularly nouns, adjectives and verbs.

a Nouns and adjectives

in-, il-, im-, ir-, s- and **dis-** are often used to give a word the opposite meaning:

disciplina > indisciplina	discipline > indiscipline
possibilità > impossibilità	possibility > impossibility
legalità > illegalità	legality > illegality
responsabilità > irresponsabilità	responsibility > irresponsibility
vantaggio > svantaggio	advantage > disadvantage
ubbidienza > disubbidienza	obedience > disobedience
felice > infelice	happy > unhappy
possibile > impossibile	possible > impossible
leggibile > illeggibile	legible > illegible
responsabile > irresponsabile	responsible > irresponsible
fortunato > sfortunato	fortunate > unfortunate
onesto > disonesto	honest > dishonest

sovra- and **sopra-** denote excess:

affollamento > sovraffollamento	crowding > overcrowding
peso > sovrappeso	weight > overweight
affollato > sovraffollato	crowded > overcrowded
naturale > soprannaturale	natural > supernatural

- Note the doubling of the initial consonant after *sovra-* and *sopra-* in the examples above.

sotto- conveys 'under':

sviluppo > sottosviluppo	development > underdevelopment
sviluppato > sottosviluppato	developed > underdeveloped

b Verbs

ri-, re- are frequently used like the English 're-' to indicate repetition:

leggere > rileggere	to read > to reread
investire > reinvestire	to invest > to reinvest

Other meanings conveyed are those of 'sending something back' *rispedire*, 'recovering something' *riacquistare* or 'opposition' *reagire*.

dis-, s- often give a verb the opposite meaning:

piacere > dispiacere	to please > to displease
gelare > sgelare	to freeze > to thaw

contra-, contro- express 'opposition':

dire > contraddire	to say > to contradict
bilanciare > controbilanciare	to balance > to counterbalance

mal(e)- conveys the meaning of 'bad, badly or evil':

trattare > maltrattare	to treat > to mistreat
dire > maledire	to say > to curse

Suffixes

Suffixes are added to the end of a word to modify its meaning and often to convert it to another part of speech.

a Noun to verb

A number of verbs are formed by adding **-are** (occasionally **-iare**, **-icare**), **-ire**, **-eggiare**, **-izzare** and **-ificare** to nouns:

arresto > arrestare	arrest > to arrest
protesta > protestare	protest > to protest
differenza > differenziare	difference > to differentiate
neve > nevicare	snow > to snow
colpo > colpire	blow > to hit
festa > festeggiare	party > to celebrate
analisi > analizzare	analysis > to analyse
persona > personificare	person > to personify

b Adjective to verb

The above-mentioned suffixes are also added to adjectives to form verbs:

calmo > calmare	calm > to calm
chiaro > chiarire	clear > to clarify

bianco > biancheggiare	white > to whiten
nazionale > nazionalizzare	national > to nationalise
identico > identificare	identical > to identify

c Verb to noun

Many verbs in **-are** have nouns in **-azione**:

emigrare > emigrazione	to emigrate > emigration
formare > formazione	to form > formation

A considerable number of nouns derive from the masculine or feminine form of a past participle, and end in **-ato/a**, **-ito/a**, **-uta**:

nevicare > nevicata	to snow > snowfall
frullare > frullato	to whisk > milk-shake
vendere > vendita	to sell > sale
cadere > caduta	to fall > fall

-ante, **-ente** are common suffixes for nouns formed from verbs:

cantare > cantante	to sing > singer
conoscere > conoscente	to know > acquaintance

d Verb to adjective

-ante and **-ente** also give rise to the formation of numerous adjectives from verbs:

incoraggiare > incoraggiante	to encourage > encouraging
trasparire > trasparente	to show through > transparent

(Note that **-ante** and **-ente** are also the endings of present participles, see Chapter 29.)

-abile (for *-are* verbs) and **-ibile** (for *-ere* and *-ire* verbs) usually convey a passive meaning, something that can be done, 'possibility':

cantare > cantabile	to sing > singable
credere > credibile	to believe > believable

e Adjective to noun

Some common suffixes for nouns formed from adjectives are **-ezza**, **-ia**, **-izia**:

bello > bellezza	beautiful > beauty
allegro > allegria	cheerful > cheerfulness
pigro > pigrizia	lazy > laziness

f Noun to adjective

A number of adjectives based on nouns end in **-ale**, **-ile**, **-evole**, **-oso**:

industria > industriale	industry > industrial
musica > musicale	music > musical
giovane > giovanile	young > youthful

primavera > primaverile	spring > spring
amico > amichevole	friend > friendly
avventura > avventuroso	adventure > adventurous
noia > noioso	boredom > boring

Adjectives that derive from geographic names are normally formed using the suffixes **-ano**, **-ino**, **-ese**:

America > americano	America > American
Parigi > parigino	Paris > Parisian
Canada > canadese	Canada > Canadian
Milano > milanese	Milan > Milanese

g Noun to noun

The suffixes **-aio**, **-ario**, **-iere**, **-ista** added to existing nouns generally convey someone's job/profession:

benzina > benzinaio	petrol > service station attendant
biblioteca > bibliotecario	library > librarian
giardino > giardiniere	garden > gardener
chitarra > chitarrista	guitar > guitarist

-eria, **-ificio** indicate where something is made or sold:

birra > birreria	beer > brewery
pane > panificio	bread > bakery

Diminutives, augmentatives and pejoratives

These are suffixes added to nouns and adjectives to express nuances, particularly of size and of positive or negative nature, indicating, for example, affection or dislike. The equivalent in English generally requires use of adjectives.

a Diminutives

-ino/a, **-etto/a**, are the most widely used diminutives to indicate smallness:

fratello > fratellino	brother > little brother
camera > cameretta	bedroom > small bedroom
caro > carino	dear > pretty, cute
povero > poveretto	poor > poor thing

-(i)cino, **-olino** are also fairly common. Sometimes the word loses its final vowel before the suffix is added:

canzone > canzoncino	song > little song
magro > magrolino	thin > rather thin
topo > topolino	mouse > baby mouse

In spoken Italian **-ino** is added to a few adverbs:

bene > benino	well > quite well
poco > pochino	little > rather little
presto > prestino	early > rather early

b Augmentatives

-one is a common augmentative denoting largeness:

barca > barcone boat > a big boat

- Note that when **-one** is added to a feminine noun it becomes masculine.
- Some nouns that derive from verbs have the **-one** suffix:

chiacchierare > chiacchierone	to chat > a chatterbox
mangiare > mangione	to eat > a big eater

c Pejoratives

-astro/a, **-accio/a** tend to create a negative meaning:

poeta > poetastro	poet > worthless poet
parola > parolaccia	word > swear word

Notes

- Remember that some suffixes can give an entirely new meaning to a word:

la madre > la madrina	mother > godmother
la carta > il cartone	paper > cardboard

- Great care should be taken when using prefixes and suffixes. You would be wise to use only those formations you have seen or heard, otherwise you run the risk of 'creating' words that would not be used by the native speaker.

METTETEVI A PUNTO!

1 *No, è il contrario*

Scrivi il contrario delle parole in neretto, scegliendo uno dei seguenti prefissi: *in-*, *im-*, *il-*, *ir-*, *s-*, *dis-*. Serviti del dizionario se necessario.

1 Il bollettino meteorologico è **prevedibile**.
2 Quell'alunno è molto **attento**.
3 Secondo me tutto quello che ha detto era **logico**.
4 Erano tutti **contenti**.
5 Le loro risposte erano **precise**.

6 Vivono in un mondo **reale**.

7 Sono veramente **grati**.

8 Non hanno ancora **caricato** il camion.

9 Hanno lasciato la camera in **ordine**.

10 Che **organizzazione**!

11 È una questione di **uguaglianza** dei sessi.

12 Sarebbe **consigliabile** partire di buon'ora.

13 Il professore **approva** la condotta degli studenti.

14 La sua **decisione** mi è costata cara.

15 Che notizia **gradevole**!

2 *Formazione di parole!*

Bisogna completare le frasi con un verbo, un sostantivo o un aggettivo secondo il senso. La parola che occorre utilizzare deriva da quella tra parentesi. L'attività è basata sui suffissi che hai incontrato in questo capitolo. Se non riesci a formare la parola adeguata consulta il dizionario.

1 Secondo me, sarebbe . . . fare questo esercizio in coppia (preferire).

2 Queste mele cominciano a . . . (marcio).

3 Tutte queste industrie verranno . . . (privato).

4 Il tempo per domani sarà . . . (variare).

5 A mio parere, è una questione di . . . (geloso).

6 Mi piace di più il periodo . . . (autunno).

7 Dobbiamo traslocare perché qui è troppo . . . (rumore).

8 Io prendo una . . . di limone (spremere).

9 Il tuo comportamento non è più . . . (sopportare).

10 Qual è la . . . di questo fiume (lungo)?

11 La serata è stata molto . . . (piacere).

12 Mi puoi . . . questo palloncino (gonfio)?

METTETEVI IN MOTO!

3 *Che cosa fa un benzinaio?*

Scrivi un elenco di tutte le parole che indicano un mestiere o una professione che terminano in *-aio, -ario, -iere, -ista* – non quelle che hai incontrato in questo capitolo. Serviti del dizionario se necessario.

Adesso confronta il tuo elenco con quello di alcuni altri compagni di classe. Bisogna definire le parole che qualcuno non capisce, come nell'esempio:

Un benzinaio è una persona che lavora presso una stazione di servizio e aiuta chi ha bisogno di benzina o olio.

4 *Facciamo un po' di ricerca*

Leggi una rivista o un giornale italiano e scrivi un elenco di tutte le parole che trovi con i prefissi o suffissi che hai incontrato in questo capitolo.

Porta il tuo elenco in classe e confrontalo con quello di un altro compagno. Bisogna spiegare il significato delle parole che hai annotato. Naturalmente ci vorrà un po' di tempo per poter svolgere un'attività di questo genere.

48 PRONUNCIATION AND SPELLING
LA PRONUNCIA E L'ORTOGRAFIA

MECCANISMI

Pronunciation

Italian is largely a phonetic language, in that there is a very close relationship between the written and the spoken word. This relationship is very reliable, so that once you have learnt the system, it is usually easy to predict correctly the spelling of new words you hear for the first time, or to pronounce accurately written words you read for the first time.

- Guide to pronunciation of the alphabet for use when spelling words out. It is a very rough indication, giving the nearest English equivalent: there is no substitute for learning accurate pronunciation by copying Italian native speakers!

A *ah* as in car
B *bi* as in beat
C *chi* as in cheat
D *di* as in deep
E *e* as in Evita
F *effe* as in effedrine but with double length f
G *ji* as in genie
H *acca* as in Acapulco but double length c
I *ee* as in peep
J *i lunga* but doesn't exist in Italian except in foreign words
K *cappa* as in cuppa
L *elle* as in telephone but double length l

M *emme* as in emery but double length m
N *enne* as in enemy but double length n
O *o* as in cot
P *pi* as in peep
Q *cu* as in cuckoo
R *erre* as in hereditary, with rolled r
S *esse* as in essay
T *ti* as in teetotal
U *oo* as in cuckoo
V *vi/vu* as in veeneck
W *doppia vi/vu* as above
X *eex*
Y *ipsilon*
Z *zeta*

J, K, W, X and Y are not part of the Italian alphabet: they occur only rarely, and usually in words imported from other languages.

- Vowels are simpler and 'purer' than in English.
  Unlike in English, each vowel always sounds the same, although *e* and *o* have two sounds, 'open' and 'closed':
  open *e* – as in every   closed *e* – more like the sound in eight
  open *o* as in cot   closed *o* – more like the sound in core
  All vowels are always pronounced, wherever they occur in a word. Where two or more vowels occur together, each is pronounced with its normal value in the correct order:
  italiano = italeeaano
  macellaio = machellaeeo
- All consonants are always pronounced, wherever they occur in a word with one notable exception: *h*, which is NEVER pronounced; however, it often does the job of 'protecting' the hard sound of *c* and *g* (see below).
  Where they are doubled, you literally make them sound twice as long; this helps to give Italian its lilting, musical rhythm.
- Most of the consonants are pronounced as indicated in the alphabet above, but some have sounds different from English and others sound different when in combination with another consonant. It is always easiest to learn them in a model word.

Note and learn the pronunciation of the following consonants:

c – hard *c* before *a, o* and *u*: *casa, Como, cupola*
        ch sound before *e* and *i*: *Cinquecento, Cinzano, Gucci*
g – hard *g* before *a, o* and *u*: *gala, gola, guerra*
        j sound before *e* and *i*: *generale, Ginevra*

To preserve hard *c* or *g* before *e* and *i*, Italian inserts an *h* to protect the *c* or *g*:

che, chi – as in *perché, chitarra, Chianti*
ghe, ghi – as in *lunghezza, Lamborghini, ghiaccio*

In addition, note the following:

gl – ly sound, as in *luglio, Gigli*
gn – ny sound, as in *lasagna, Mascagni, Campagnolo*
sc – sh sound, as in *lasciare, scegliere, fascino*
q is always followed by *u*, together pronounced *kw*, *questo*
z is pronounced *ts* as in *zingaro* or *dz* as in *zero*
zz is sometimes *ts* (*ragazzo*), sometimes *dz* (*azzurro*)

- Intonation is very sing-song; the voice falls towards the end of a statement, but rises towards the end of a question.

Stress patterns

Students in the early stages of language acquisition have to rely a great deal on the teacher or recordings to act as the model to be imitated. As a general rule, however, the stress falls on the last but one vowel, and on the end of words marked by an accent (the stressed vowels are underlined):

cane, canzone, felice, farmacia, città, perché, virtù, così, andrò

There are a number of words where the accent falls on the third from last syllable. These include nouns ending in *-agine, -igine* and *-udine* and also nouns and adjectives ending in *-abile, -ibile, -evole* and *-ico*:

indagine, origine, solitudine, amabile, impossibile, lodevole, portico, atletico

As there are so many exceptions, it makes more sense to learn by using the language. A good dictionary usually indicates where the stress falls if you are in doubt. There are occasions where a misplaced stress can cause confusion as it can give rise to a completely different meaning, as these examples show:

parto subito	I'm leaving straightaway
ha subito un'operazione	he underwent an operation
un numero impari	an odd number
così impari	that'll teach you
mi hanno seguito	they followed me
in seguito all'incidente	following the accident
mi fa male questo tendine	this tendon hurts me
ho chiuso le tendine	I closed the curtains
che cosa desideri?	what do you want?
questi sono i loro desideri	these are their wishes

Accents

Italian has two main accents: the acute accent, *l'accento acuto (')*, and the grave accent, *l'accento grave (`)*. The circumflex (^) is rarely used nowadays. These accents are placed on the final vowel of a word and they have three main functions:

- On words of two or more syllables, to indicate that the stress falls on the last syllable:

giovedì avrò caffè lassù capacità

- On words of one syllable:

ciò già giù può più

(note however that *qui/qua* are written without an accent)

- To distinguish between the words that have the same spelling but different meaning:

dà   he/she/it gives (verb *dare*)
da   from, by (preposition)
è   he/she/it is (verb)
e   and (conjunction)
là   there (adverb of place)
la   the, her, you (article, pronoun)
lì   there (adverb of place)
li   them (pronoun)
né   nor (conjunction)
ne   of it, etc (pronoun)
sé   himself, herself, itself, themselves, oneself (pronoun)
se   if (conjunction)
sì   yes (adverb)
si   himself, herself, etc, one (pronoun)
tè   tea (noun)
te   you (pronoun)

- The acute accent indicates a closed sound:

né, benché, perché, ventitré

whereas the grave accent indicates an open sound:

tè, caffè

Although this rule is generally adhered to as far as the vowel *e* is concerned, modern usage tends to prefer the grave accent on the other vowels, *a, i, o, u*. The grave accent is therefore used in the examples and exercises throughout this book.

 METTETEVI A PUNTO!

1 *Che stress!*

Indica dove cade l'accento sulle seguenti parole, come nell'esempio:

possibile > possibile

lago università saprà amichevole abitudine idiomatico illeggibile
contento canadese poiché romantico incantevole venerdì stupidaggine
ridicolo fantastico nubile gioventù macelleria lentiggine

AZIONE GRAMMATICA!

2 *Ci vuole l'accento o no?*

Cancella la forma errata, come nell'esempio:

Il cameriere mi ~~da~~/dà il resto.

1 Io prendo un te/tè al limone. – Per me, un caffè/caffe.
2 Purtroppo la mia amica non può/puo venire.
3 Ho ricevuto una lettera dà/da Giovanna. E/È la/là sulla scrivania.
4 Mi dispiace ma non né/ne ho.
5 Lì/Li vedo ogni giorno.
6 Non andiamo mai lì/li.
7 Hanno detto di si/sì.
8 Come si/sì scrive il suo cognome?
9 Mi sentiro/sentirò meglio domani.
10 Sé/se vuoi, posso arrivare un po' prima.
11 Quel ragazzo pensa solo a sé/se.
12 Domani non ci sara/sarà.
13 Non là/la vedo da piu/più di un anno.
14 Vorrei venire con tè/te.
15 Mio zio vende/vendé la casa una trentina di anni fa.

49 INTRODUCTION TO ITALIAN VOCABULARY 333
INTRODUZIONE AL VOCABOLARIO ITALIANO

MECCANISMI

The origins of Italian

- Modern Italian is derived from Vulgar Latin, the Latin spoken by ordinary Romans. This broke down into many regional variants or dialects, and in fact, the 'best' Italian used to be associated with Tuscany. Italian comes from the same source as French, Spanish, Portuguese and the other Romance languages.
- Much vocabulary in English also comes from Latin, either via Norman French, from other Romance languages, or direct from Latin in more recent times (largely in the fields of science or culture). Hence, Italian and English have a lot of vocabulary in common, and many words new to you in Italian will be recognisable via English or another language you happen to know.
- Italian has also imported words from many other languages over the centuries, including a lot of English, especially in recent years, mostly in the fields of sport, pop-music, business, science and computing (eg *gadget, computer, intercity, windsurf, week-end*). Some imported words keep their original spelling (sometimes with Italian pronunciation): this is usually the case with words adopted in written form, eg *design*. Words imported through spoken language tend to have spelling adapted to keep the pronunciation similar, such as *gol, scuter*. Sometimes Italian re-invents an English word, such as *footing*, which we would not use in English. It is worth noting that verbs based on imported words tend to be in the *-are* verb family, eg *filmare, computerizzare, fotocopiare*.

Making sensible guesses

- Awareness of important grammatical features will help you to categorise words and get to their base form, either to guess at their meaning or to look them up in a dictionary. For information on types of words, consult

Chapter 1, *Introduction to grammar*.

- New words should not always send you rushing for a dictionary. Often, you will be able to work out the likely meaning for yourself, especially if you already know the base word or recognise it through English or another language you know. (But beware of *falsi amici*, which look the same but are not!) Clearly, it is easier to make sensible guesses at written words where you can look at them again and again, than at spoken words; for the latter, it helps to visualise the spelling.

- It may help to break down a new word to get at its core, which may then be recognisable. Some basic principles:

  – singular nouns generally end in a vowel
  – many nouns have both masculine and feminine forms
  – adjectives match nouns they describe in gender and number
  – plurals end in *-i* or *-e*
  – verbs usually have different forms for each person referred to
  – Italian makes much use of affixes to alter the meaning of a word; prefixes are put at the beginning of a word and suffixes at the end (see Chapter 47)

Guessing made easier

An awareness of certain features of spelling in Italian will help you to see connections.

a Italian simplifies complex English spellings, eg ph > f, th > t:

> *telefono* < telephone; *farmacia* < pharmacy; *fotografia* < photography;
> *filosofia* < philosophy; *geografia* < geography
> *teatro* < theatre; *tema* < theme; *metodo* < method; *patologia* < pathology

b *x* is very rare, usually being replaced by *s* or *ss*:

> *estratto* < extract; *esempio* < example; *prefisso* < prefix

c *y* is very rare, replaced usually by *i*, or at the end of a word by *ia*:

> *sistema* < system; *sintomo* < symptom; *ritmo* < rhythm
> *farmacia* < pharmacy; *meteorologia* < meteorology; *anomalia* < anomaly

d Italian often replaces *ns* with just *s*:

> *costruire* < construct; *istruzione* < instruction; *istituto* < institute;
> *trasformare* < transform

e Note that words beginning in English with *h* have no initial *h* in Italian:

> *elicottero* < helicopter; *abitare* < inhabit

f When other languages have *ct* or *pt*, Italian often has *tt* instead:

> *vittima* < victim; *sovrastruttura* < superstructure; *dottore* < doctor;
> *corretto* < correct
> *elicottero* < helicopter; *ottimo* < optimum; *battesimo* < baptism
> *scritto* < written (scripted); *cattività* < captivity

g Italian often doubles a consonant where other languages have only one, or two separate consonants together:

> *città* < city; *tonno* < tuna; *dettaglio* < detail; *frutta* < fruit
> *ammiraglio* < admiral; *eccezione* < exception; *sommergibile* < submarine
> (submersible)
> *torretta* < turret; *castello* < castle; *cappella* < chapel

h The letter *l* after *c*, *f*, and *p* in other European languages often becomes *i*:

> *chiave* < key (*clef*); *chiuso* < closed; *chiamare* < call (claim)
> *fiamma* < flame; *fiore* < flower; *fiume* < river (flume)
> *più* < plus; *piove* < rain (French: *pleut*); *pianta* < plant

i Note also the following common prefixes and suffixes and their equivalents in English.

> *-abile/-ibile*: *possibile* < possible; *nobile* < noble
> *-zione*: *soluzione* < solution; *azione* < action
> *-nza*: *presenza* < presence; *finanza* < finance
> *-tà/tate*: *velocità* < velocity; *estate* < summer (French: *été*)

j Many words beginning with *dis* in English tend to begin with *s* in Italian:

> *il conto* account, bill; but *lo sconto* – discount
> *montare* to set up; but *smontare* to dismantle

k In words which are otherwise similar in Italian and English, the vowels can be different: don't let this prevent you from seeing the connection!

> *prezzo* – price
> *inglese* – English
> *buono* – good (compare with bounty, lots of good things)
> *ruota* – wheel (compare with rotary, rotate)

INTRODUCTION TO ITALIAN VOCABULARY

Cognates

Cognates are words which come from a common source and are similar to words in another related language. English has an enormous number of words which come from Latin, especially in the fields of science and culture. Therefore, many Italian words have cognates in English: an awareness of this will help you to work out the meaning of a lot of new words yourself.

There are, of course, *falsi amici* – 'false friends' which look like a word you know but have an entirely different meaning. Fortunately there are far more genuine cognates than *falsi amici*!

Italian/English cognates can be categorised as follows:

a English words absorbed into Italian without change of meaning:
   shopping, design, marketing, bowling, record, tennis, week-end
   Note: some have spellings adapted into Italian.
b Words which English has borrowed from Italian:
   pasta, vino, allegro, concerto
c Words identical in form to their English equivalent and with comparable pronunciation:
   panorama, idea, mania, motel, scenario
d Words similar but not identical to their English equivalent:
   documento, militare, sistema, clima, movimento, originale
e Verbs whose stem is identical or similar to their English equivalent:
   ammirare, contenere, consistere, limitare, entrare
f Words containing certain common Italian spelling features which, when known, allow easy identification with English equivalents:
   libertà, turismo, indicazione, potenza

Derivatives

These are derived from other words which you may already know, usually with bits added at the beginning or end of the word. You should often be able to work out the meaning of a derivative by breaking it down to get to the base word. You can do the reverse and predict the existence of a word by knowing how they are built up from a base word. It helps to bear in mind the rules for plural forms of nouns, adjectival agreement and verb forms. Here are some basic groups of derivatives:

a Words whose meaning is determined by common prefixes or suffixes (see Chapter 47):
   con-: contenere, conseguenza
b Nouns denoting people and places, based on another noun or a verb, which are characterised by endings such as *-aio/a, -ore, -ista, eria*:
   tabaccaio, pittore, pescatore, pianista, tassista, pizzeria

c Adverbs formed by adding the ending -*mente* to adjectives:
totalmente, attivamente

d Adjectives with endings -*abile*, -*ibile* and -*evole* which compare with English equivalents ending in -able or -ible:
immaginabile, possibile, piacevole

e Adjectives with ending -*oso*/-*osa* comparable with English equivalents ending in -ous:
religioso, furioso, vigoroso

f Adjectives with endings -*ese*, -*ino/a*, -*ano/a* comparing with English -ese or -(i)an, usually indicating place of origin:
inglese, giapponese, canadese, fiorentino, napoletano

g Diminutives ending in -*etto/a*, *ino/a* deriving from known words or other easily identifiable words:
signore – signorino; pane – panino; bambino – bambinetto; spago > spaghi – spaghetti!

h Augmentative and pejorative suffixes such as -*one/ona*, -*azzo*, -*accio/uccio*:
mosca – moscone; film – filmaccio

i The ending -*issimo* is often added to an adjective to intensify its meaning:
caro – carissimo: carissima amica . . .

j Compound nouns, consisting of combinations of known words; these often consist of verb and plural noun
portacenere – ash-tray; *apriscatole* – tin opener; *lavastoviglie* – dish-washer

k Nouns and verbs derived from adjectives:
pulito > pulizia; tranquillo > tranquillizzare; umido > umidità

l Words mainly derived from verbs, with endings -*ante* or -*ente*:
- present participles used as nouns: *cantante, agente*
- past participles used as adjectives: *aperto, chiuso, rotto, fritto*
- past participles used as nouns: *andata, caduta, entrata, uscita*
- nouns based on past participles: *frittata, scrittura, traduttore*
- other nouns based on verbs: *arrivo, partenza, ritorno*

m Place names with identical or similar spelling to English equivalent:
America, Brasile, Edimburgo, Francia, Italia, Londra, Tailandia

n Acronyms and initials (often in a different order):
NATO = NATO
USA = USA
UE = *Unione Europea* = European Union
ONU = *Organizzazione delle Nazioni Unite* = UN

INTRODUCTION TO ITALIAN VOCABULARY

AZIONE GRAMMATICA!

METTETEVI A PUNTO!

1 *Cosa vuol dire ...?*

Usando i criteri che hai studiato, indovina il significato delle seguenti parole; poi, inventa una frase per ogni parola.

artefatto, chitarrista, claustrofobia, dipingere, intellettuale, messaggero, ottimistico, pregiudizio, specializzato, tatuaggio

2 *Da dove viene ...?*

Partendo dal seguente elenco, indovina le parole originarie, e il loro significato; poi scrivi una frase per ogni parola.

aspirapolvere, cucchiaino, danneggiare, disintossicare, gemellato, naturalizzare, purezza, sbilanciarsi, spaghettini, vinificazione

3 *Come si dice in italiano ...?*

Adesso devi pensare a delle parole italiane, seguendo gli esempi; verifica le parole nel dizionario, poi scrivi una frase per ogni parola.

preparare > preparazione : accumulare > ... = accumulation
insetto > insetticida : mosca > ... = fly spray
regolare > regolamento : atteggiare > ... = pose, attitude
restringere > restrizione : costringere > ... = constraint
formato > sformato : moderato > ... = immoderate
passare > ripassare : stabilire > ... = re-establish
abitato > inabitato : giusto > ... = unjust
decidere > indeciso : difendere > ... = undefended
mettere > sottomesso : scrivere > ... = undersigned

METTETEVI IN MOTO!

4 *Investigazione*

Leggi questo articolo, e sottolinea le parole nuove che riesci ad indovinare.
Spieghi a un compagno o al professore come sei riuscito ad indovinarle.

IL FANTINO DIVENTATO DIO

È tornato a casa il ragazzo che sorride, «l'uo-mo diventato dio in un solo pomeriggio», come ha scritto il Times. Parliamo del ritorno di Lanfranco «Frankie» Dettori, 26 anni il prossimo 16 dicembre, il fantino entrato nella leggenda con le sette vittorie su sette corse durante l'indimenticabile sabato di Ascot, vicino a Londra, un' impresa mai riuscita negli ultimi due secoli e mezzo. In Inghilterra, dove il galoppo è lo sport dei re e la passione dei sudditi, «Frankie» vive dal 1984. È già da tempo una star e tra poco sarà anche il primo fantino a girare uno spot per un prodotto di largo consumo. L'Italia, invece, deve ancora scoprire la faccia pulita del ragazzo che sorride e la sua storia fatta di tante cose: il padre campione (Gianfranco, chiamato «il mostro» per la sua bravura), l'emigrazione, le prime vittorie, una brutta vicenda a Hong Kong, la rinascita, il succes-so, gli ingaggi miliardari, uno sceicco come patrone, i telegrammi di ammirazione della regina ... Ma soprattutto, l'amore per i cav-alli. Una storia che Dettori junior ha ripetuto mille volte ma che ora, sputato il chewing-gum e passatosi la mano tra i capelli brillanti di gel, racconta, in un mix di parole italiane e accento inglese, con l'entusiasmo della prima volta.

Epoca

Chapter 2

1 il clima *m*; l'uomo *m*; la fine *f*; l'occhio *m*; la subordinazione *f*; lo yacht *m*; la mano *f*; il cane *m*; lo zingaro *m*; il jazz *m*; la miseria *f*; la domenica *f*; la voce *f*; l'infermiera *f*; l'attore *m*; il canale *m*; la moto *f*; l'uovo *m*; il costume *m*; la bici *f*; l'orecchio *m*; il sale *m*; lo sport *m*; la specie *f*; il poeta *m*; il/la turista *m/f*; lo scultore *m*; il motel *m*; la porta *f*; la felicità *f*

i climi; gli uomini; le fini; gli occhi; le subordinazioni; gli yacht; le mani; i cani; gli zingari; le miserie; le domeniche; le voci; le infermiere; gli attori; i canali; le moto; le uova; i costumi; le bici; gli orecchi; i sali; gli sport; le specie; i poeti; i turisti/le turiste; gli scultori; i motel; le porte

2 il toro   la mucca
il professore   la professoressa
l'avvocato   l'avvocatessa
l'arancio   l'arancia
il parrucchiere   la parrucchiera
lo zio   la zia
il turista   la turista
il re   la regina
l'ingegnere   la donna ingegnere
il collega   la collega
il poliziotto   la donna poliziotto
il signore   la signora
la vittima   la vittima
l'atleta   l'atleta
il pesce   il pesce femmina
l'infermiere   l'infermiera
l'eroe   l'eroina
il marito   la moglie
l'elefante   la femmina dell'elefante/l'elefantessa
il figlio   la figlia

3 seduzione *f*, mito *m*, abiti *m*, look *m*, ampiezza *f*, lunghezza *f*, tessuti *m*, cotone *m*, lino *m*, proposta *f*, colore *m*, cotone *m*, incrocio *m*, listarelle *f*, ombelico *m*, pantaloncini *m*, bermuda *m*, gambe *f*.

alla seduzione . . . un mito . . . gli abiti . . . al look . . . dell'ampiezza . . . della lunghezza . . . dei tessuti. . . il cotone. . . il lino . . . questa proposta . . . il colore . . . il cotone . . . l'incrocio . . . l'ombelico . . . le gambe

4 il portacenere, il capolavoro, il cavatappi, l'attaccapanni, l'apriscatole, il grattacielo, il capostazione, la cassaforte, il sottopassaggio, la lavastoviglie

Chapter 3

1 l'angolo, la bicicletta, la carta, il dolore, l'elefante, la farfalla, il generale, l'handicap, l'inglese, i jeans, il kayak, il lavoro, la mano, la nascita, l'opera, il problema, la questione, il ragù, lo spettacolo, la tivù, l'umano, il valore, il week-end, la xenofobia, lo yogurt, lo zucchino

2 un aereo, un'arancia, una borsa, un cappello, un chianti, un disegno, un'edicola, un elenco, una foto, un gabbiano, uno gnocco, un'indagine, un invito, un jazzista, una lampada, una mano, una moto, un naso, un'oliva, un orologio, una pillola, uno psicologo, una questione, una ruota, un sigaro, una sigaretta, uno spuntino, una televisione, un vino, uno xilofono, una zanzara

3 1 le 2 l' 3 – 4 nella 5 – 6 – 7 – 8 il 9 – 10 – 11 il 12 – 13 – 14 al 15 alle 16 nella 17 i 18 le 19 dei 20 lo 21 al 22 –

4 1 una 2 l' 3 nella 4 il 5 – 6 il 7 il 8 la 9 la 10 – 11 la 12 – 13 un 14 – 15 le 16 una 17 –

5 1 Il mio amico è studente a Londra: sta studiando per diventare dottore. 2 Quest'estate andiamo in Francia ed in Italia con l'Inter-Rail. 3 Speriamo di andare a Firenze, Venezia e Roma se abbiamo tempo. 4 Sul treno potremo parlare francese e italiano agli altri passeggeri. 5 Nei due mesi in cui saremo fuori, faremo molta pratica delle lingue. 6 Ho bisogno di trovare lavoro per avere i soldi per il viaggio. 7 Prima di andare, passeremo qualche giorno dal mio amico che abita sulla costa nel sud dell'Inghilterra. 8 Abita vicino alla spiaggia in un paese balneare nel Sussex. 9 Sua sorella forse verrà con noi. 10 Come noi, ama i viaggi e le lingue, ma non è mai stata in Europa.

Chapter 4

1 1 nuova, 2 simpatici, 3 difficili, 4 grande, 5 locali, 6 artigianali, 7 lunghi, 8 classica, 9 napoletane, 10 greche

2 Vale qualsiasi descrizione purché di persona riconoscibile!

3 Felici, d'amore, sua, felici, felici, italiano, americano, paziente, d'arte, tutta, giovane, toccata, maliziose, sicura, mio, vero, ultime, curiosi, permanente, suoi.

4 1 Vorrei una buona tazza di tè caldo! 2 Abitiamo tutti in un sommergibile giallo. 3 Questa casa è troppo animata e rumorosa, e non posso lavorare! 4 Lei aspetta uno sconosciuto alto, bruno e bello. 5 Sia gli uomini che le donne hanno paura di invecchiare. 6 Queste biciclette e queste moto sono costose. 7 Ho bisogno di pantaloni e di camicie nuovi. 8 I programmi televisivi americani sono violenti e non sono per niente divertenti. 9 San Francesco di Assisi era saggio, generoso e umile. 10 Cercava qualcosa di economico e pratico.

Chapter 5

1 abusivamente, affettuosamente, brevemente, bene, male, difficilmente, direttamente, efficientemente, estremamente, facilmente, faticosamente, gioiosamente, golosamente, impulsivamente, innocentemente, liberalmente,

limitatamente, meglio, maggiormente, necessariamente, negativamente, offensivamente, ovviamente, particolarmente, peggio, radicalmente, regolarmente, sensibilmente, sinceramente, tragicamente, tremendamente, uniformemente, inutilmente, veramente, vicino

2 1 più, 2 ancora, 3 nemmeno, 4 bene, 5 mai, 6 quasi, 7 fuori, 8 molto, 9 effettivamente, 10 onestamente, 11 certo, 12 oggi, 13 fuori, 14 diversamente, 15 oggi

3 1 Devi fare i compiti di italiano *attentamente*. 2 Domani mattina dobbiamo andare *in orario* dal dottore. 3 La prossima volta, dovresti guidare la macchina più *piano*. 4 L'anno prossimo, andremo in Francia *insieme*, va bene? 5 Sarebbe meglio che il cane dormisse *fuori* in giardino. 6 È meglio andare *regolarmente* dal dentista. 7 Se vuoi andare all'università, dovresti lavorare *sodo*. 8 Quando arrivi a casa dopo mezzanotte, dovresti entrare *silenziosamente*. 9 Quando vai dal preside, devi parlargli *educatamente*. 10 Se vuoi che la tua ragazza ti ami, devi trattarla *dolcemente*.

Chapter 6

1 1 di più ... che le ... sempre meno, 2 meglio, 3 del ... tanti ... quanti, 4 di ... che, 5 più grande ... meno di

2 1h 2f 3i 4a 5j 6c 7e 8b 9g 10d

3 1 Più guadagno, più spendo. 2 Il lavoro che faccio è più interessante che noioso. 3 Nella mia città ci sono tanti cinema quanti teatri. 4 D'estate/in estate ci sono più turisti che abitanti. 5 Mangiamo più pesce che carne. 6 L'affitto è più caro di quel che pensavamo/di quanto pensassimo. 7 Il nostro appartamento è più grande della casa dei nostri genitori. 8 L'altro appartamento era bello ma ci piace di più questo. 9 Usciamo più spesso di prima. 10 C'è molto più da fare in/d'estate che in inverno.

Chapter 7

1 1 bellissime, 2 lunghissimo, 3 tardissimo, 4 stanchissimo, 5 comodissimo, 6 benissimo, 7 prestissimo, 8 raffinatissima, 9 cortesissimo, 10 tantissimo, 11 malissimo, 12 pochissimo, 13 interessantissime, 14 simpaticissima, 15 vicinissimo, 16 affollatissima, 17 caldissima, 18 limpidissima, 19 abbronzatissimo, 20 bassissimo

2 1 Era il film più commovente che abbia mai visto. 2 Sono le più buone lasagne che abbia mai mangiato. 3 È il libro più interessante che abbia mai letto. 4 Era il più bel viaggio che abbia mai fatto. 5 Sono i pantaloni più cari che abbia mai comprato. 6 È la ragazza più simpatica che abbia mai conosciuto. 7 È stata la decisione più difficile che abbia mai preso. 8 È il miglior amico che abbia mai avuto. 9 È la più lunga lettera che abbia mai scritto. 10 È la macchina più veloce che abbia mai guidato.

Chapter 8

1 1 questo ... queste/quelle ... questa (qui) ... quella (lì) .... 2 questi ... questa/quella .... 3 questa ... quella ... quelle .... 4 questi ...

questo/quello ... questo/quello ... quelli .... 5 questa ... questa/quella ...
quell' ... quegli .... 6 questi ... questo ... questo/quello ...
questa/quella ....

2 (The following is only a suggested version: many permutations are possible.)
1 queste, 2 quelle (là), 3 questo (qui), 4 quello (là), 5 questi (qui), 6 quelli
(là), 7 queste, 8 quelle (là), 9 queste (qui), 10 quelle, 11 questo, 12 quello,
13 questa ... qui, 14 quell' ... lì, 15 questa/quella, 16 queste/quelle, 17
questi/quelli, 18 questi/quegli, 19 questi/quelli, 20 questo/quell', 21
questo/quello ... qui/lì

Chapter 9

1 Examples: there are other possibilities. 1 È di Luigi./È il cappello di Luigi.
2 È di Elisa. 3 Sono di papà. 4 No, non sono i suoi, sono i tuoi. 5 È di
Rossella. 6 No, è di Sandra. 7 No, è di Gianni. 8 Sì è il maglione di
Alessandro. 9 Non sono né di Iolanda né di mamma. Sono le mie! 10 No,
non è il suo. È di Franco.

2 1 Mia madre è più bella della tua. 2 La nostra (macchina) è più veloce della
vostra. 3 La tua (casa) è più grande della sua. 4 La mia (ragazza) è più
intelligente della tua. 5 I tuoi (dischi) costano più dei loro. 6 Le mie scarpe
sono più comode delle tue.

3 1 mia, 2 i nostri, 3 la nostra, 4 la mia, 5 mio, 6 i miei, 7 il loro, 8 i loro, 9 il
loro, 10, i suoi, 11 le loro, 12 i suoi

Chapter 10

1 1 Li 2 La 3 l' 4 me l' 5 gli 6 ne 7 ci 8 ne 9 le 10 la 11 le

2 1 le ho già prese 2 ci 3 mi 4 ne ... lo ... mi 5 ci ... mi 6 li ho
mangiati 7 la 8 me ne

3 1. me 2. tu 3. le 4. se li 5. ne 6. io 7. ce lo 8. glielo 9. ci 10. ne ... dille 11.
ne 12. te l'

4 ci gli ci/lo lo lo gli li gli celi lo gli lo mi ci ci gliene

Chapter 11

1 a due virgola sette, quattro virgola sei, cinque virgola tre, sette virgola due

b quarantanove, sessantotto, settantacinque, ottantaquattro

c settantuno, novanta, novantasette, novantatré

d centouno, centotredici, centoventotto, centoquarantacinque

e duecentotrentacinque, duecentoquarantasei, duecentocinquantasette,
duecentocinquantasei

f trecentoquarantotto, trecentoquaranta, trecentosessanta,
trecentocinquantasette

g quattrocentocinquantasette, quattrocentocinquantasei,
quattrocentosettantotto, quattrocentoottantanove

h cinquecentocinquantacinque, cinquecentosessantasei,
cinquecentosettantasei, cinquecentottantasette

i seicentotrentadue, seicentocinquantasette, seicentosessantotto, seicentottantanove

j settecentosettantasette, settecentoquarantanove, settecentoquarantasette, settecentonovantatré

k ottocentosettantasei, ottocentocinquantaquattro, ottocentoquarantatré, ottocentosettantotto,

l novecentoquarantacinque, novecentosessantanove, novecentosettantadue, novecentonovantanove

m milleuno, millediciassette, milleottocentosettantacinque, millecinquecentosessantasette

n tremilaquattrocentotrentacinque, cinquemilaseicentoquarantuno, settemilasettecentoottantaquattro, novemilaquattrocentosettantacinque

o dodicimilaottocentosettantasei, quindicimilaseicentosettantotto, trentatremilacinquecentoquarantatré, quarantasettemilaottocentonovantasette

p un milionecento, quattromilioninovecentoquarantatremilacinquecentotrentadue, sessantasettemilioniotrecentoquarantatremila, quattrocentocinquantaduemilioniseicentonovantaquattromilacinquecento settanta

2 Elisabetta seconda del Regno Unito

Il papa Pio dodicesimo

Il re Luigi quattordicesimo

Il venticinquesimo anniversario

Il suo decimo compleanno

il quattro febbraio

il primo marzo

il sedici aprile

il diciotto maggio

il ventiquattro luglio

il ventuno agosto

il due settembre

millequattrocentonovantadue

milleottocentosessantotto

millenovecentoventisei

Chapter 12

1 Other variations to these answers will also be possible. You should consult your teacher.

a Questo tavolo misura/ha un metro di diametro. b Lo schermo è largo 60 centimetri. c La chiesa è alta 21 metri e lunga 45 metri. d La porta è spessa 2 centimetri e larga 77 centimetri. e Il cerchio misura 70 centimetri di diametro e 220 centimetri di circonferenza. f Il libro misura 234 millimetri per 158. g L'albero è alto 13 metri e 50. h La vasca ha 57 centimetri di profondità. La lunghezza superiore è di 152 centimetri e la lunghezza inferiore è di 128 centimetri.

2 La casa misura 14 metri e 20 per 9 metri e 50. Il vestibolo è largo un metro. La cucina misura 3 metri per 2 metri e 40. Il soggiorno è lungo 11 metri e 80 e largo 4 metri. La camera 2 misura 5 metri per 3 metri e 10. Il bagno è lungo 3 metri e largo 3 metri e 90. La camera 1 misura 5 metri per 6 metri e 20. La terrazza ha 9 metri e 75 di lunghezza e 4 metri e 50 di larghezza.

3 a questo fa 50 per cento, b trentatré virgola trentatré %, c venti %, d dieci %, e novanta %, f sessantadue virgola venticinque %, g cinquantacinque %, h trentasette virgola cinque %, i settantasei virgola quattro %, i novantasette virgola trentasei %, k centodieci %, l settantatré virgola ottantotto %

Chapter 13

1 Spaghetti alla carbonara: degli spaghetti, delle uova, del prosciutto, dell'aglio, dell'olio, della panna per cucinare.

Minestrone: delle carote, dei peperoni, della cipolla, degli zucchini, delle melanzane, degli spaghetti.

Pizza napoletana: della farina, del lievito, dei pomodori, dell'olio, delle olive, delle acciughe, del sale.

Tiramisù: del pan di spagna, del caffè, del brandy, del mascarpone, del cioccolato.

Gelato al cioccolato: del latte, delle uova, dello zucchero, della crema, del cioccolato.

Macedonia di frutta: delle fragole, del melone, delle pesche, delle banane, dei mandarini, del succo di limone.

Cappuccino: del caffè, dell'acqua, del latte, del cioccolato, dello zucchero.

Pane all'aglio: del pane, dell'aglio, dell'olio, dell'origano.

Frittata al prosciutto: delle uova, del prosciutto, dell'olio

Cannelloni: dei cannelloni, dei pomodori, della carne tritata, del formaggio, dell'aglio, dell'olio, della salsa alla Besciamella.

2 (These are examples only.) 1 Vorrei delle patate fritte, per favore. 2 Dammi alcuni tranci/qualche trancio di quel pesce. 3 Ha/Avete della carne di manzo? 4 Come, non avete . . . carne di manzo? 5 Io ho quattro fratelli, e lui ne ha altrettanti. 6 Sono già state qui diverse/varie/parecchie persone. 7 Perché hai bisogno di tanti soldi? 8 Sono partiti poco fa. 9 Pochi anni fa, abitavano qui. 10 Compriamoci un gelato ciascuno.

3 (These are examples only.) 1 Oggi non ho bisogno di latte . . . 2 . . . ma puoi comprare dei fiammiferi? 3 E puoi comprare dello zucchero al supermercato. 4 La macchina ha bisogno di benzina . . . 5 . . . ma non ha bisogno di olio. 6 A papà piace avere della frutta in casa. 7 Devi comprare delle scarpe nuove. 8 Perché i tuoi fratelli non si comprano dei bei vestiti? 9 Che cosa c'è al cinema? Ornella Muti ha fatto dei film molto buoni . . . 10 . . . ma non ho ancora visto alcun film con questa attrice.

Chapter 14

1 parto, dirigo, trova, mancano, faccio, chiedo, sento, risponde, vengo, ho, è, arriva, saliamo, cerchiamo, è, dobbiamo, arriviamo, decidiamo, voglio/vogliamo, siamo, offre, ho, vediamo, dico, vado, spingo, apre, suono, risponde, sento, apro, è, suona, devo.

2 1 abito 2 chiama 3 trovano 4 ha 5 sono 6 sono 7 coltivano 8 vedono 9 è 10 è 11 vengono 12 può 13 è 14 scende 15 getta 16 vengono 17 vedono 18 è

Chapter 15

1 1 accendi 2 spostati 3 apri 4 va'/vai 5 finisci 6 sbrigati 7 fa'/fai 8 paga 9 di' 10 vattene 11 divertiti 12 vieni

2 1 venga 2 si accomodi 3 attenda 4 si serva 5 abbia 6 si preoccupi 7 faccia 8 mi dica 9 me lo lasci 10 mi stia 11 mi spedisca 12 mi scusi

3 Esempi degli imperativi sottolineati

pulite (pulisca) affettateli (li affetti) tagliate (tagli) preparate (prepari) fate (faccia) spruzzate (spruzzi) unite (unisca) fate (faccia) aggiustate (aggiusti) lessate (lessi) scolatele (le scoli) conditele (le condisca) pepate (pepi) servite (serva)

4 alzati ... smetti ... va'/vai ... scendi ... guarda/cerca ... fa'/fai ... gridare ... abbi ... cerca ... vieni ... ricordati ... dimenticare ... torna ...

Chapter 16

1 mi sono alzato ho fatto ho mangiato ho preso sono andato sono rimasti hanno raggiunto ho incontrato ci siamo divertiti ci siamo messi è/ha piovuto siamo rimasti abbiamo guardato abbiamo scritto abbiamo noleggiato abbiamo visitato è piaciuto è stato siamo stati abbiamo fatto abbiamo preso siamo partiti siamo tornati è finita

2 1 sono terminate 2 ho trascorso 3 ho conosciuto 4 mi sono divertita 5 è stata 6 ho lavorato 7 ho potuto 8 ho applicato 9 hai fatto

3 1 sono aumentati 2 è cambiata 3 è cominiciato 4 è durato 5 hanno cambiato 6 è costata 7 abbiamo saltato 8 ci sono volute 9 è ingrassato 10 sono peggiorate

4 1 hanno agito 2 hanno assaltato 3 è comparso 4 sono entrati 5 è rimasto 6 sono arrivati 7 hanno ricevuto 8 hanno messo 9 hanno costretto 10 hanno preso 11 è partita 12 sono riusciti 13 hanno potuto 14 hanno dato

Chapter 17

1 ero ... andavo ... bisticciavamo ... frequentavamo ... aveva ... faceva ... piaceva ... dicevo ... doveva ... dava ... entrava ... usciva ... era ... avevo ... eravamo ... lavorava ... si occupava ... andavamo ... si trovava ... sembrava ... dovevamo ... aveva ... erano

2 1 si alzava 2 andava 3 faceva 4 stava 5 voleva 6 andava 7 mangiava 8 beveva 9

uscìva 10 piaceva 11 era 12 pioveva 13 faceva 14 usciva 15 era 16 aveva
3 1 parlavi ... ho visto 2 ero ... ho sognato 3 ci siamo messi ... erano ...
abbiamo fatto 4 faceva ... hanno deciso 5 dicevi ... sei andato/a
6 pensavate ... ho potuto 7 tornava ... si sentiva ... diceva 8 avevo ... è
successo ... ho deciso

Chapter 18

1 sta succedendo sta lavando stanno tagliando sta finendo sta dormendo
sta guardando sta facendo si sta preparando sta mettendo sta
traducendo stanno giocando sta piangendo
2 1 Stavano prendendo un caffè. 2 Stavano cogliendo fiori. 3 Si stavano
baciando. 4 Stavano guardando un film. 5 Si stavano abbracciando. 6
Stavano cenando. 7 Stavano facendo il bagno. 8 Stavano ritirando dei soldi.
9 Stavano guardando l'orario dei treni. 10 Stavano fuggendo.

Chapter 19

1 1 Le pulirò domani! 2 La laverò domani! 3 Li farò domani! 4 Li laverò
domani! 5 La farò domani! 6 La preparerò domani! 7 Lo leggerò domani! 8
Gli darò da mangiare domani! 9 Ci andrò domani!/Andrò a trovarli domani!
10 La metterò in garage domani! 11 Li comprerò domani! 12 Gli scriverò
domani! 13 Ci tornerò domani! 14 Lo finirò domani!
2 a andrò, dovrò, prenoterò, potrò, avrò, sceglierò, andrò, avrò, sarà, sarà,
cercherò, sarà, potrò, farò, prenderò, tornerò
  b andremo, dovremo, prenoteremo, potremo, avremo, sceglieremo,
andremo, avremo, sarà, sarà, cercheremo, sarà, potremo, faremo,
prenderemo, torneremo
andrà, dovrà, prenoterà, potrà, avrà, sceglierà, andrà, avrà, sarà, sarà,
cercherà, sarà, potrà, farà, prenderà, tornerà
andranno, dovranno, prenoteranno, potranno, avranno, sceglieranno,
andranno, avranno, sarà, sarà, cercheranno, sarà, potranno, faranno,
prenderanno, torneranno

Chapter 20

1 la spazzerebbe il mio robot, la preparerebbe ..., la laverebbe ..., li
finirebbe ..., la taglierebbe ..., la farebbe ..., le stirerebbe ..., le
pulirebbe ..., le scriverebbe ..., lo riparerebbe ...
2 pagherei, comprerei, sarebbe, avrei, farei, continuerei, attirerebbe, avrei,
potrei, sarei
3 Il padrone gli portò il tiramisù, e gli domandò se tutto andava bene.
Il cliente disse di sì, e domandò quando ci sarebbero stati più clienti.
Il padrone rispose che ci sarebbero stati molti clienti il venerdì e il
sabato.
Il cliente disse che avrebbe voluto saperlo perché avrebbe preferito cenare
tranquillamente, quando non ci sarebbe stata troppa gente.
Il padrone disse che domenica sera non ci sarebbero stati molti clienti, e che

avrebbero chiuso presto. Lunedì sarebbe andato in banca, e disse anche che l'avrebbero aspettato domenica sera.

Il cliente rispose che sicuramente sarebbe tornato.

Chapter 21

1 era giunto ... erano cambiate ... avevano lasciato ... avevano dovuto ... erano morti ... erano andati ... aveva chiuso ... avevano lanciato ... erano servite ... aveva preso ... si erano trasferiti ... avevano venduta ... si erano comprati ... aveva deluso ... era stato

2 1 avrò risposto 2 mi sarò comprato/a 3 sarò uscito/a 4 avrò imparato 5 mi sarò tagliato/a 6 avrà compiuto 7 sarà partita 8 si saranno sposati

3 1 saremmo venuti 2 avrei dato 3 sarebbero stati 4 ti saresti addormentato 5 avremmo potuto 6 si sarebbe sposata 7 sarebbero già arrivati 8 avrei mai fatto

Chapter 22

1 stesi stendesti stese stendemmo stendeste stesero
giunsi giungesti giunse giungemmo giungeste giunsero
divisi dividesti divise dividemmo divideste divisero
produssi producesti produsse producemmo produceste produssero
rimasi rimanesti rimase rimanemmo rimaneste rimasero
chiusi chiudesti chiuse chiudemmo chiudeste chiusero
nacqui nascesti nacque nascemmo nasceste nacquero
scrissi scrivesti scrisse scrivemmo scriveste scrissero
assunsi assumesti assunse assumemmo assumeste assunsero
ebbi avesti ebbe avemmo aveste ebbero

2 incontrò ... si innamorò ... fu ... si sposarono ... partirono ... rimase ... riprese ... ebbe ... piacque ... riuscì ... si sentì ... fece ... durò ... disse ... fu ... poté ... uscì ... decise ... svenne ... nacque ... chiamarono

3 lo vidi ... sentii ... risposi ... continuò ... dissi ... mi girai ... notai ... sorrise ... si presentò ... fece ... replicò ... divenne ... farfugliò ... si arrese ... ricominciò

Chapter 23

1 1 mi sono iscritto 2 ho superato 3 siamo usciti 4 ci siamo divertiti 5 ho avuto 6 pioveva 7 erano 8 ero 9 sono salito 10 ha visto 11 è scoppiato 12 mi sono messo 13 ho acceso 14 siamo partiti 15 mi giravo 16 passeggiavano 17 rischiavo 18 ha rimproverato 19 ha detto 20 ho commesso 21 siamo andati 22 è rimasto 23 ha proposto 24 suggeriva 25 avevo 26 pensavo

2 misi mi imbattei girava faceva Era aveva era aprii misi continuava dissi accompagnai fece scomparve dissi tornò Miagolava si avvicinava fecero urlarono mi arresi entrò Piaceva coccolava decidemmo mi affezionai ero preparavo

Chapter 24

1 1 mi sveglio 2 mi faccio 3 mi preparo 4 spostarmi 5 mi fermo 6 mi sono

abituata 7 annoiarmi 8 mi lamento 9 mi sprofondo 10 mi metto 11 mi addormento 12 mi concedo 13 mi corico 14 rilassarmi

2 ci siamo visti . . . ci siamo guardati . . . ci siamo presentati . . . non vi siete nemmeno presentati . . . ci siamo incontrati . . . ci siamo fermati . . . ci siamo messi . . . ci siamo scritti . . . ci siamo telefonati . . . ci siamo promessi . . . vi siete sposati . . . ci siamo frequentati . . . ci siamo innamorati . . . ci siamo sposati . . . non ci siamo mai lasciati

3 2 mi sarei fatto male 3 mi sarei rotto 4 mi sarei tagliato 5 mi sarei bruciato 6 mi sarei affogato 7 mi sarei storto

Chapter 25

1 dormire distendersi approfittare compilare partecipare telefonare entrare provare scegliere dormire stare

2 1e 2h 3g 4a 5i 6b 7j 8c 9f 10d

3 1 Leggi bene le istruzioni prima di accendere il gas, *or* Dopo aver letto bene . . . 2 Dopo aver fatto bollire l'acqua . . . 3 Per imparare come si fanno queste cose . . . 4 Invece di stare lì . . . 5 Metti le patate al forno senza sbucciarle. 6 Prima di versare il vino . . . 7 Dopo aver servito il vino . . . 8 Non portare via i piatti senza chiedere agli ospiti . . . *or* Prima di portare via . . . 9 Invece di usare la lavastoviglie . . . 10 Dopo aver lavato i piatti sciacquali bene prima di asciugarli.

4 1 Dopo essere entrata in gioelleria, la ragazza ha chiesto . . . 2 Dopo averle mostrato alcuni articoli, il proprietario si è girato. 3 Dopo essere riuscita ad arraffare alcuni braccialetti d'oro, la falsa cliente è uscita dal negozio. 4 Dopo essersi accorto del furto, . . . 5 Dopo essere arrivati subito sul posto, i due agenti di polizia hanno interrogato . . .

Chapter 26

1 1 so 2 devo/dovrò 3 puoi/potresti 4 vuole 5 sa 6 voglio/vorrei 7 voglio/vorrei/devo/dovrei/posso/potrei 8 deve/dovrà/dovrebbe 9 poter(e) 10 dovrebbero 11 sappiamo

2 1 vuoi 2 devi/dovresti 3 devi/dovresti 4 sai 5 posso 6 so 7 deve/dovrebbe 8 devi/dovresti 9 volevo 10 ho dovuto 11 potevo 12 possiamo 13 voglio 14 hai voluto 15 avresti dovuto/dovevi 16 sapevo 17 avrei potuto/potevo 18 sapeva 19 ha dovuto 20 vuole 21 devo/dovrò.

3 avrebbe dovuto sarebbe potuto avrebbe voluto avrebbe dovuto avrebbe voluto sarebbe potuto sarebbe dovuto avrebbe voluto avrebbe dovuto

4 1 Posso farti/farle una domanda? 2 Mi dispiace ma non posso tradurre questa lettera. Non so parlare tedesco. 3 Vorrebbero venire a trovarci all'inizio di agosto. 4 Mio cugino ha dovuto vendere l'appartamento. 5 I candidati non hanno saputo/non sapevano rispondere a tutte le domande. 6 Se vuoi andare all'estero quest'anno, dovrai trovarti un lavoro per guadagnare dei soldi. 7 Dovrei andare in Italia quest'estate per migliorare il mio italiano. 8 Avrei dovuto fare un corso in Italia a Pasqua ma, purtroppo, non sono potuto/a andare. Ho dovuto cambiare idea all'ultimo momento. 9 Dovreste alzarvi

più presto se volete prendere il treno delle otto e quindici. 10 Non sanno sciare molto bene. 11 Potrebbero arrivare più tardi. Non si sa mai. 12 Avrebbero voluto incontrarlo.

Chapter 27

1 1 di 2 a 3 – (= no preposition required) 4 a 5 di 6 a/ad 7 a 8 a 9 a/ad 10 di 11 – 12 a 13 a 14 di 15 di 16 a 17 di 18 di 19 a 20 a 21 di 22 di 23 di 24 – 25 di 26 a 27 di

2 1 Quest'estate ho deciso di fare un corso di lingua a Siena perché ho bisogno di migliorare il mio italiano. 2 Il mio insegnante d'italiano era il primo a consigliarmi di frequentare questo corso. 3 Penso/sto pensando di andarci ad agosto. 4 Un amico italiano mi ha invitato a stare dai suoi genitori/a casa dei suoi genitori. 5 Mia sorella si è offerta di pagarmi il viaggio. 6 Sono riuscito/a a convincere i miei genitori a lasciarmi andare. 7 Non vedo l'ora di visitare questa città storica. 8 I miei amici sono ansiosi di venire con me poiché/perché hanno sempre avuto il desiderio di vedere questa parte d'Italia.

Chapter 28

1 1 – 2 al 3 alla 4 di 5 di 6 di 7 di 8 a 9 sull' 10 alla 11 a 12 dal 13 verso 14 di 15 a/alla 16 –

2 1 resisterà 2 fidarsi 3 dipende/dipenderà 4 occuparsi 5 incide 6 mi arrabbio 7 rimediare 8 pensare 9 si lamenta 10 accontentarsi 11 hanno (sempre) bisogno 12 rinunciano

Chapter 29

1 introdotto preteso protetto riso incluso composto commosso capovolto scoperto tolto insistito estratto sconfitto taciuto

2 1 chiuso 2 corse 3 caduta 4 rotta 5 perso/perduto 6 messa 7 accorta 8 smesso 9 visto 10 successo 11 offerto 12 giunti 13 deciso 14 analizzata 15 rivolto 16 condotto 17 sofferto 18 chiesto 19 dovuto 20 risposto

3 1b 2b 3a 4c 5c 6b 7a 8c

4 1 passeggiando 2 fatti i biglietti 3 arrivata 4 non essendo 5 riguardanti . . . fatte <u>dal</u> 6 alzandovi 7 viaggianti 8 mandatami <u>dai</u>
1 dopo essere uscito 2 siccome/poiché non avevo 3 mentre aspettavo 4 dopo essere sceso/quando ero sceso 5 poiché/perché mi volevano (fare) 6 quando ho aperto

5 1 scomparsa 2 vista 3 sorriso 4 scritto 5 offerta 6 malinteso 7 sconfitta 8 proposta 9 spinta 10 difesa

Chapter 30

1 a i biglietti sono prenotati/sono stati prenotati b il frigorifero è aggiustato/è stato aggiustato c le cartoline sono imbucate/sono state imbucate d la spesa è fatta/è stata fatta e il bagno è pulito/è stato pulito f la bolletta del gas è pagata/è stata pagata g i tuoi pantaloni sono stirati/sono stati stirati h la pattumiera è svuotata/è stata svuotata

2 1 chiudono 2 ha spezzato 3 è stata scritta 4 parlavano 5 è bloccato ... sono stati trasportati 6 saranno fatti 7 era scritto 8 era stata organizzata 9 ha aperto 10 sarebbe stato condotto *or* è stato condotto

3 1 Dovrebbe essere rifatto tutto il lavoro. 2 Saranno tenuti corsi di recupero. 3 Un fax potrebbe essere mandato dalla segretaria. 4 Deve essere riformata la scuola. 5 Non sono accettate le carte di credito. 6 Non dovrebbe essere criticata la direzione. 7 Sono stati moltiplicati i problemi. 8 Può essere respinta la proposta.

4 **a** è stato compiuto ... sarebbero state portate ... sono condotte ... era stato acquistato **b** sono riuniti ... è sponsorizzata e organizzata **c** era stata dimenticata ... si segnalano (= si passivante) **d** saranno chiuse ... resteranno bloccate

Chapter 31

1 1d 2f 3c 4i 5g 6a 7h 8j 9b 10e
2 1 ci vuole 2 ci vogliono 3 mancano 4 bisogna 5 pare 6 conviene 7 si tratta 8 importa 9 bastano 10 succedono 11 tocca

Chapter 33

1 1 vadano 2 esca 3 stia 4 venga 5 tengano 6 sia 7 diano 8 spieghino 9 ripetano 10 contribuisca 11 cambino
2 1 ti sia divertita 2 abbia fatto 3 venga 4 abbia 5 continui 6 dia 7 scriva 8 faccia 9 compili 10 mandi 11 sia
3 1 È un peccato che tuo nipote non parli francese. 2 È meglio che partano prima di mezzogiorno. 3 Mi pare/sembra di aver sbagliato numero. 4 Che lei scelga le materie che vuole studiare. 5 Non vogliamo che arrivino troppo presto. 6 Speriamo che tutto vada bene. 7 Speriamo di andare a trovarli quest'estate. 8 Se volete passare/superare l'esame dovete ripassare tutto. 9 È meglio comprare un biglietto di andata e ritorno. 10 Aspetto che tornino dalla stazione.

Chapter 34

1 rimanga ... continuino ... vadano ... percepiscano ... vogliano ... dicano ... possa ... abbiano ... sia
2 1 ti alzi 2 voglia 3 faccia 4 guardi 5 mangi 6 abbia 7 dia 8 risponda

Chapter 35

1 1 piace ... sia 2 si trasferiscano ... traslochino 3 debba ... abbiano ... faccia 4 mancheranno ... possa/potrò ... si trovi ... è ... arriva.
2 1 voglia 2 costi 3 abbia 4 risparmi 5 sia 6 sia 7 valga 8 circolino 9 rimanga 10 chiuda

Chapter 36

1 1e 2h 3a 4f 5c 6d 7b 8g

2 1 Giorgio intende uscire senza che i suoi genitori lo sappiano. 2 Benché piova a catinelle, rifiuta di prendere l'ombrello. 3 'Prendi pure la mia macchina a condizione che mi faccia il pieno di benzina', ha detto suo fratello. 4 Ti conviene affrettarti prima che mamma e papà arrivino a casa. 5 Ammettiamo che il tempo continui a peggiorare, cosa puoi fare? 6 Mi raccomando, non andare troppo forte caso mai le strade siano sdrucciolevoli. 7 Nonostante mi abbia fatto tantissime raccomandazioni, riuscirò a ricordarmele tutte lo stesso. 8 A meno che non voglia darmi altri consigli, posso andarmene.

Chapter 37

1 **a** abbia sia viva sappia **b** possano conosca parli voglia si occupi facciano sponsorizzi
2 1 dia si occupi tagli annaffi faccia 2 ama ha sia 3 abbia ha sappia 4 manca offra permetta 5 se la cava conosce sia
3 1 Che accetti l'invito o che lo rifiuti . . . 2 Per quanto bravi siate . . . 3 Dovunque vada . . . 4 Chiunque venga . . . 5 Qualunque strada prendiate . . . 6 Qualunque cosa io dica . . . 7 Comunque stiano . . . 8 In qualunque modo io cerchi . . .

Chapter 38

1 1f 2g 3e 4h 5c 6a 7b 8d
2 1 niente/nulla 2 nessuno 3 più 4 da nessuna parte 5 niente/nulla 6 nessuno
3 1 più niente/nulla 2 più nessuno 3 mai più 4 mai da nessuna parte 5 mai niente/nulla 6 mai nessuno
4 1 non 2 nessuna 3 non . . . nemmeno/mai 4 non . . . nessuno 5 nessuno 6 niente 7 non . . . più 8 non . . . per niente 9 non . . . altro che 10 non . . . mai . . . nessun 11 niente 12 non . . . mai . . . nemmeno 13 no 14 non . . . né . . . né 15 non 16 no 17 non . . . nessuna 18 non . . . nessuno 19 non . . . niente

Chapter 39

1 1 finite 2 aveste consegnati 3 ti fossi addormentato 4 fosse 5 vi mettete 6 desse 7 faceste 8 vuoi
2 1 Se avessero fame, farebbero colazione. 2 Se mi fosse piaciuto il colore, l'avrei comprata. 3 Se avessi la macchina, andrei con loro. 4 Se fosse bravo in matematica, mi potrebbe dare una mano. 5 Se l'affitto non fosse stato così alto/fosse stato meno alto/caro, l'avremmo affittato. 6 Se non avessi perso il suo indirizzo, gli avrei scritto. 7 Se mi piacessero i gialli, leggerei questo libro. 8 Se Giulia non avesse trascorso un anno in Inghilterra, non parlerebbe correntemente l'inglese.
3 1 E se sono usciti? 2 Possiamo andare a trovarli domani se non ci sono. 3 Mi domando/chiedo se siano/sono riusciti a vendere la macchina. 4 Se fossi in te, non direi niente/nulla. 5 Mia sorella l'avrebbe comprata se le

avessero chiesto.   6 Magari avessero detto qualcosa!   7 Se i miei amici avessero abbastanza soldi, comprerebbero una macchina sportiva.

Chapter 40

1 vivo . . . ho vissuto . . . lavoravo . . . ho potuto . . . fumavo . . . ho ripreso . . . viene . . . spero . . . pratico . . . sono . . . praticavo

2 per quanto tempo . . . per . . . da . . . da quando . . . da . . . da quando . . . per . . . da quanto tempo . . . da

3 1 Da quanto tempo/quanto tempo è che studi l'inglese?   2 Da quanto tempo frequenti la tua scuola?   3 Da quanto tempo vivi a Bologna?   4 Da quanti anni/da quando vieni in Inghilterra?   5 Da quanto tempo studiavi l'inglese prima di venire in Inghilterra per la prima volta?   6 Quanto tempo c'hai messo/hai impiegato/ci è voluto per arrivare qui?   7 (Per) quanto tempo ti sei fermato/a l'ultima volta?   8 (Per) quanto tempo ti fermerai questa volta?   9 Da quanto tempo conosci i tuoi amici inglesi?   10 Da quanto tempo vi scrivete?

Chapter 41

1 Forme corrette: 1 da   2 da   3 da   4 su   5 da   6 fra   7 per . . . in   8 di   9 da   10 per

2 1 fino a   2 senza   3 in mezzo all'   4 di   5 di   6 per   7 fra   8 fra   9 di   10 contro   11 a   12 secondo   13 dopo   14 con   15 da

Chapter 42

1 Forme corrette: 1 che   2 che   3 cui . . . quella   4 quello che   5 chi   6 chi   7 la quale   8 cui   9 tutto quello che   10 il che

2 1h   2k   3i   4l   5f   6d   7j   8a   9e   10c   11b   12g

3 1 dei soldi *con i quali/con cui*   2 *i quali* sono veramente interessanti/i vari progetti *che* ho fatto   3 *la quale/che* non ho ancora letta.   4 l'agenzia *alla quale/a cui/dove* sono andato per chiedere ulteriori informazioni era chiusa.   5 *con cui/con i quali* spero di andare in vacanza.   6 Il motivo *per cui/per il quale* mi avevano telefonato non era molto chiaro./Un motivo particolare che non era molto chiaro.   7 *della quale/di cui* non mi fido.   8 *il che* mi sembrava la soluzione migliore.

Chapter 43

1 1 Come   2 Qual   3 Come   4 Quanti   5 Quando   6 Di dove   7 Come/com'   8 Quanti   9 Chi   10 Perché   11 Quando   12 Quale   13 Quali   14 Che cosa   15 Quali

2 1 Ti sei alzato/a a che ora?   2 Andate dove?   3 Ti ha regalato cosa?   4 Ha perso quanto?   5 L'avete fatta come?   6 L'hai prestata a chi?   7 Stanno parlando di cosa/che cosa?   8 Preferisci vedere quale?

3 1 Come siete venuti?   2 A che ora siete arrivati?   3 Qual è la tua materia preferita?   4 Perché sei venuta qui?   5 Quanti anni ha tua sorella?   6 Che cosa le hai comprato per il suo compleanno?   7 Com'è il vostro

appartamento? 8 A che piano è? 9 Dove si trova? 10 Quanto (tempo) ci vuole per arrivare in centro? 11 Da quanto tempo/da quando abitate in questo appartamento? 12 Che (tipo di) scuola frequenti? 13 Di chi è questo ombrello? 14 A che cosa stai pensando? 15 Dove andrai?

Chapter 44

1 1 Che pigrone che sei! 2 Che barba! 3 Che scemo! 4 Che coincidenza! 5 Quanti regali! 6 Come sei bravo! 7 Che fregatura! 8 Quanta gente! 9 Che freddo! 10 Che pignolo che sei!

Chapter 45

1 Alterations to the direct speech are underlined.
1 la mattina seguente doveva alzarsi alle sette. 2 mettere la cravatta e portare i suoi certificati. 3 accettare di cominciare subito se gli offrissero il lavoro. 4 avrebbe preferito cominciare a settembre, prima voleva andare in vacanza. 5 perché aveva/avesse fatto domanda per quel lavoro. 6 se sapesse/sapeva parlare tedesco. 7 quello che aveva studiato all'università e se fosse/era disposto a viaggiare per motivi di lavoro. 8 come sarebbe stata la paga e se gli avesse offerto il lavoro, avrebbe potuto cominciare a settembre. 9 non poteva dirgli niente quel giorno perché il giorno dopo doveva intervistare due altri candidati. Gli avrebbe fatto sapere la sua decisione alla fine di quella settimana.

2 The alterations that need to be made are underlined.
a quella estate . . . suo padre l'aveva lasciato si era sentito . . . Era stato . . . si era accorto di quanto fosse stata per lui . . . Lui e suo padre erano sempre andati . . . c'era stato un problema . . . tra loro: si erano trovati . . . nella sua vita.
b Pensava . . . il suo segreto fosse . . . riusciva . . . lei fosse . . . stava . . . si svegliava, beveva . . . mangiava . . . le veniva . . . si fermava . . . mangiava . . . aveva . . . ricorreva . . . prendeva . . . si trovava . . . poteva . . . sarebbe potuta andare . . . si mangiava . . . era
c era uscito . . . si era trovata . . . non aveva avuto . . . aveva subito iniziato . . . aveva . . . sua carriera . . . aveva sempre voluto . . . non sarebbe mai riuscita . . . in quel film. Di privacy ne aveva poca, in quegli ultimi tempi . . . era molto abituata . . . i suoi amici erano . . . non erano cambiati i suoi weekend . . . continuava . . . era . . . non era la protagonista assoluta . . . si trattava . . . lavorava . . . aveva . . . di lei . . . facevano . . . era superiore al suo. Per quello si era così divertita . . . era lo scopo . . . suo lavoro . . . se avesse cominciato . . . sarebbe stata talmente terrorizzata . . . avrebbe saputo Cercava . . . aveva divulgato . . . andava . . . non l'avrebbe fatto . . . era . . . andavano

3 1 «Posso . . . sono arrivata.» 2 «Prendi/a . . . vuoi/vuole.» 3 «Perché hai viaggiato . . . ? L'aereo è . . . l'aeroporto si trova . . . da casa nostra . . . saremmo venuti a prenderti.» 4 «L'aereo è . . . a parte questo, non mi piace . . .» 5 «Potrei venire a trovarti dopo i miei esami?» 6 «Fa sempre

...? Da noi ... non ha fatto ... in questi ultimi ...» 7 «I tuoi stanno bene e tua sorella si è sposata?» 8 «Ci siamo divertiti ... nostro soggiorno ... abbiamo intenzione ... l'anno prossimo.»

Chapter 46

1 a Sono le cinque e cinque. b Sono le dieci e quarantacinque/le undici meno un quarto/meno quindici. c Sono le dodici e nove/è mezzogiorno e nove. d Sono le quattordici e trenta/le due e mezza del pomeriggio. e Sono le diciassette e cinquantacinque/le sei meno cinque di sera. f Sono le ventitré e quaranta/è mezzanotte meno venti. g Sono le due e dieci di notte. h Sono le ore zero e quindici/è mezzanotte e un quarto. i Sono le sette e venticinque/le sette e venticinque di mattina. j Sono le diciannove e sette/le sette e sette di sera. k Sono le undici. l Sono le nove e diciotto. m Sono le ventitré e venti/le undici e venti di sera. n Sono le sei e due.
2 a il ventitré giugno millenovecentosessantacinque b l'undici maggio millenovecentonovantanove c il ventuno agosto milleottocentocinquanta d il primo/il 1° gennaio milleseicentosessantasei e il quindici febbraio duemilasei f il diciannove dicembre millesettecentosettantacinque g l'otto marzo millenovecentoquarantuno h il ventotto luglio duemilaventuno i il trentuno ottobre milletrecentotredici j il quattro aprile millenovecentosettantotto k il diciassette novembre duemila l il due settembre millecinquecentocinquantadue

Chapter 47

1 1 imprevedibile 2 disattento 3 illogico 4 scontenti 5 imprecise 6 irreale 7 ingrati 8 scaricato 9 disordine 10 disorganizzazione 11 disuguaglianza 12 sconsigliabile 13 disapprova 14 indecisione 15 sgradevole
2 1 preferibile 2 marcire 3 privatizzate 4 variabile 5 gelosia 6 autunnale 7 rumoroso 8 spremuta 9 sopportabile 10 lunghezza 11 piacevole 12 gonfiare

Chapter 48

1 lago università saprà amichevole abitudine idiomatico illeggibile contento canadese poiché romantico incantevole venerdì stupidaggine ridicolo fantastico nubile gioventù macelleria lentiggine
2 1 tè ... caffè 2 può 3 da ... È ... là 4 ne 5 li 6 lì 7 sì 8 si 9 sentirò 10 se 11 sé 12 sarà 13 la ... più 14 te 15 vendé

Chapter 49

1 artefact, guitarrist, claustrophobia, to paint (depict), intellectual, messenger, optimistic, prejudice, specialised, tattoo
2 aspirapolvere < aspirare + polvere > vacuum cleaner
cucchiaino < cucchiaio > little spoon
danneggiare < danno > to damage

disintossicare < tossico > to detoxicate
gemellato < gemellare < gemello > twinned (from to twin)
naturalizzare < naturale > to naturalise
purezza < puro > purity
sbilanciarsi < bilancia > to overbalance
spaghettini < spago > little spaghetti (little strings!)
vinificazione < vino > wine production

3 accumulazione, moschicida, atteggiamento, costrizione, smoderato, ristabilire, ingiusto, indifeso, sottoscritto

VERB LIST

LISTA DEI VERBI

The list gives, in section 1, patterns for regular verbs ending in *-are, -ere* and *-ire* (without and then with the addition of *-isc*, see note below); in section 2, verbs in *-are* that are almost regular; and in section 3, the most useful irregular verbs to learn. In sections 2 and 3, only the verb parts which are formed irregularly are given. All other parts may be assumed to be regular.

- **-ire verbs**

Verbs of the *finire* type insert *-isc* between the stem and the ending. This happens in the first, second and third person singular and the third person plural of the present indicative and subjunctive, and also in the *Lei* and *Loro* forms of the imperative. Other parts of the verb are not listed as they are formed in exactly the same way as for *servire*.

- **Future and conditional**

For irregular verbs only the first person singular is given in the list: for other persons, follow the regular patterns of endings:
Future: -ò -ai -à -emo -ete -anno
Conditional: -ei -esti- -ebbe -emmo -este ebbero

- **Imperative**

The *tu, noi* and *voi* forms of the imperative are identical to those forms of the present indicative, unless otherwise stated. The *Lei* and *Loro* forms are the third person singular and plural respectively of the present subjunctive (see Chapter 15, page 112).

- **Perfect**

Irregular verbs marked with an * under the perfect tense take the auxiliary *avere* when used transitively and *essere* when used intransitively (see Chapter 16, page 121).

- **Other compound tenses**

For information on the formation of the future perfect, conditional perfect, pluperfect and past anterior, see Chapter 21.

- **Subjunctive**

For information on the formation of the present, perfect, imperfect and pluperfect subjunctive, see Chapter 32.

1 *Regular verbs*

	Present indicative	Present subjunctive	Present participle	Gerund	Imperative
-are verbs:	parlo	parli	parlante	parlando	
parlare	parli	parli			parla
	parla	parli			parli
	parliamo	parliamo			parliamo
	parlate	parliate			parlate
	parlano	parlino			parlino
-ere verbs:	vendo	venda	vendente	vendendo	
vendere	vendi	venda			vendi
	vende	venda			venda
	vendiamo	vendiamo			vendiamo
	vendete	vendiate			vendete
	vendono	vendano			vendano
-ire verbs:	servo	serva	servente	servendo	
servire	servi	serva			servi
	serve	serva			serva
	serviamo	serviamo			serviamo
	servite	serviate			servite
	servono	servano			servano
-ire verbs:	finisco	finisca			
finire	finisci	finisca			finisci
	finisce	finisca			finisca
	finiamo	finiamo			finiamo
	finite	finiate			finite
	finiscono	finiscano			finiscano

Other verbs of this type are:
abolire, capire, colpire, condire, contribuire, costruire, digerire, diminuire, distribuire, fallire, favorire, digerire, garantire, gradire, impazzire, impedire, inserire, istruire, patire, preferire, proibire, pulire, punire, reagire, restituire, riunire, sostituire, sparire, spedire, stabilire, stupire, suggerire, trasferire, ubbidire, unire

...ture	Conditional	Imperfect	Perfect	Past definite
...lerò	parlerei	parlavo	ho parlato	parlai
...lerai	parleresti	parlavi	hai parlato	parlasti
...lerà	parlerebbe	parlava	ha parlato	parlò
...leremo	parleremmo	parlavamo	abbiamo parlato	parlammo
...lerete	parlereste	parlavate	avete parlato	parlaste
...leranno	parlerebbero	parlavano	hanno parlato	parlarono
...nderò	venderei	vendevo	ho venduto	vendei
...nderai	venderesti	vendevi	hai venduto	(vendetti)
...nderà	venderebbe	vendeva	ha venduto	vendesti
...nderemo	venderemmo	vendevamo	abbiamo venduto	vendé
...nderete	vendereste	vendevate	avete venduto	(vendette)
...nderanno	venderebbero	vendevano	hanno venduto	vendemmo
				vendeste
				venderono
				(vendettero)
...virò	servirei	servivo	ho servito	servii
...virai	serviresti	servivi	hai servito	servisti
...virà	servirebbe	serviva	ha servito	servì
...viremo	serviremmo	servivamo	abbiamo servito	servimmo
...virete	servireste	servivate	avete servito	serviste
...viranno	servirebbero	servivano	hanno servito	servirono

2 Otherwise regular -are verbs with spelling adjustments

a   Verbs in *-care* and *-gare*:

	Present indicative	Present subjunctive	Present participle	Gerund	Imperative
cercare	cerco	cerchi			
	cerchi	cerchi			cerca
	cerca	cerchi			cerchi
	cerchiamo	cerchiamo			cerchiamo
	cercate	cerchiate			cercate
	cercano	cerchino			cerchino

The *h* is retained throughout the future and conditional.

pagare	pago	paghi			
	paghi	paghi			paga
	paga	paghi			paghi
	paghiamo	paghiamo			paghiamo
	pagate	paghiate			pagate
	pagano	paghino			paghino

The *h* is retained throughout the future and conditional.

b   Verbs in *-iare*

Verbs ending in *-iare* with an unstressed *i*, for example *studiare*, have only one *i* in the forms referred to below, not the double *i* you would expect.

(tu) studi	studi				
	studi				
	studi				studi (Lei)
(noi) studiamo	studiamo				studiamo
	studiate				
	studino				studino

Verbs ending in *-iare* that have a stressed *i*, for example *sciare*, *inviare*, have a double *i* in all the above forms, eg *scii*.

c Verbs in *-ciare*, *-giare* and *-sciare*

Examples of verbs in this category are *cominciare*, *viaggiare* and *lasciare*. These verbs also have just one *i* in the forms mentioned in **2b**, but drop the *i* of the stem in the future and conditional.

Future	Conditional	Imperfect	Perfect	Past definite
cercherò	cercherei			
pagherò	pagherei			
comincerò	comincerei			
viaggerò	viaggerei			
lascerò	lascerei			

3 Irregular verbs

	Present indicative	Present subjunctive	Present participle	Gerund	Imperative
accendere					

Also verbs in *-endere*: apprendere, comprendere, difendere, intendere, offendere, prendere, rendere, scendere, sorprendere, sospendere, spendere

accorgersi

Also: porgere, sporgersi

andare	vado	vada			
	vai	vada			va' (vai)
	va	vada			vada
	andiamo	andiamo			andiamo
	andate	andiate			andate
	vanno	vadano			vadano

apparire	appaio	appaia			
	appari	appaia			
	appare	appaia			
	appariamo	appariamo			
	apparite	appariate			
	appaiono	appaiano			

Also: comparire, scomparire

aprire
Also: coprire, offrire, scoprire, soffrire

assumere

uture	Conditional	Imperfect	Perfect	Past definite
			ho acceso	accesi
				accendesti
				accese
				accendemmo
				accendeste
				accesero
			mi sono accorto	mi accorsi
				ti accorgesti
				si accorse
				ci accorgemmo
				vi accorgeste
				si accorsero
ıdrò	andrei		sono andato	
			sono apparso	apparvi
				apparisti
				apparve
				apparimmo
				appariste
				apparvero
			ho aperto	
			ho assunto	assunsi
				assumesti
				assunse
				assumemmo
				assumeste
				assunsero

		Present indicative	Present subjunctive	Present participle	Gerund	Imperative
avere		ho	abbia			
		hai	abbia			abbi
		ha	abbia			abbia
		abbiamo	abbiamo			abbiamo
		avete	abbiate			abbiate
		hanno	abbiano			abbiano
bere		bevo	beva	bevente	bevendo	
		bevi	beva			
		beve	beva			
		beviamo	beviamo			
		bevete	beviate			
		bevono	bevano			

cadere

Also: accadere, scadere

chiedere

Also: richiedere

chiudere

cogliere	colgo	colga
	cogli	colga
	coglie	colga
	cogliamo	cogliamo
	cogliete	cogliate
	colgono	colgano

Also: accogliere, raccogliere, sciogliere, togliere

Future	Conditional	Imperfect	Perfect	Past definite
avrò	avrei			ebbi
				avesti
				ebbe
				avemmo
				aveste
				ebbero
berrò	berrei	bevevo	ho bevuto	bevvi
				bevesti
				bevve
				bevemmo
				beveste
				bevvero
cadrò	cadrei		sono caduto	caddi
				cadesti
				cadde
				cademmo
				cadeste
				caddero
			ho chiesto	chiesi
				chiedesti
				chiese
				chiedemmo
				chiedeste
				chiesero
			ho chiuso	chiusi
				chiudesti
				chiuse
				chiudemmo
				chiudeste
				chiusero
			ho colto	colsi
				cogliesti
				colse
				cogliemmo
				coglieste
				colsero

AZIONE GRAMMATICA!

	Present indicative	Present subjunctive	Present participle	Gerund	Imperative
condurre	conduco	conduca	conducente	conducendo	
	conduci	conduca			
	conduce	conduca			
	conduciamo	conduciamo			
	conducete	conduciate			
	conducono	conducano			

Also verbs ending in *-durre*: produrre, ridurre, tradurre

conoscere

Also: riconoscere

correre

Also: accorrere, percorrere, ricorrere, soccorrere, trascorrere

dare	do	dia			
	dai	dia			da' (dai)
	dà	dia			dia
	diamo	diamo			diamo
	date	diate			date
	danno	diano			diano

decidere

Also: dividere, ridere, sorridere, uccidere

Future	Conditional	Imperfect	Perfect	Past definite
condurrò	condurrei	conducevo	ho condotto	condussi
				conducesti
				condusse
				conducemmo
				conduceste
				condussero
			ho conosciuto	conobbi
				conoscesti
				conobbe
				conoscemmo
				conosceste
				conobbero
			ho corso	corsi
			sono corso*	corresti
				corse
				corremmo
				correste
				corsero
darò	darei			diedi (detti)
				desti
				diede (dette)
				demmo
				deste
				diedero (dettero)
			ho deciso	decisi
				decidesti
				decise
				decidemmo
				decideste
				decisero

	Present indicative	Present subjunctive	Present participle	Gerund	Imperative
dipingere					
dire	dico	dica	dicente	dicendo	
	dici	dica			di'
	dice	dica			dica
	diciamo	diciamo			diciamo
	dite	diciate			dite
	dicono	dicano			dicano

Also: benedire, contraddire, disdire, maledire, predire

	Present indicative	Present subjunctive	Present participle	Gerund	Imperative
discutere					
dovere	devo (debbo)	deva (debba)			
	devi	deva			
	deve	deva			
	dobbiamo	dobbiamo			
	dovete	dobbiate			
	devono (debbono)	devano (debbano)			
essere	sono	sia			
	sei	sia			sii
	è	sia			sia
	siamo	siamo			siamo
	siete	siate			siate
	sono	siano			siano
fare	faccio	faccia	facente	facendo	
	fai	faccia			fa' (fai)
	fa	faccia			faccia
	facciamo	facciamo			facciamo
	fate	facciate			fate
	fanno	facciano			facciano

Future	Conditional	Imperfect	Perfect	Past definite
			ho dipinto	dipinsi
				dipingesti
				dipinse
				dipingemmo
				dipingeste
				dipinsero
		dicevo	ho detto	dissi
				dicesti
				disse
				dicemmo
				diceste
				dissero
			ho discusso	discussi
				discutesti
				discusse
				discutemmo
				discuteste
				discussero
dovrò	dovrei			
sarò	sarei	ero	sono stato	fui
		eri		fosti
		era		fu
		eravamo		fummo
		eravate		foste
		erano		furono
farò	farei	facevo	ho fatto	feci
				facesti
				fece
				facemmo
				faceste
				fecero

AZIONE GRAMMATICA!

	Present indicative	Present subjunctive	Present participle	Gerund	Imperative
giungere					

Also: aggiungere, raggiungere

leggere

Also: eleggere, proteggere

mettere

Also: ammettere, commettere, permettere, promettere, smettere

morire	muoio	muoia
	muori	muoia
	muore	muoia
	moriamo	moriamo
	morite	moriate
	muoiono	muoiano

muovere

Also: commuovere, promuovere

nascere

Future	Conditional	Imperfect	Perfect	Past definite
			sono giunto	giunsi
				giungesti
				giunse
				giungemmo
				giungeste
				giunsero
			ho letto	lessi
				leggesti
				lesse
				leggemmo
				leggeste
				lessero
			ho messo	misi
				mettesti
				mise
				mettemmo
				metteste
				misero
morirò (morrò)	morirei (morrei)		è morto	
			ho mosso	mossi
				movesti
				mosse
				movemmo
				moveste
				mossero
			sono nato	nacqui
				nascesti
				nacque
				nascemmo
				nasceste
				nacquero

	Present indicative	Present subjunctive	Present participle	Gerund	Imperative
nascondere					

Also: rispondere

parere	paio	paia	parvente		
	pari	paia			
	pare	paia			
	paiamo	paiamo			
	parete	paiate			
	paiono	paiano			

perdere

persuadere

Also: dissuadere, evadere, invadere

piacere	piaccio	piaccia			
	piaci	piaccia			
	piace	piaccia			
	piacciamo	piacciamo			
	piacete	piacciate			
	piacciono	piacciano			

Also: dispiacere, giacere, spiacere

piangere

Also: rimpiangere

Future	Conditional	Imperfect	Perfect	Past definite
			ho nascosto	nascosi
				nascondesti
				nascose
				nascondemmo
				nascondeste
				nascosero
parrò	parrei		sono parso	parvi
				paresti
				parve
				paremmo
				pareste
				parvero
			ho perso (perduto)	persi
				perdesti
				perse
				perdemmo
				perdeste
				persero
			ho persuaso	persuasi
				persuadesti
				persuase
				persuademmo
				persuadeste
				persuasero
			sono piaciuto	piacqui
				piacesti
				piacque
				piacemmo
				piaceste
				piacquero
			ho pianto	piansi
				piangesti
				pianse
				piangemmo
				piangeste
				piansero

	Present indicative	Present subjunctive	Present participle	Gerund	Imperative
potere	posso	possa			
	puoi	possa			
	può	possa			
	possiamo	possiamo			
	potete	possiate			
	possono	possano			
porre	pongo	ponga	ponente	ponendo	
	poni	ponga			
	pone	ponga			
	poniamo	poniamo			
	ponete	poniate			
	pongono	pongano			

Also: disporre, proporre, supporre

	Present indicative	Present subjunctive	Present participle	Gerund	Imperative
rimanere	rimango	rimanga			
	rimani	rimanga			
	rimane	rimanga			
	rimaniamo	rimaniamo			
	rimanete	rimaniate			
	rimangono	rimangano			
rompere					

Also: corrompere, interrompere

	Present indicative	Present subjunctive	Present participle	Gerund	Imperative
salire	salgo	salga			
	sali	salga			
	sale	salga			
	saliamo	saliamo			
	salite	saliate			
	salgono	salgano			
sapere	so	sappia	sapiente		
	sai	sappia			sappi
	sa	sappia			sappia
	sappiamo	sappiamo			sappiamo
	sapete	sappiate			sappiate
	sanno	sappiano			sappiano

Future	Conditional	Imperfect	Perfect	Past definite
otrò	potrei			
orrò	porrei	ponevo	ho posto	posi ponesti pose ponemmo poneste posero
marrò	rimarrei		sono rimasto	rimasi rimanesti rimase rimanemmo rimaneste rimasero
			ho rotto	ruppi rompesti ruppe rompemmo rompeste ruppero
			sono salito ho salito*	
aprò	saprei			seppi sapesti seppe sapemmo sapeste seppero

AZIONE GRAMMATICA!

	Present indicative	Present subjunctive	Present participle	Gerund	Imperative
scegliere	scelgo	scelga			
	scegli	scelga			
	sceglie	scelga			
	scegliamo	scegliamo			
	scegliete	scegliate			
	scelgono	scelgano			
sconfiggere					

Also: friggere

scrivere

Also: descrivere, iscrivere

scuotere

sedere	siedo	sieda			
(sedersi)	siedi	sieda			
	siede	sieda			
	sediamo	sediamo			
	sedete	sediate			
	siedono	siedano			

Also: possedere

spingere

Also: dipingere, fingere, tingere

Future	Conditional	Imperfect	Perfect	Past definite
			ho scelto	scelsi
				scegliesti
				scelse
				scegliemmo
				sceglieste
				scelsero
			ho sconfitto	sconfissi
				sconfiggesti
				sconfisse
				sconfiggemmo
				sconfiggeste
				sconfissero
			ho scritto	scrissi
				scrivesti
				scrisse
				scrivemmo
				scriveste
				scrissero
			ho scosso	scossi
				scotesti
				scosse
				scotemmo
				scoteste
				scossero
			ho spinto	spinsi
				spingesti
				spinse
				spingemmo
				spingeste
				spinsero

AZIONE GRAMMATICA!

	Present indicative	Present subjunctive	Present participle	Gerund	Imperative
stare	sto	stia			
	stai	stia			sta' (stai)
	sta	stia			stia
	stiamo	stiamo			stiamo
	state	stiate			state
	stanno	stiano			stiano
stringere					

Also: costringere

tenere	tengo	tenga			
	tieni	tenga			
	tiene	tenga			
	teniamo	teniamo			
	tenete	teniate			
	tengono	tengano			

Also: appartenere, mantenere, ottenere

trarre	traggo	tragga	traente	traendo	
	trai	tragga			
	trae	tragga			
	traiamo	traiamo			
	traete	traiate			
	traggono	traggano			

Also: attrarre, distrarre, estrarre

uscire	esco	esca			
	esci	esca			
	esce	esca			
	usciamo	usciamo			
	uscite	usciate			
	escono	escano			

Also: riuscire

valere	valgo	valga			
	vali	valga			
	vale	valga			
	valiamo	valiamo			
	valete	valiate			
	valgono	valgano			

Also: equivalere, prevalere

Future	Conditional	Imperfect	Perfect	Past definite
tarò	starei		sono stato	stetti
				stesti
				stette
				stemmo
				steste
				stettero
			ho stretto	strinsi
				stringesti
				strinse
				stringemmo
				stringeste
				strinsero
errò	terrei			tenni
				tenesti
				tenne
				tenemmo
				teneste
				tennero
		traevo	ho tratto	trassi
				traesti
				trasse
				traemmo
				traeste
				trassero
			sono uscito	
varrò	varrei		è valso	valsi
				valesti
				valse
				valemmo
				valeste
				valsero

	Present indicative	Present subjunctive	Present participle	Gerund	Imperative
vedere					

Also: prevedere

venire	vengo	venga			
	vieni	venga			
	viene	venga			
	veniamo	veniamo			
	venite	veniate			
	vengono	vengano			

Also: avvenire, divenire, pervenire, svenire

vincere

Also: convincere

vivere

Also: convivere, sopravvivere

volere	voglio	voglia			
	vuoi	voglia			
	vuole	voglia			
	vogliamo	vogliamo			
	volete	vogliate			
	vogliono	vogliano			

volgere

Also: avvolgere, rivolgere, sconvolgere